# Environmental Finance
## A GUIDE TO ENVIRONMENTAL RISK ASSESSMENT AND FINANCIAL PRODUCTS

经济学前沿译丛

# 环境金融
## 环境风险评估与金融产品指南

〔美〕索尼亚·拉巴特（Sonia Labatt）
罗德尼·R.怀特（Rodney R.White） 著

孙冬 译

SSMENT AND FINANCIAL PRODUCTS

北京大学出版社
PEKING UNIVERSITY PRESS

著作权合同登记号　图字:01-2009-0927

图书在版编目(CIP)数据

环境金融:环境风险评估与金融产品指南/(美)拉巴特(Labatt,S.),(美)怀特(White,R.)著;孙冬译.—北京:北京大学出版社,2014.5

(经济学前沿译丛)

ISBN 978-7-301-23437-2

Ⅰ.①环…　Ⅱ.①拉…②怀…③孙…　Ⅲ.①金融业-环境经济学-研究　Ⅳ.①F83②X196

中国版本图书馆 CIP 数据核字(2013)第 262161 号

All Rights Reserved. This translation published under license. Authorized translation from the English language edition, entitled *Environmental Finance: A Guide to Environmental Risk Assessment and Financial Products*, ISBN 978-0-471-12362-0, by Sonia Labatt, Rodney R. White, Published by John Wiley & Sons. No part of this book may be reproduced in any form without the written permission of the original copyrights holder

| | |
|---|---|
| 书　　名: | 环境金融:环境风险评估与金融产品指南 |
| 著作责任者: | 〔美〕索尼亚·拉巴特(Sonia Labatt)　罗德尼·R.怀特(Rodney R. White)　著 |
| | 孙　冬　译 |
| 策划编辑: | 姚大悦 |
| 责任编辑: | 郝小楠　吕谦谦 |
| 标准书号: | ISBN 978-7-301-23437-2/F·3784 |
| 出版发行: | 北京大学出版社 |
| 地　　址: | 北京市海淀区成府路 205 号　100871 |
| 网　　址: | http://www.pup.cn |
| 电子信箱: | em@pup.cn　QQ:552063295 |
| 新浪微博: | @北京大学出版社　@北京大学出版社经管图书 |
| 电　　话: | 邮购部 62752015　发行部 62750672　编辑部 62752926 |
| | 出版部 62754962 |
| 印　刷　者: | 北京鑫海金澳胶印有限公司 |
| 经　销　者: | 新华书店 |
| | 730 毫米×1020 毫米　16 开本　16 印张　340 千字 |
| | 2014 年 5 月第 1 版　2014 年 5 月第 1 次印刷 |
| 定　　价: | 42.00 元 |

未经许可,不得以任何方式复制或抄袭本书之部分或全部内容。

版权所有,侵权必究

举报电话:010-62752024　电子信箱:fd@pup.pku.edu.cn

# 序

当前,全球数百家最大的公司在每年发布财务报告和账户时都会附带发布它们的环境报告。

这些报告公布的定量数据越来越多,包括公司的水消耗量、公司产生的垃圾数量、公司的碳排放量以及它们使用的可再生能源电量。

在大多数情况下,这些都是自愿行为,尽管在一些国家将此变为一种义务的压力正逐渐攀升。许多公司认为值得投入时间和精力去统计这些数据,因为它们看到对环境资产和负债进行监督与衡量可以带来价值,就如同它们编写财务报告一样。

这些企业——且每年都在增加——认为有必要将其绩效按照环境、社会和财务标准这"三重底线"进行记录,而不是仅仅按照现有规范的传统经济基准进行记录。尽管有些公司是因股东压力而采取行动,但越来越多的人相信良好的环境政策可以转化为强有力的财务表现。

不过,为应对像20世纪70年代石棉致死及相关索赔、大规模的石油泄漏、土地污染问题、酸雨、气候变化和对自然资源耗竭这样的灾难,对环境问题的管理也明显增多了。

公众对环境现状的焦虑也急剧上升。有资金资助的非政府组织(NGO)现在可以组织议题广泛的全球运动并在全世界范围内传播其观点,以反对那些破坏环境的公司。正如全球化提升了跨国公司的收入和影响力一样,它也同样有助于环境组织更加有效地在全球开展活动。

公众观念变化的一个显著标志是投资基金在进行资产配置决策时加入了环境和社会标准。据估计,这类基金管理下的资金数量目前超过了2万亿美元,并且其增长速度之快远超过传统的、未经筛选的股权基金。

在过去的五年里,一些主要股票指数的提供者,如英国的富时国际(FTSE International)和美国的道·琼斯,都开始设立一些特别针对社会责任投资领域的系列指数。这些对股票市场颇有影响力的机构意识到良好的环境表现与股价提升之间可能具有正向关系。入选这些指数的公司都必须证明它们满足了最低的特定环境标准。

该类指数吸引了众多媒体的关注,也使那些不及格的公司变得不受欢迎。

指数编撰者还会报告那些未被纳入指数的公司的许多情况,这些公司都与之联系过并期望得到关于如何才能被认可的相关建议。道·琼斯可持续发展指数创立三年内,已经有大约20亿美元的资金投入与此相关的产品。

但并不是仅有公司股东关注自身的环境记录,银行和保险业也越来越关心这个话题。未来借款人的环境风险是许多银行进行信贷决策时要考虑的重要因素。目前超过60%的银行都会在贷款和项目融资决策时确立环境因素相关条款。

因为地产常被用作公司贷款抵押品,当违约公司将自己的土地留给银行,后来却发现这块土地已被污染时,银行就会受到严重打击。为出售而对这些财产进行必要的清理从而使银行挽回损失也要花费成本和时间。

保险公司也有很多关于工业环境灾难的痛苦记忆。20世纪70年代开始直到今天还在继续的石棉诉讼案就是一个最好的例证。该事件导致了许多保险人破产,还引发了具有300年历史的保险市场——伦敦劳埃德的一场从头到脚的痛苦改革。

自然的环境灾难也令保险公司和再保险公司开始重新思考公司承保方面的决策。大洪水、台风和飓风的发生频率似乎正在加大,近一个世纪里造成巨大损失的自然事件20件中有16起发生在过去十年。1992年袭击了佛罗里达的安德鲁飓风是有史以来造成损失最大的自然灾害之一,它造成了超过150亿美元的保险损失,从而导致许多保险公司破产,这也引发了一个根本的反思:怎样最好地应对这类风险?

保险公司认识到它们自身缺乏处理如此大规模损失的资源。一个可以让其继续为这类极端事件提供保障的创造性方法就是从资本市场吸引其他资金,通过将某些风险证券化,然后向高收益投资者出售这些债券。这种"巨灾债券"通常在没有发生特殊事件时,会支付较高收益的利息,如类似袭击佛罗里达的飓风或在东京一定区域内发生的地震这种情况发生时,就可能停止利息支付,在某些情况下投资者可能损失全部投资。

为解决某些特定的环境问题,近年来出现了许多金融创新产品,巨灾债券就是其中的一种。最近出现的一个例子是天气衍生品——这一合约的设计是为了帮助公司保护自身收益免受不良天气(但不是巨灾)的影响,如非季节性的酷热/寒冷/干旱/潮湿天气。这类产品已在美国电力公司中广为流行,现在正在农业、休闲、零售和交通部门中寻找买主。据估计美国经济中有1万亿美元的产值是天气敏感型的,这些新出现的套利工具拥有潜力无限的市场。自天气衍生品诞生以来的五年内,市场已转移了大约120亿美元的风险。

环境金融产品的新家族成员中最为人所熟知的或许是排放许可证。最著

# 序

名的是 1995 年美国制订的酸雨计划,该计划对二氧化硫($SO_2$)的主要来源方实施了排放限制,二氧化硫是酸雨形成的主要原因。这些二氧化硫的排放方——主要是发电厂,会分配到一个许可排放的额度,一个排放许可证代表可以排放 1 吨二氧化硫。排放超过许可额度的公司必须接受财务处罚。那些能容易以较低成本减少二氧化硫排放的公司可以将其多余的排放额度出售给那些降低排放需较高成本的公司。

这个排放权交易市场因以比预期更快、成本更小的方式达到了减少二氧化硫排放的目标而消除了最初的质疑。监管者、行业和环保人士普遍认为这是一个显著成功。排放权交易市场增加了那些高污染企业的成本,同时也为那些采用清洁生产方法的企业提供了新的机遇。

结果,相同的方法开始运用在其他环境问题上。美国为解决地方浓雾问题建立了自己的氧化氮($NO_x$)排放权区域性市场;欧盟正在计划建立二氧化碳($CO_2$)排放权国际市场,尝试解决全球变暖问题。

2002 年早期,英国就已经超越其他的欧盟伙伴发起建立了国内的二氧化碳排放权市场,以助其实现《京都议定书》的目标:到 2012 年,温室气体(GHG)排放量比 1990 年降低 12.5%。这个单一国家市场对全英国超过 6 000 家企业开放,在它建立之初的前 6 个月,好几家国外企业也在此购买排放权许可证,以应对未来可能将要面对的排放限制。

1997 年签订的颇具争议的《京都议定书》主要是应对全球变暖,减少发达国家 $CO_2$ 和其他温室气体的排放。尽管美国退出了该议定书,但预期其在 2003 年会被迫加入,这就可以为二氧化碳排放许可证交易或"碳信用"全球市场的建立铺平道路。国际排放权交易是该协议的核心,因为它被认为是确保以最低成本实现目标减排量的最佳方案。

《京都议定书》还介绍了其他两种应对全球变暖的市场化解决方案——联合履约(JI)和清洁发展机制(CDM)。这两个方案的设计目的分别是促进能源的有效利用以及发达国家与发展中国家二氧化碳减排项目的实施。好几个国家的政府部门和私人公司已经投资了这类项目以期在未来获得碳信用回报。

正如这本令人印象深刻的著作作者所强调的,气候变化是一个全球性问题,并且短期内无法逆转。这将成为未来 50 年经济变动的最重要动力之一,也必将产生深远影响。一些先行公司发现它们的传统业务已经面临着此类威胁,并相应地调整着公司战略。另外一些公司看到了气候变化带来的新的商业机会。这些不同反应开始引起了具有远见的股票分析师的注意,他们试图将公司的碳强度指标纳入公司股票价值估计方法中。

同时,许多国家的政府部门为应对《京都议定书》的挑战试图推动可再生能源电力供应。其中有些政府,与美国一样,正在开发另外一种新的金融产品——可再生能源认证,以帮助它们实现减排目标。

市场化的解决方法也被认为有助于解决不同的环境问题,例如垃圾填埋地的容纳量、流域破坏和生物多样化的损失。

然而,所有这些创新都处于初级阶段,仍然只有一小部分公司使用过天气衍生品合约、排放许可证交易或是其他一些与环境相关的新金融产品。但是每天都有更多的公司加入进来。一些公司加入仅仅是因公关利益,一些公司是因被纳入了监管,但确实还有许多公司是认为须将环境问题置于业务的中心地位。

索尼亚·拉巴特和罗德尼·怀特应受到赞扬,他们大胆尝试着描绘出各种各样有助于他们所建议的基本范式转变的发展情况。然而直到最近,环境破坏依然被看作是经济增长不可避免的后果。经济增长和健康环境相辅相成的新图景正在逐渐显现出来。

格雷汉姆·库珀  
出版人  
《环境金融》杂志  
2002 年 8 月

# 目 录

**1 新兴的环境金融 /1**
  1.1 引言 /1
  1.2 一个新兴的领域 /2
  1.3 环境金融在此刻兴起的原因 /3
  1.4 吸取的教训 /6
  1.5 环境金融如何迎接未来挑战 /7
  1.6 结论 /9

**2 环境金融的概念与工具 /11**
  2.1 引言 /11
  2.2 环境管理和股东价值创造 /12
  2.3 环境管理体系 /16
  2.4 利益相关者的关系 /17
  2.5 展望:情景模拟分析 /20
  2.6 风险转移工具 /21
  2.7 气体减排信用交易 /22
  2.8 结论 /23

**3 金融服务业 /25**
  3.1 引言 /25
  3.2 金融资本的全球市场结构 /25
  3.3 金融服务业重塑之力 /27
  3.4 核心金融服务 /34
  3.5 放松管制后金融服务业的反应 /35
  3.6 环境问题解决的金融之道 /38
  3.7 结论 /41

# 目 录

**4 银行业** /43
  4.1 引言 /43
  4.2 商业银行 /43
  4.3 土地污染的直接责任 /44
  4.4 棕地再开发 /48
  4.5 风险管理 /49
  4.6 环境产品和服务 /51
  4.7 利基市场和微型信贷 /56
  4.8 内部环境管理 /57
  4.9 联合国环境规划署的金融创新 /58
  4.10 环境管理测量与报告 /59
  4.11 投资银行 /65
  4.12 气候变化：银行部门的风险和机遇 /66
  4.13 可持续能源基金 /69
  4.14 碳价格 /72
  4.15 声誉风险 /72
  4.16 结论 /74
  4.17 网址 /75

**5 保险业** /76
  5.1 引言 /76
  5.2 环境污染 /82
  5.3 气候变化与极端天气事件 /91
  5.4 从保险业到资本市场的风险转移 /96
  5.5 保险公司应对环境挑战的地区差异 /101
  5.6 结论 /103

# 目 录

**6 投资** /104
6.1 引言 /104
6.2 社会与环境责任筛选演进 /104
6.3 环境和财务表现的关系 /106
6.4 环境表现筛选基金 /111
6.5 研究结果的差别 /112
6.6 社会责任投资组合的评级 /114
6.7 机构投资组合的管理 /115
6.8 基金管理中的环境产品 /120
6.9 环境研究和评级组织 /125
6.10 权衡 /133
6.11 可投资的指数 /134
6.12 结论 /135
6.13 网址 /136

**7 气候变化与金融脆弱性** /137
7.1 引言 /137
7.2 接受气候变化的现实 /137
7.3 气候变化的物理影响 /143
7.4 经济部门的脆弱性 /147
7.5 人类应对气候变化的预期 /149
7.6 人类应对气候变化的关键因素 /150
7.7 结论 /157
7.8 网址 /158

# 目 录

**8 环境报告与核查** /159

   8.1 引言 /159

   8.2 环境报告的趋势 /159

   8.3 环境报告的主要类型 /162

   8.4 污染排放和转移注册 /164

   8.5 会计和证券监管 /166

   8.6 制作者角度的环境报告 /168

   8.7 使用者角度的环境报告 /171

   8.8 环境报告的改进 /173

   8.9 结论 /183

   8.10 网址 /184

**9 环境变化管理战略** /185

   9.1 引言 /185

   9.2 温室气体排放目标:原理、类型和方法 /186

   9.3 绿色家政 /190

   9.4 环境报告 /193

   9.5 全球监管 /196

   9.6 气候变化方案 /198

   9.7 天气创新产品 /202

   9.8 污染物减排信用交易 /211

   9.9 结论 /212

   9.10 网址 /213

# 目 录

**10 展望** /214

    10.1 引言 /214

    10.2 商业和环境变化:最新动态 /214

    10.3 新范例 /215

    10.4 数据质量 /216

    10.5 领导力 /217

    10.6 环境变化:从挑战到机遇 /220

    10.7 环境学习曲线:成功的重新定义 /222

**附录 A** /224

**附录 B** /238

**附录 C** /241

**缩略语** /242

# 1 新兴的环境金融

## 1.1 引　言

"环境金融"（Environmental Finance）这一术语出现于20世纪末,它涵盖了传达环境质量和转移环境风险的所有市场化工具。这表明,与过去相比,现代工业社会在迎接环境挑战的道路上发生了剧烈的方向性转变。

为了抵制工业革命带来的丑恶和破坏,19世纪后半叶出现了现代环境运动。20世纪的绝大多数时间里,人们都认为优美的环境与经济增长之间隐含着一种权衡取舍的假设,这也是几个世纪以来人们的经验总结。工业化进程让人们生活得更加富裕,但同时也破坏了自然风光,污染了水源、大气和土地。教训显而易见。要想让20世纪的自然恢复成为有益身心健康、引人入胜的环境状况,人们就必须有所付出。这个假设没有什么难以理解的逻辑。这只是一种简单的补偿——你想要什么,你就必须付出。所以,如果你想要一个优雅的环境,你也必须付出点什么,或许还要比许多人想要支付的更多。

令人欣喜的是这个世界远比简单的假设更复杂,也更有趣。随着工业革命而不断发展的会计制度主要关注一些最简单的财务指标——收益、成本和余额。如果一个公司无需为破坏环境付出代价,那么资产负债表也无需有所体现。此类忽略被后来的经济学家们称为"外部性"——或由企业转移给整个社会的成本。

我们——作为公民、投资者或商人,现在若真的开始关注这些环境破坏问题,就应该可以找到将此类问题纳入资产负债表的方法。一旦我们做出这样的调整,这个世界将变得更加生动有趣。如果我们确实认为美好和健康的环境是有价的,那我们应准备为健康和优美的环境买单。这个推断的反面甚至更加有趣——企业应将它们破坏环境的事实反映在资产负债表中,并据此进行相应的估值。这些简单的记录就能起作用吗?我们相信能起作用。

环境金融是一个关于为如何应对这些日益增加的挑战而进行调查探究和采取行动的领域。如果我们真的希望对环境质量进行估值,那就应尽量从商业角度对它进行定价。这完全不同于环境经济学或生态经济学的目标。后者发展起来的方法是针对整个社会价值而言的,而环境金融处理环境问题的方法是从公司内部出发并基于自身利益考虑的。这个利益是由个体的理想抱负、期望、管理者和公司所有人的价值观,以及社会监管体系共同构成的,社会通过该体系要求其应对环境挑战。一些公司还会考虑其所有利益相关者的期望,包括雇员和当地社区(见下一章中"利益相关者的关系"部分)。

一个希望达到某些特定环境标准的公司应遵循怎样的路径呢?首先,这个公司必须对自身目前在生物圈中所处的状态有一个清楚的评估(生物圈是地球上活着的生物体栖息的那一部分)。破坏之后一定要付出代价吗?这是一个简单的承诺问题,可以由立法来推动。更复杂的问题可能出现在20年后,到那时生物圈将会发生什么样的变化?公司又该如何应对呢?

## 1.2 一个新兴的领域

有许多解决环境问题的市场化方法,在过去的10年,这些方法开始在金融服务业的演进中扮演重要角色。对这些产品的开发者和使用者而言,彼此之间的联系可能并不明显。例如,"碳交易"——这种二氧化碳减排信用交易和社会责任投资有何联系呢?答案是两者都是为应对环境变化而产生的。环境变化的概念包含了所有物理环境的变化,这是人类行为对生物圈的影响不断加剧的结果,包括气候变化和区域性环境恶化。为应对环境挑战,金融产品的不断发展已经达到这样一个阶段,即环境金融被认为是一个新兴的研究与实践领域。

一个成功的环境金融产品必须满足两个显著不同的标准。首先,该产品在市场上必须建立自身的利基市场①。其次,该产品必须达到相应的环境目标(如减排或风险转移)。在本书中,我们不仅要识别和分析这些成功的金融产品,还将对那些可能只满足其中一个标准而另一个标准不满足的产品加以同样的识别和分析。比方说,只要能真正有利于二氧化碳的减排,碳交易在环境层面上就是成功的。第7章估计了失败带来的风险。根据另外一个标准,芝加哥交易

---

① 利基市场指有利可图的市场或形势。——译者注(下文中若无特别标注,均为译者注)

所的巨灾期权交易的确能将风险从保险公司转移到资本市场,只要可以建立起一个具有足够规模和流动性充分的市场。第 5 章将会讨论为此可能导致的失败。

## 1.3 环境金融在此刻兴起的原因

毫无疑问(尽管有些乐观),生物圈正承受着不断增大的压力。压力是双重的:不断增长的人口和不断增加的资源需求以及因人们更加富裕而不断增加的废弃物(见图 1.1)。一百多年来,观察家们担心资源耗竭,如矿产和化石燃料,而另外一些人消除了这种担忧,他们认为资源的稀缺会促使其价格提高,而价格的提高会带来新的发现和更有效的生产方式。的确,不可再生资源今天似乎不是个问题。资源使用问题取决于可再生资源的可持续化管理,但也可能被滥用。关键问题主要出现在清洁水、海洋鱼类、农业土壤、森林和生物多样化的减少这些领域。另外一个大问题是我们制造的废弃物,特别是温室气体,它正在大气中累积,这会改变气候。这一论题将会在第 7 章中详加讨论。

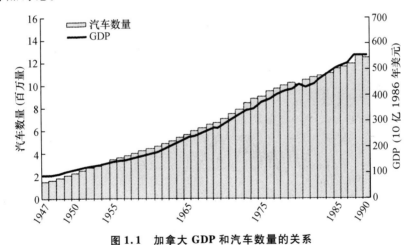

**图 1.1 加拿大 GDP 和汽车数量的关系**
资料来源:加拿大统计(1990a,1990b)。

正是气候变化问题将环境关注推到了前沿。这是一个极其宽泛的问题,我们赖以生存的气候的破坏将会威胁到每一个生命。这不是一个美学问题,也不是生物权利问题;它是一个生存议题。显然我们人类必须做些什么,即便对该做什么还有相当多的异议。政府必须对难题做出决策,尽管有时将勉为其难。为了共同的利益全世界各国政府必须要采取联合行动。

在 1992 年里约热内卢地球峰会上气候变化和环境压力问题被普遍认可以来,各国政府都不愿采取果断行动。一些政府口头上鼓励大家迎接挑战,但从根本来看,采取实际行动才是最佳方式。与此同时,温室气体继续累积,正如预测的那样,气候已经变暖(见图 1.2、图 1.3 和图 1.4)。

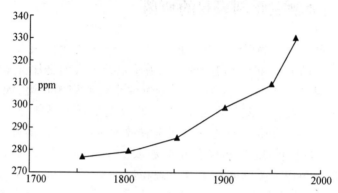

图 1.2　二氧化碳大气浓度,样本取自南极冰核
资料来源:基于 Firor(1990,51)。

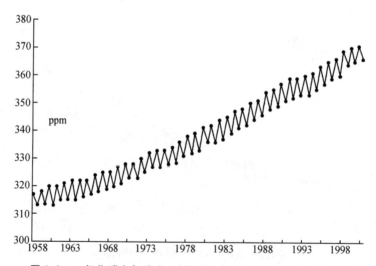

图 1.3　二氧化碳大气浓度,对夏威夷岛莫纳罗亚山的直接度量
注:数据点取自 1958—2000 年 5 月和 10 月年化数据。
资料来源:基于 Keeling 和 Whorf(2001)。

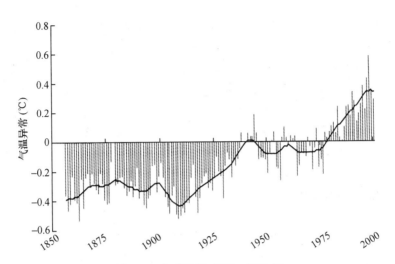

**图1.4 全球气温,1850—2000年**

注:2000年气温异常达0.29℃,是有历史记录以来第六温暖的年份。
资料来源:东安格里亚大学气候研究部,www.cru.uea.ac.uk/cru/info/warming。

即使在战后中央集权的全盛期间,各国政府都不可能为应对气候变化采取果断行动,因为这个问题太庞大、也太复杂了,而且预期可得的行动利益超出了政治任期,甚至超出了我们后代的生命时限。在命令—控制和量入为出的政府管制模式完全过时的今天,决策者们更不太可能做出果断的决策。

虽然仍需政府进行管理并鼓励建设适宜的政策构架,但在默认情况下,需要私人部门放眼未来,出于保护自身利益而进行合理规划。同时,有趣的是许多私人部门正在经历全球化过程,这就要求它们必须具备基于全球化的决策能力,以此来影响世界各地的政府和公司。当前许多国家的公民在环境及其他领域都能影响股东的利益。区域利益和全球利益之间相互作用的紧张状态是本书主题背景中的重要组成部分。

全球化决策——指该决策能应对世界各地的实际情况——只有通过信息技术革命才在近来成为可能。在公众看来,IT革命主要是通过因特网、电子邮件、手机和手提电脑而变得可见。除了这些新奇事物外,还有更加强大的全球定位系统(GPS),该系统可以通过卫星获取地球上的信息,还有远程遥感和地理信息系统。所有这些技术为建立可实时访问的全球化信息系统提供了可能。而这也首次为认识全球化提供了可能。但这种支持并不是无所不能的,它只是将我们需要面对的环境挑战提升到全球性的认识高度。

全球信息的使用并不局限于全球化的公司和政府。在某种程度上,此类信息对公众成员、国际非政府组织都很有用,其中有些非政府组织的收入达到数百万美元。这种低成本的信息全球化交换能力可能会使那些无法满足公众期望的公司面临更多的全球性压力。这种压力常常通过示威、股东行动、产品抵制和立法挑战施以影响。跨国公司的全球影响力可与非政府组织舆论动员的全球能力相匹敌。尽管这种联系很难证明,但许多公司最近都从"漂绿"(greenwash,即环境粉饰)行动转为进行建设性的环境行动,这绝非巧合。好几家知名公司不仅开始印发有关自身行动的年度环境报告,而且还对其进行外部认证(Delghi 和 Ecologic,1997)。这些发展将在第 8 章加以分析。

## 1.4 吸取的教训

尽管政府监管和公众舆论的推动不可或缺,但正是公司在环境方面的有所作为加速了对公司环境责任的接受度,这也为近来开发环境金融产品提供了有利条件。从积极方面看,我们拥有非常全面的建议,从《融资的变化》(Schmidheiny 和 Zorraquin,1996)、《可持续的金融和银行业》(Jeucken,2001)、《可持续的银行业》(Bouma 等,2001)的审慎乐观到《出色的公司》(Romn,1999)、《第四元素》(von Weizsacker 等,1998)和《自然资本主义》(Hawken 等,1999)富于感染的热情。这些著作或许有助于那些决策者消除疑虑,使之相信环境和经济不是一个零和博弈而实际上是可以相互促进。

怀疑者即使未能从这些阅读中获得信心,他们也不可能不从对环境忽视中得到沉痛的教训。石棉是第一个与环境相关的问题,它造成了好几十亿美元的损失和好几家大公司的破产。人们花了 30 年的时间查找真相,但故事仍未结束(见第 5 章)。与石棉事件同时发生的是对具有致命影响的工业污染和垃圾填埋场的不足的揭发,这使得美国《超级基金》立法肩负重担,而许多公司仍在抗争(见第 4 章和第 5 章)。对环境的关注势头不减,如对铅颜料的关注,而在有毒模具和转基因产品(GMO)等其他一些方面也已感觉到了这种影响。

毫无疑问,这些环境挑战削弱了私人部门的决策者们,在气候变化引起关注之前就是如此。时机异常关键。在 1992 年 6 月召开的地球峰会上,《气候变化框架公约》正式通过。同年 8 月,安德鲁飓风袭来,给保险业造成了史无前例的损失。预计全球变暖可能会造成更多更大的飓风(这是一个科学家们尚未解决的问题)。气候变化带来此类影响的可能性,在频繁发生的情况下足以让许多人思考一个事实:科学家并不确知气候变化究竟会带来什么。突然间,在全球的资产负债表上出现了一个大大的问号。整个世界可能已进入了一个令人担忧和不可逆转的时代。正如 Peter Bernstein 所概述的:

> 如果全球变暖的确将可能发生,那么一连串炎热的年份后不一定是一

连串严寒的年份……如果人类完全摧毁了环境,洪水未必出现在干旱之后。(Bernstein,1996,182)

拖延会有风险,减缓措施也会有风险,因为更为极端的天气会造成直接的物理影响而减缓措施会带来经济影响——特别是减少化石燃料的使用——两类影响都非常重要。

一些部门,如保险行业,关注第一个影响,并判断采取减缓措施是必需和紧迫的。其他部门,如化石燃料行业,则侧重于后面一个问题,并强烈反对采取减缓措施。石油部门和天然气部门的观点是有分歧的,有一些公司仍然反对采取行动,而其他一些公司却迅速转向,准备进入一个碳约束的世界(见第7章)。

## 1.5 环境金融如何迎接未来挑战

前文提到过政府一直对让自己(和纳税人)实施降低气候变化风险的措施相当谨慎,就像它们一直都很不情愿大力解决任何环境问题一样。许多政客和官僚机构并不了解科学,他们还总是假设公众知道的不会比他们多,也许对吧!科学家们自己对许多问题严重程度的看法也常常意见不合。你总能发现一些科学家对任何一个问题都有异议,这样他只需承担一定的风险。在这种情况下,谨慎就是不愿承诺,或是不愿做出反应。科学家们常使用的度量标准似乎表明问题相当小,例如大气污染物的度量使用"百万分之几"的单位。

在这种情况下,我们为何会预期环境金融的兴起能动员市场的力量来解决这个问题呢?

预期是建立在这样一个事实基础之上的:在不确定条件下进行决策时私人部门比政府享有更多的优势。单"私有"本身就赋予了一些优势。尽管公司受到公众日益密切的监督(前面提到过),但是它们仍未像一个民主国家中的政府那样暴露在公众的视野中。私人决策者可以改变他们的想法,却不必因不一致而受到指责。他们可以采取渐进的措施并在采取下一步措施之前研究效果。换句话说,他们可以试验。他们不需要通过那些约束所有社会成员的法律。他们直面竞争,必须保持盈利,但也拥有更多弹性。用制度术语讲,他们是拥有更大生产力的自组织。正是这个因素使得创意逐渐形成,使得公司能适应不断变化的环境。

我们看到大家愿意进行试验,寻找解决环境问题的方法,环境金融由此而来。在这本书中,我们将1997年确立为重新定义公司应对环境挑战的一个转折点。就在那一年,关于《气候变化框架公约》的《京都议定书》签订了。也是在那一年,英国石油公司(BP)宣布准备开展"超越石油"的业务(见专栏7.2)。

自那时起,新金融产品的开发突飞猛进。这些新出现的金融产品包括:银行产品,如绿色抵押,规避反常天气风险的天气衍生品,二氧化硫和氮氧化物的减排信用交易,规避地震和天气风险的巨灾债券,作为社会责任投资市场一部分的"绿色基金",还有具有巨大潜力的温室气体减排信用交易市场的建立。

金融服务部门中的一些公司开展了"绿色家政"的实践,以减少自身对环境的影响。现在一些保险公司和银行监控着客户的环境标准以降低客户可能承担的环境责任风险。甚至有一些保险公司和银行对那些具有良好环境记录的客户给予了更多的优惠。环境报告已从边缘的会计实践成为主流(见第8章)。许多银行和保险公司与联合国环境规划署(UNEP)签署了履责声明(见第3章)。其他一些公司投身于政府间气候变化专门委员会(IPCC),特别是那些做影响评价的组织。

但这些并未说明问题已经得到控制、环境挑战已成功应对了。相反,这些创新仅仅是漫漫长路中迈出的试验性一步。许多公司仍然是向后看而不是向前看。它们必须承担起出现在它们周围的环境挑战。随着时间的流逝,世界将变得更加复杂,既有环境变化带来的复杂,也有那些为管理环境风险而产生的金融工具的增加而带来的复杂。Ron Dembo和Andrew Freeman观察到:

> 金融机构——银行、经纪人和保险公司,无非是买卖风险的风险交易商。它们的业务是基于风险带来的利润,风险的承担为它们带来一大堆的机会。最近几年,在金融市场变得异常复杂时,这些机构不得不开创各种控制自身风险的方法。但对这些银行、投资公司和保险公司来说,让它们理解在特定时刻可能承担的风险具有天生的困难,它们理解风险的能力往往严重滞后于它们对此的迫切需要。(Dembo和Freeman,1998,6)

决策者现在至少比五年前拥有更多有关什么起作用和什么不起作用的信息。本书对那些信息的价值进行了开创性评价。这种评价覆盖了从地方到全球的空间闭集,以及从过去(近30年的经验)到新世纪中叶的时间闭集。虽然有一些17世纪末(伦敦劳埃德的创建)的历史参考资料,但现代环境风险的开端可以追溯到1969年,那一年Clarence Borel向他的雇主提起第一桩石棉诉讼(见第5章)。从那时起,石棉和其他一些环境问题纷纷涌现,最终影响到了金融业的各个层面。20世纪80年代末期,出现了第一起造成10亿美元损失的天气事件。当时飓风袭击了加勒比海、美国和日本。从1992年安德鲁飓风袭击了佛罗里达和路易斯安那起,恶劣天气与即将讨论的气候变化联系在了一起。我们生活的环境发生了如此巨大的变化,这个见解起初被广泛地抵制。

在本书写作过程中发生的两件事——世贸中心被袭和安然破产,重塑了全球风险的面貌。安然曾是一家被广泛认可的能源贸易公司,在全球市场中曾是花一现般地卓著。"9·11"和"后安然"迅速成为我们日常生活中的两个用语；两者都承载了现代社会的重大意义。"9·11"意味着没有什么是可以免于恐怖袭击的，即使是全世界最富有的国家最大的城市中最高的塔也难幸免。"后安然"意味着没有一家公司就一定是"健全"的，无论多么成功，无论是否由另外一家以正直廉洁而家喻户晓的公司来进行审计。这两起事件确实证明了意外的发生是突然且毫无预警的。自鸣得意已经落伍。下面一段摘自最近的一篇报道：

> 再没有比现在更需要更有效的风险管理了。CFO们正努力挣脱从去年9月的恐怖袭击到安然公司的突然崩塌的阴影，他们也被不断提醒记住一个严峻事实：对业务和经营的威胁来自各个方面。(CFO出版公司，2002)

这些事件中没有一个是真正关乎"环境"的(尽管两件事情都有某种环境含义)，可它们还是影响到本书的主题。世贸中心袭击事件对保险的有用性和保险费率产生了巨大影响。自这次袭击以来，"公司保险的价格平均上升了30%"(CFO出版公司，2002，12)。实际上这是从安德鲁飓风以来的价格最高峰值。同样，安然公司的破产给许多公司造成了巨大压力，各种风险——不单是恐怖主义或信用风险，都要求更加透明的会计披露。

## 1.6 结　论

传统假设认为经济与环境之间是一种必然的权衡取舍的关系。但目前这种关系已被两者之间互相补充和强化的关系所取代。这种向新范式的转变正是发生在政府从交通和公共设施等20世纪进入的经济领域持续撤离的时候。与政府从命令和控制时代中撤离伴随而来的似乎是它们不愿意带头应对我们面临的多重环境挑战，尤其是环境变化，尤其是在美国。

私人部门发现自己身处一个有趣的十字路口。一些公司认为它们应该在环境问题上采取主动姿态，而其他一些公司则只是为了满足监管要求，还有一些公司甚至什么都不做。采取主动行动的公司包括汽车行业、化工行业和石油天然气行业的一些显赫成员，当然，这些公司在碳约束的世界里应该采取更大幅度的调整。金融业中也不乏积极行动的领导者，它们开展了环境风险评估，并开始开发一些帮助公司应对环境挑战的专业化金融产品。这些新产品非常重要，足以形成一个被称为"环境金融"的新的子领域。

本书试图解释这种新兴现象：金融服务行业正在寻找能够支持更加有效地进行环境管理的新利基市场。下一章主要介绍一些基本概念和金融机制。第3

章对金融行业的近期变化做了概括,特别介绍了管制和全球化这两股金融创新的推动力。有环境学习背景的可以略过第 2 章,对全球金融市场有全面了解的可以略读第 3 章。后续三章对银行、保险和投资行业作了更为详细地评价。第 7 章考察了气候变化对金融部门的影响,实际是对经济整体的影响。第 8 章分析了日益增多的环境报告,它是令投资和战略管理表现更佳的重要因素。还有很多案例研究,这些案例将说明某些公司是如何面对各种环境挑战并采取相应措施的。结论章题为"展望",将这些实践和经验汇总起来,评价了环境金融在新的碳约束世界中的作用。

# 2 环境金融的概念与工具

## 2.1 引 言

工业革命以来社会变迁加快了速度。如今我们越发感到这场革命对环境造成的负面影响并不是微不足道的。这种影响既不是不能避免的,也不是因成本太高而不予考虑的。但直到最近还是有许多这样的负面影响被完全忽视。人们可能已经看到了一些影响,但尚未对此进行系统的管理。有些是公共部门的责任(特别是核电、水供应和处理、固体废物管理),所以私人部门少有关注。有些负面影响经过数年才会显现(例如对石棉进行保险索赔的长尾特性),而保险业对管理此类风险毫无准备。放松管制——通常包括对从前公共公司管制的放松,使得现在将关注投向了私人部门。为了消除选民的疑虑,政府已采用了一整套新的管理规则("再规制"(Reregulaiton)),使得最近私有化的操作更加透明。另外一个推动变化的重要力量是全球化。公司已经从地区或国内市场的界限中解放出来,它们拥有全球市场。最大的公司这样做已有上百年了,经济体中其他大多数公司现在也紧随其后。一些新被私有化的企业,如水供应和处理公司,第一次发现自身正处于全球化背景之下。

依法赔偿也成为全球化的。讽刺的是,这种情况可能由来已久,美国通过的《1789 年外国人侵权赔偿法》中,允许外国人在美国法庭起诉美国公司。现在全世界各类组织都使用该法案起诉美国公司破坏它们的环境(W. Thomas,2001)。

即便公司和它们的金融服务提供商忽略了这些发展,它们也不能忽略不良环境表现带来的有形成本。这些成本都非常巨大。石棉成本、不充分的垃圾处理和石油泄漏都对公司的资产负债表带来重大影响。本书的其他部分将会具体讨论此类案例。管理失误导致巨额的保险赔付,有些时候可能最终导致公司破产。环境问题已经使那些原本的合作伙伴如制造商、保险公司、银行家之间互相竞争。

"9·11"世贸中心被袭事件进一步强化了保险业对长期业务关系进行更为严苛评估的趋势。

> 标准普尔(Standard & Poor's,一家评级机构)称,再保险公司正在降低对长期客户关系的重视,并开始采取更加客观的方法进行保单销售,因为在世贸中心被袭事件之后保险和再保险市场仔细核查了它们的收益率。评级机构预计再保险市场将会在保单承销中运用更多的金融分析,进一步从传统的"客户关注型"承销中脱身……据标准普尔称,购买者也将拥有更多的机会,这有助于从"关系营销"中转型。(怡安有限公司,2001,14)

如果一家公司被认为有环境问题——该问题没有得到充分管理,那么该公司至少会有声誉方面的风险,这将导致公司股票的下跌。本书中有好几个这样的例证。非政府组织和媒体总是提醒大家,公司必须承担风险和履行责任。现在许多公司都非常理解这种思考模式的转变,并开始顺应这个转变。从积极角度看,越来越多的证据表明市场正朝着积极环境管理的方向迈进。

## 2.2 环境管理和股东价值创造

试图将环境和财务表现关联起来的研究(见第6章)揭示出良好的环境管理能为股东带来价值的提升,"股东价值创造"是这样定义的:

> 当一个企业通过跨期资本配置赚取的回报大于或等于资本成本时,这种情况被认为为股东创造了价值。(Willis和Desjardins,2000,9)

传统上,环境管理被认为是附加给公司的一种成本和强加于投资人的"绿色罚金",没有任何相应的好处。相反的观点认为,环境表现可以与竞争力和优秀的财务业绩并不矛盾,甚至对后者非常重要(Porter和van der Lindle,1995)。有充分证据表明环境改善行为对股东价值有极大影响(Dowell等,2000;可持续能力/联合国环境规划署,2001;瑞银集团,2000)。

一些成功的商业案例不仅消除了环境创新会对公司盈利产生不良影响的见解,而且还说明这些做法可以提升股东价值。图2.1说明了公司环境行为的改善和股东价值创造之间的关系。

## 2 环境金融的概念与工具

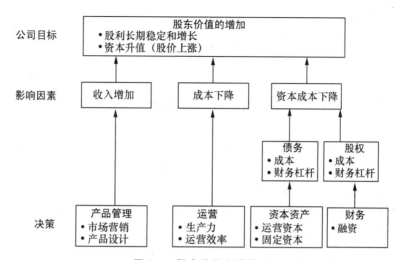

**图 2.1 股东价值创造模型**

资料来源：改编自 Willis 和 Desjardins（2000）；Havemann 和 Webster（1999）。

一个公司的产品管理部门、运营部门、资本资产部门和财务部门中涉及战略决策的领域通过对收入、运营成本和资本成本的影响来控制和支配公司的价值创造过程。改善环境的管理决策通过影响以上这些价值创造的因素来影响股东价值。以下的讨论将说明环境关注如何带来收入的增加、运营成本和资本成本的降低。

**产品管理**　在产品设计中加强对环境因素的关注可以开发出新的产品，在某些情况下，还可以重新定义市场（美国环境保护署，2000）。在设计阶段考虑产品的环境影响能使一个企业在市场革新中保持最前沿的地位，并使其获得更多的市场优势。从营销角度看，当一个企业的环境友好型产品与其他产品显著不同时，这类环境关注有助于提升公司收入，而这要归功于品牌认知度和竞争优势的提升。从负债角度看，如果一个企业的产品对环境有负面影响，那么该企业可能需要负担冲击其核心业务的责任（Mansley，1994）。

**运营**　除产品管理和设计外，许多企业的环境影响来自它们的生产和制造过程。在产品生产中加入对环境因素的考虑有助于企业减少能源和原材料的投入，还有助于企业减少垃圾的排放。改变操作过程，降低对环境的影响会带来更低的成本和更高的运营效率。

保险专家已经认同的事实是：注重运营中环境管理的企业，其风险会降低。一些保险公司开发出了一些产品，将良好的环境表现转换为更低的保险费率。通过在为客户设定保险费率时使用环境标准，例如保险专家美国韦莱集团（Willis Corroon）根据投保人对责任的关注和履行程度而向合成有机化学制造商协会会员提供最高折扣率达30%的环境损害责任险保费（阿斯彭研究所，1998）。所以，具有较高环境敏感度理念的制造企业不仅降低了生产成本，而且还降低了保险费。

这类产品和生产过程的改变体现了"生态效率"的概念，它们"通过在整个生命周期使用更少、生产更多的方式，为社会和企业创造价值"（DeSimone 和 Popoff,1997,10）。

**资本资产** 在资产投资决策中的环境关注也有助于降低公司成本。进行环境利好型的固定资产投资不仅会降低生产成本、使生产过程更有效率，而且还有助于提升企业的环境形象。因此，一家拥有环境利好型资产的企业可以更好地遵守新的环境监管，还能提升它们在整个生产运营周期中使用环境有利型资产的能力。另外，这类企业不容易发生环境事故，而环境事故会导致成本高昂的处理费用和法律责任。

贷款机构会考虑给降低了环境风险的公司更加优惠的借款条件。例如，在第4章中重点讲述的日本住友银行为那些希望进行固定资产投资以提高有关原材料和能源使用效率的中小型公司提供了"生态贷款"（阿斯彭研究所，1998）。

**融资** 增加收入和降低成本都有助于提高公司利润，融资决策居于一个组织中长期价值创造的核心地位。融资决策对企业利润的留存、企业扩张或收购都至关重要，还会影响税收和利息费用。

尽管有一些混生金融工具，公司筹资仍然主要使用债务和股权两种方式。债务融资是指发行债券或从贷款人处借款，股权融资是指发行股票。债务是一种支付利息和本金的金融义务，具有法律强制力。而股权不是法律义务，因而股票持有人承担更大的风险。

公司的资本成本用股权和债权的加权平均成本来确定，反映了公司筹资的边际成本（Damodaran,2001）。如果公司经营的风险有变化，那么公司的资本成本也会随之改变。资本成本随风险而上升或下降。因此，一个资本成本较低的公司在融资时比一个资本成本较高的公司享有更优惠的利率。

因而可以预测，一个环境管理较差的公司可能需要支付更高的利率，因为在投资人眼中该公司有更大的环境责任风险。结果会导致更高的债务成本和更大的债务规模，从而减少了提供给股权持有人回报的剩余利润，有损于股东价值。股权回报由公司派发的红利和公司股票价格的升值构成。债务使得投资人承担的风险增大从而使得股权的成本也增加了。

借款人环境责任程度和风险、遵守法规带来的资本费用和经营成本以及环境诉讼风险都将整合到信贷协议中。加强环境管理会为企业留下风险降低的印象。在实际条款中,像国民西敏寺银行集团(NatWest Group)这样的贷款人会为那些能够证明自身有出众环境表现的贷款申请人提供一定的利率减免(阿斯彭研究所,1998)。更低的债务成本会提升股东价值。展望未来的融资决策,Janssen(2000)建议投资银行应督促公司客户利用"京都机制"来最大化股东价值。从另一个角度看,气候变化议题可能对化石燃料行业产生负面影响;降低能源需求的因素(包括碳税和能效措施)综合起来可能降低碳燃料行业价格上涨的潜力,因而对其利润产生影响(Mansley,1994)。

贷款人实际上会将一定水平的风险视为太大,而不愿借款给一个环境管理表现不佳的企业。研究显示超级基金负债风险的暴露会降低贷款协议达成的可能性(Garber 和 Hammitt,1998;Schaltegger 和 Burritt,2000)。贷款人的不作为阻止了企业的扩张,从而使得股东价值增长缓慢。

在项目融资中,贷款人不仅考虑公司的风险大小,还会考虑使用该笔资金的项目自身的风险。这样,借款人的环境档案不仅用来计算风险溢价,而且还对有负面环境影响的特定项目贷款是否可行起决定作用(Blumberg 等,1997;Koechlin 和 Muller,1992)。

在风险管理术语中,一个企业的 $\beta$ 值是用来衡量公司股票回报与作为整体的市场回报相比而言的风险(Damodaran,2001)。研究表明那些实施改良的环境管理系统和具有更好环境表现的企业拥有更低的 $\beta$ 值(Feldman 等,1996)。拥有更低 $\beta$ 值的企业与从前相比给多样化投资组合增加的风险更少,因而被赋予更低的股权成本。因此提升环境表现是公司降低其股权成本、为股东创造更大价值的一个途径。

第 6 章的案例研究会提供更多公司环境表现对其风险水平影响的证据。当公司面对环境方面的经营成本、守法成本以及潜在责任时,不利的环境表现会加大公司回报的波动性。因而,公司的股票价格及其回报在事态变得明朗时会出现波动。股票价格风险越大,公司就被看成是一个比市场平均风险更大的投资,其资本成本将会上升,从而降低股东价值。相反,一个资本成本较低的公司在其他条件都一样的情况下更有可能赢得超过其成本的回报。如果公司盈利一直大于它的资本成本,那么它的股票价格将会上涨,从而为股东创造更多财富。因此公司的环境表现、资本成本和股价之间紧密相关。

**股价变动的证据** 研究揭示了以环境危机或环境嘉奖为代表的强弱不同的环境管理与公司股票价格之间的显著关联性。在 Klassen 和 McLaughlin(1996)对公司环境举措和公司市场价值关系的检验中发现环境嘉奖具有带来更大股票收益(平均为 8 005 万美元)的倾向,而环境危机会带来股价的剧烈下跌(平均为 39 050 万美元)。虽然股票价格的变动是非系统性的,但显然股票市场可以衡量环境事件的价值。对于赢得环境嘉奖而言,其对企业的影响是显著的。由于环境嘉奖给了市场一个信号,让人们觉得风险水平有所下降,这就提高了股票的价格。除了风险水平的这种变化之外,有力的环境表现还能为总体管理质量提供一个积极的指示。显然,公司或强或弱的环境管理会创造或毁坏所研究公司的股东价值。

我们非常清楚,在产品管理和过程管理以及融资决策中加入环境因素的考量对股东和环境都有益。

## 2.3 环境管理体系

环境管理体系(EMS)是为了控制对环境的不良影响而设计的,如同财务管理是为了控制公司的经济财富。

公司开发环境管理体系必须既要制定长期环境政策和目标,又要明确当前应采取的商业行为,以减少公司产品和生产过程对环境的影响。

图2.2描绘出综合环境管理体系(EMS)建立的基本要件。第一阶段涉及对所需环境政策和战略的证据进行收集和开发,接着新的环境管理和报告战略应得到高层管理者的承诺和董事会的认可。在这个阶段将公司使命和可用预算这类事情具体化至关重要。一旦获得承诺,战略也在整个公司得到了充分交流,下一个阶段就涉及政策和执行程序的开发以及管理系统组成要件的开发。环境政策报告有助于设立企业目标以及在雇员和社会公众中更广泛地对计划进行交流。图2.2中描绘的第六阶段涉及计划的实际执行。环境管理体系的表现在被测量的同时也得到了评估,其反馈随后成为调整项目甚至修订环境政策的基础。这些反馈意味着环境管理体系框架内可以进行持续性改进。最终公司发布了内部和外部两个环境报告,具体方法在第8章中加以讨论。

为了帮助金融服务部门满足环境管理体系的要求,一群英国的金融家提出了《弗吉报告》(Forge,2000),该报告为金融公司内部开发环境管理体系提供了实际指导。这个报告对第一阶段的证据开发和高层管理者的承诺给予了更多关注,因为从历史上看金融机构从未将自身列入污染行业。在第一阶段中,一些机构可能专注于从商业原因(新产品)考察环境问题,而其他机构的动机则带有意识形态因素。

环境管理体系正式执行有利于通过像欧洲生态管理和审核体系(EMSA)及国际标准化组织14001标准的认证从而为国际认可铺平道路(见第4章的"内部环境管理"部分和专栏4.4)。尽管认证对一些行业的B2B交易模式有利,但对银行业而言最重要的集中在公共关系方面,即一个进步的环境政策要与公众进行沟通

## 2 环境金融的概念与工具

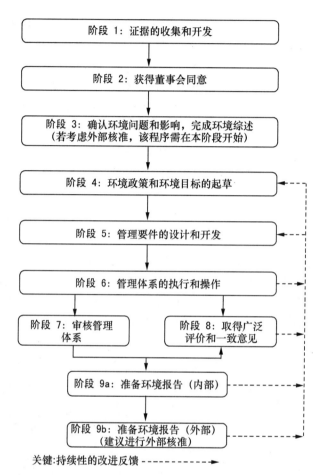

**图 2.2 环境管理与报告系统开发的关键阶段**
资料来源：Forge（2000）。

和交流。事实上，瑞士联合银行（UBS）已经发现国际标准化组织（ISO）对其进行的认证有益于向客户开展可持续性基金的市场营销（Jeucken,2001）。

现在 ISO 14000 包括了环境管理体系标准和 20 多条指导性原则，这为公司在采取改善环境表现的行动中提供了帮助。在此系列中的 ISO 14031 为环境表现的评价提供了指导。一个由瑞典和德国的金融机构组成的集团 EPI-Finance 2000 采用 ISO 14031 构建了银行业开发环境产品和服务的指导框架。

## 2.4 利益相关者的关系

不同利益相关者对公司环境表现施加的压力，综合起来影响着公司的环境和社会战略(Edwards,1998)。从前,根据公司决策的重要性,股东被看作是唯一的利益相关者(Friedman,1970)。通读本书后,读者将逐渐意识到其他利益相关者在行业决策中的一般影响和在金融行业中的特殊影响。

政府和其他方面的法律规定对公司而言显然非常重要,金融服务部门有义务知道并理解这些规定对其客户造成的影响。政府行为——既可能以强制形式,也可能以经济激励的方式出现,为金融服务部门开发新的可持续性产品和服务提供强有力的刺激。另外,建立在公民知情权基础之上的公共法律要求披露环境信息并增加类似《有毒物质排放清单》(TRI)和《全国污染物排放清单》(NPRI)这样的法律。这些法律向社会提供了了解公司的数据。此外,适用于私人部门的政府法规,如责任法(严格且有一定数量)和合同法(如土壤清洁报告),以及合同和协议(如政府和公司之间的)都授予法庭诉讼环境部门的权力。

媒体充当另外一个外部利益相关者的角色,它曝光污染行为和环境责任问题,这在第6章也有所体现。媒体对类似臭氧消耗和气候变化议题的报道成为将其全球化的重要工具。而且从商业报道的角度看,媒体对社会责任型投资和企业社会责任的理解和关注有助于提升企业的环境和社会意识(可持续能力等,2002)。

从内部角度看,银行和保险业更愿意为环境改善了的公司提供服务,而投资界对公司的环境和社会行为也显示出与日俱增的警觉。从雇员的角度看,对生态效益的追求可以激励员工,使其更具创新性,从长期看有助于公司竞争地位的加强(Porter和van der Linde,1995)。另外,对一个具有卓越的环境和社会声誉的公司而言,它将更容易吸引和挽留员工(Willard,2002)。1997年,布伦特司帕(Brent Spar)石油钻井平台处置计划和尼日利亚人权滥用导致了英荷壳牌(Royal Dutch/Shell)在务工人员中的评价极速下降,而英国石油公司(BP)的环境友好行为使其被评为工作佳所(Jeucken,2001)。从积极角度看,荷兰银行(ABN Amro)设计的"环境尺码"有助于雇员全心投入公司里任何一项可持续性创新(荷兰银行,1998;www.abnamro.com)。

另外,第6章清楚表明消费者对有关公司环境表现的信息有更多要求(Flur等,1997),而投资人也通过各种方式的股东行动主义表达了一种环境关注。银行和保险业尽其所能地将那些积极作为的机构投资者与公司联系起来,力图影响公司在环境问题方面的作为。在第8章中,"使用者角度的环境报告"部分强调了公司必须与之进行交流的各种利益相关者以及他们对公司环境信息的不同需求。实际上,利益相关者治理问题的焦点在于公司与利益相关者沟通方式不够充分上,两者间是从公司到利益相关者的单向沟通,该体系正在向更加深入的磋商与协作转变。而且,那些从关键利益相关者获取反馈以此来增强环境报告价值和有效性的公司也已经获得有关它们的利益相关者的需求和日常事务的有价值的见解(联合国环境规划署/可持续能力,1996b)。

公司有赖于利益相关者的信任,这一点是公司声誉的一个很重要的方面,但却很难进行量化。实际上,与利益相关者相关的公司声誉被某些人描述为允许公司经营的社会执照。环境非政府组织(ENGO),如地球之友和国际河流网(the International River Network,IRN)正在增加对那些涉足大型基础设施建设(公路、铁路和大坝)、新技术(如基因改造生物)以及与发展中国家有关的金融机构的详细核查。非政府组织(NGO)在这些领域对金融机构的关注,有摩根士丹利添惠(Morgan Stanley Dean Witter)和瑞士信贷(the Credit Suisse Group)在中国参与三峡大坝项目目标市场的定位,还有日本住友银行在印度的撒多撒罗瓦坝(the Sardar Sarovar Dam)的联合融资(Jeucken,2001)。国际河流网还出版了《银行检查季刊》(Bank Check Quarterly)的时事通讯,在其他非政府组织中流传,帮助它们跟踪金融机构并发起行动倡议(www.irn.org)。

图2.3为金融服务机构和利益相关者之间复杂关系的简图。但图2.3中确认的影响既不是单一指向的,也不是相互排斥的。在金融机构和利益相关者之间实际存在双向交互关系。

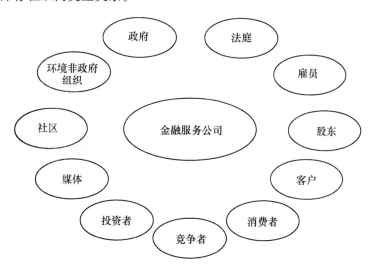

图2.3 金融服务公司及其主要的利益相关者

例如,银行在进行风险评估时要求客户提供一定水平的环境报告,该客户也会对银行的环境表现提出质疑(Gray,1998)。当银行和保险公司签署了类似联合国环境规划署(UNEP)的行动声明以表明它们希望在可持续发展中担当角色时,它们应该能禁得起对其经营过程和产品进行的严格检查。另外,非政府组织在可持续发展框架中既充当着对抗者,又充当着支持者的角色,分享它们的知识和经验并促进商界的转变。例如,当一些环境非政府组织成员抗议公司的环境或社会行动时(见第 6 章中的"股东行动主义"),其他成员会与金融机构共同开发环境友好型金融产品。此类证据有,世界自然基金会(the World Wide Fund for Nature)与保险巨头安宝公司(AMPNPI)①的合作,还与瑞典的一家州银行——Swissca 一同设计和宣传绿色产品(Elkington 和 Beloe,2000)。

除金融机构与利益相关者之间相互影响之外,这些利益相关者之间也会产生互动关系。那些认为无法对公司施加影响的当地社区常常借助媒体的沟通技术来帮助其发挥积极作用。同时,社区经常可以通过媒体获得有关本地环境问题的第一手资料。媒体也与广大公众就其关心的国内和国际问题进行互动交流。而且,股东或环境非政府组织经常与媒体合作以改变公司的环境观念。

消费者通过媒体聚集起来,进行抗议某些公司的集体行动。最有代表性的例子就是布伦特司帕事故后在壳牌欧洲总部的联合抵制行动和对尼日利亚油田暴乱共谋的指控。利益相关方可能会对这些项目的融资方进行核查,而消费者的激烈反应也会影响利益相关方。

因此,利益相关者对公司的重要性,包括对金融服务机构的重要性就变得清晰明了了。利益相关者治理可以在合作银行(Co-operative Bank)的年度报告中找到,报告中银行会确认每一个利益相关者(股东、消费者、雇员和他们的家庭、供应商、地方社区以及国内国际社会)。既然银行的受托管理建立在公平对待利益相关者的基础之上,那么银行年度报告可表达可持续能力所有要素的内在价值(合作银行,2000)。

瑞银集团将其对客户和股东信任的依赖延展到通过环境承诺建立起卓越声誉的价值上。瑞银集团声明自身良好声誉的决定性关键因素是在环境管理领域得到国际公认的胜任能力,以及乐意承担社会和环境责任的意愿(www.ubs.com/umwelt)。它的《环境报告》(UBS,2000)将声誉风险列为影响资产管理、投资银行业务及其信贷业务价值的要素之一。

## 2.5 展望:情景模拟分析

所有的商业决策都是在不确定情况下做出的,导致不确定的因素有许多。每个因素都有自身的风险因子。环境问题本身有好几个风险因素,包括社会对环境期望要求的增加,污染物检测水平的提高以及污染物本身的影响。比如,在温室气体污染研究中我们将大量不确定性引入到决策中。在这种情况下我

---

① 安宝公司是一家总部设于澳大利亚的国际性的金融保险投资服务综合公司。2000 年完成与英国 National Provident Institution(NPI)的合并。

们唯一可以确定的就是根据过去经验的线性推断对未来没有任何指导作用。这个问题在保险行业特别突出,因为历史记录是保险定价的依据。

展望未来将有两类可以采用的方法。一类主要依靠文字推理和与各个领域内的专家交流。这类活动可大致归为情景分析。另外一类是数字模拟,使用最便利的数据和随机变量来评价不同的实体关系或金融关系的敏感性。我们在本书中将列举使用这两类方法的案例。例如,我们将讨论在化石能源重要性不断减弱的世界中壳牌集团的决策者思维变化的两种主要情景(见第 7 章)。数字模拟是在诸如南加州地震或袭击迈阿密的飓风这些特别事件中计算保险业最大可能性损失模型的精髓。然而,这些数字模型也仅仅是一种最佳估测,因为许多实际因素之间的关系并不十分清楚。模型所做的是对不同输入变量的估计值敏感性的测度。例如,以里氏震强度和主要城市中心距离震中的距离来估计地震带来的保险损失。

因环境变化带来的不确定性的增加在各经济部门内部及其部门之间会有所不同。到目前为止,保险和再保险公司是最直接应对这种情况后果的部门,它们发现自己承担了超过保单签订时预期很多的巨额赔偿。这也将银行和其他专业投资人卷入其中,因为气候变化使其许多客户不得不考虑如何更好地适应这个变化的世界。从经济角度看,基本问题也一样:如何识别新领域内的不确定性,如何量化与不确定相关的风险?我们看到针对这种状况采取的一些应对措施是大型公司和贸易协会稳步增加的环境报告,这将在第 8 章中加以分析。一旦风险可以被量化,公司决策者就应该能够决定哪些风险是他们愿意保留的,哪些风险是他们希望转移的。

## 2.6 风险转移工具

### 2.6.1 传统保险机制

保险一直都是商业风险和个人风险的主要转移工具。但至少在两种情况下保险公司发现它们不能或不愿意接受那些它们过去承担过的特定风险。一是赔付能力问题。20 世纪 80 年代以来的巨灾损失,发生范围之广和频率之高直到现在一直对传统保险和再保险市场的能力是一个巨大挑战。这在安德鲁飓风(1992 年)发生后变得特别突出,在世贸中心摧毁事件(2001 年)后再次成为一个议题。如果巨灾发生的范围和频率继续增长,那么我们希望或必须要有一个可以更广泛分散风险的市场。这个话题在下一小节进行讨论。

更具体的问题是关于可参保的环境风险的类型。污染责任从未由一般商业责任险(CGL)加以承保。即使这样,一般商业责任险仍是美国法庭诉讼石棉、铅涂料和超级基金案件,以及意外泄漏事故的切入点。将污染排除在一般商业责任险的保单之外的尝试在美国法庭上未能取得完全的成功。现在有单独的环境保单为污染进行投保,覆盖了石棉、地下储油罐、意外污染责任和铅减排等相关风险。因对污染地补救造成的超量清洁成本也可以由特殊目的保单承保(见第5章)。传统保险偏好通用类保单,但因20世纪70年代以来持续出现的惊人损失而被废弃。现在保险公司雇用了了解污染挑战,并能设计仅针对该类风险保单的专家。

### 2.6.2 进入资本市场

安德鲁飓风引发了一场对传统保险和再保险市场投保范围的广泛和迅速的重估。尽管大公司都居安思危,其他公司则更易受到影响。真正存在的危险是政府(特别是每个州推选的保险委员会)的介入,它强迫有偿付能力的公司加入非自愿池并提供支持来填补缺口,这在过去经常发生。这一点(第5章中将会考察)迫使大家开始思考进入拥有大量交易和资金基础的资本市场。

各种各样表外工具的开发启动了此次转变。新产品被开发出来并模仿20世纪70年代中期金融市场出现的主要为外汇和利率波动套期保值的衍生工具(Smithson,1998)。期权和掉期的使用最为广泛。20世纪90年代,基于美国的巨灾损失,设计出了巨灾期权,旨在通过芝加哥交易所为保险业注入一种具有弹性的赔付能力。第5章对该市场的失败进行了描述。基于极端天气风险的掉期,如暴雨、极端的高温和低温,被证明更具持久性。当下有一个持续增长的"天气市场",到目前为止,该市场主要由一些大型能源公司对其管制放松后的大量风险敞口进行套期保值所驱动(第5章和第9章将分别对这个市场进行介绍和进一步的研究)。

灾难债券,或称巨灾债券的开发直接引入了机构投资者作为合作方来分担这些金融风险。这些债券与前文所述的衍生产品相比,具有概念简单的优势。不利因素在于每一种债券都是针对每一种特定的风险情形而设计的,这会耗时,因而交易成本较高。这个市场的稳步发展看起来无疑满足了需求。并且,巨灾债券的二级市场也发展迅速,这增加了市场的流动性,从而进一步促进了巨灾债券的增长。这些问题将在第5章进行探讨。

## 2.7 气体减排信用交易

前面两小节着重讨论的是现存风险的量化问题。这些与环境和天气相关的风险是那些具有超前眼光的公司希望从资产负债表中剔除或者对其进行套期保值的风险,以免造成评级机构的负面评价。战略规划中一个大而未决的问题就是气候的变化。尽管对气候变化的成本和减缓(放慢)变化的成本估计有过多次的尝试,但是没有人真正知道减缓与否的成本究竟会有多大。这只能随着气候的变化才能逐渐变得清晰。面对这种不确定性和诸多生死攸关的后果,必须谨慎地采取一些减缓气候变化的渐进措施(如减排温室气体),让所有关注者都能采用最佳的成本有效方法来应对这种挑战。

正因如此,温室气体减排信用交易才被《联合国气候变化框架公约》1997年的《京都议定书》包括在内(第7章中将论述《京都议定书》的意义)。这种减排信用交易市场的发展要求每一个签约方设定具有国际公约强制执行力的减排目标。如果一国超过了设定的减排目标,那么剩余额度可以出售给那些未能达到减排目标的国家。这类市场被称为"碳交易"或"碳金融"。

全球碳金融将会如何发展和演进尚不明了。公司和国家的角色将如何融合也不清楚。第9章中罗列了一些主要的温室气体交易方案。除了碳金融市场的最终形式不确定外,一些大型公司(如壳牌和英国石油)已经开始在公司内部不同分支机构之间开展减排交易(见第9章中横贯亚博达[①]案例研究)。为获得更多的指导,我们还研究了美国的二氧化硫($SO_2$)和氮氧化物这些空气污染物减排市场的运行(Varilek,2000)。

## 2.8 结 论

环境金融正在发展成为一个领域,该领域是对环境管理与经济表现呈正向关系这个理念的接受。我们不会再固守那个认为清洁的环境对利润不利的老旧假设。所以,我们越来越有信心,环境质量能够得到盈亏底线的公正评断。然而,因为环境质量无法像实物商品一样在传统市场打包销售,所以就需要创造新的金融工具来认可和奖励那些具有良好环境美德的私人企业。当我们遇到最大的环境挑战——气候变化将不确定和紧迫性注入全球范围时,所有这些就发生了。

在本书的其他部分,我们将尝试评价我们至今所取得的进步。我们现在承认结果是混杂在一起的。主要原因是新金融工具的开发需要管理框架为它提供条件。必须要有一些清晰的规则,明确对污染者的处罚和对改善环境质量的奖励。可以用美国二氧化硫和氮氧化物市场所采用的"总量管制和交易"(cap and trade)制度对此加以说明。该方法立即提高了继续污染企业的经营成本,同

---

① 横贯亚博达(TransAlta)是加拿大最大的电力生产商。

时为已学会改进的企业提供了机遇。管理框架一旦构建起来,市场潜力就会为环境表现的改善提供一个动态马达。与这股潜力相配合,我们需要建立一种交易模式,该模式能够为价格发现提供透明机制,并为交易者进出市场提供流动性。

下一章会评价金融服务业的最新变化,包括全球化、放松管制和技术革新,所有这些都将影响公司应对环境挑战的能力。

# 3 金融服务业

## 3.1 引 言

为了描述本书环境金融要素的特征,重要的是建立一些与金融部门运营环境和商业背景有关的概念和框架。第2章主要是关于金融机构环境策略和环境产品开发所用概念和工具的背景信息,本章更多地提供了金融机构全球化的经营背景。首先,讨论了全球金融市场的总体结构和全球化力量。然后,概述了金融部门对这些力量的反应方式。一旦确立了这种全球化背景,本书重点描述的核心金融部门内容就形成了,同时还描述了其各自领域内的环境风险。本章还介绍了银行、保险和投资人对环境问题的反应模式,而这些都将在后续章节中做进一步的扩展。

## 3.2 金融资本的全球市场结构

今天的全球资本市场再也不是单一的、有固定场地的市场了,而是一个由单个市场组成的由中心向外辐射的网络体系。这个网络的核心是靠主要轴心连接起来的美英金融机构的业务活动,日本和德国也提供一些核心金融业务(Barton,2001)。从全球看,金融中介机构根据其主要交易是市场导向还是银行导向就很容易加以区分。对前者而言,市场在吸引存款、新资本配置、现存资本的重组、公司治理方面扮演着更为重要的角色。对后者而言,银行在上述方面发挥着更为重要的作用(Steinherr,1996)。在银行主导型体系中金融中介在很大程度上依赖关系型信贷,而在市场主导型体系中它更多地依赖非人际化的市场(White,1998)。

欧洲的金融体系,像德国、瑞士和荷兰都以全能型银行体系为特征,在这样的体系中传统金融业务和公司所有权都由一个公司实体来承担。全能型银行体系有能力为公司和个人客户(存取款、贷款、金融工具及衍生品交易、新债发行和股票发行、经纪业务、基金管理和保险)提供全方位的金融服务。它们还可以持有公司股权(Saunders 和 Walter,1994；Llewellyn,1996)。专栏3.1表明了荷兰国际集团(ING)在荷兰提供的产品和服务的广泛性,还可以看出环境因素进入到各业务部门的程度。

**专栏3.1　荷兰国际集团的银行环境产品和服务**

> **贷款：**
>   信用风险分析
>   抵押贷款：绿色抵押贷款
>   中小企业(SME)环境计划(企业服务和产品)
>   环境贷款
> **租赁：** 利用政府的税收激励计划
> **储蓄：** 弗拉芒邮政银行(Postbank Groen)绿色投资项目节税存款
> **资产管理：** 可供考虑的新产品和新服务：
>   可持续投资建议
>   可持续资产管理
>   投资组合和投资基金的可持续报告
> **保险：**
>   环境损害险
>   银行担保的环境风险(废物运输、地下储存)
> **咨询：**
>   中小企业(SME)环境计划
>   国内环境政策
>
> 资料来源：荷兰国际集团(1999)。

北美的金融中介机构多为市场主导型。直到最近,美国的金融机构都为非全能型银行,因为《格拉斯-斯蒂格尔法》(Glass-Steagall Act)规定了金融的不同功能要专属于不同的领域(见本章后面"放松管制"部分)。加拿大情况也类似,直到最近10年,《银行法》(the Bank Act)都一直根据"一个公司,一种功能"的方法对金融机构进行分类(Kintner,1993)。

近年来,在很多国家,资本市场都取代了银行信贷,成为大公司的主要资金来源(瑞士再保险,2001)。表3.1说明了这种资本配置变化是如何发生的。在美国,股权化对资本配置有强烈影响,20世纪90年代,公司只有18%资金由银行提供。在法国,证券发行的增长也以牺牲银行业为代价。在其他国家,如日本,存款机构发挥的作用更大,银行机构继续在公司筹资中占据着统治地位。

表 3.1　公司融资中银行贷款与债券的相对比例,1983—1995 年

| 国家 | 20 世纪 80 年代 | 20 世纪 90 年代 |
| --- | --- | --- |
| 法国 | 44.1% | 21.6% |
| 德国 | 51.1 | 56.9 |
| 日本 | 94.5 | 90.4 |
| 英国 | 83.9 | 72.8 |
| 美国 | 36.4 | 18.0 |

资料来源:Berger 等(2000,Table 3,79)。

从环境角度看,前面提及的那些占统治地位的金融中心影响着当前全球金融市场的规范。这些金融中心的投资人和发行人都必须遵守会计标准、报告和市场管理规范(见第 8 章),而金融中心的中介机构和投资者都具备传播其透明标准、公司治理和估值技术的能力(Bhatnagar,1999)。由于机构投资者在全球市场都使用类似的估值技术,所以像共同基金、养老基金和保险公司这样的机构投资者都成为推动全球风险统一定价的重要力量。同样,当一些大银行在所有市场中都是使用统一的环境评价技术时,它们就具备了确立全球定价基准及进行风险评估的潜力,环境风险也包括在内。由于各国在会计和报告准则、法律保护和商业规范方面有很大区别,这种能力就显得格外重要(Barton,2001)。

接下来的部分对有利于金融机构和市场演化的历史和监管进行了概括。

## 3.3　金融服务业重塑之力

因跨国公司和跨国贸易急需金融提供全球化服务,全球贸易和金融市场自由化促使金融放松管制。另外,科技发展也促进了金融机构的转变(Berger 等,1999;Gros 和 Lannoo,2000;White,1998)。

从历史来看,许多国家金融服务部门中的机构因管制和高昂的交易成本都各自为政。20 世纪 80 年代以来,随着技术进步和全球化带来的交易成本下降,金融机构和金融市场一体化程度越来越强(Delphi 和 Ecologic,1997;Scott-Quinn,1990)。

图 3.1 显示了这些力量对重塑金融服务业的主要影响。接下来的部分将讨论这些趋势对金融机构结构的影响。

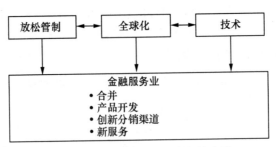

图 3.1　影响金融业结构变化的力量

## 3.3.1　全球化和市场力量

国际贸易的快速增长和跨国公司的扩张创造了全球市场,这些市场导致了金融产品和服务的需求模式发生了改变。随着中欧和苏联的解体以及中国经济市场化改革的初步开展,全球贸易前景一片光明。同时,由于国内一些金融业务饱和,以及国外机构进入国内市场而导致的竞争加剧,各国金融业对新市场的争夺更加激烈(瑞士再保险,2000b)。

国内业务向全球市场的迅速扩张也揭示出全球化伴随的环境风险。尽管环境管理在发达国家越来越普遍,但在许多新兴市场国家还未真正出现。后者有一些管理条例,但既没有执行的基本框架,也没有执行的文化基础。我们将在随后的章节中看到所取得的一些进步,但改变很慢。Grossman 和 Kreuger(1995)建议在欠发达国家提高标准,这样较早采用较高环境标准的国家,如韩国和新加坡将获得优势。与此同时,也有越来越多的诉讼是由一个公司的母国提起,依据是该公司在外国的经营活动所造成的环境损害。巴布亚新几内亚奥克泰迪矿业公司在澳洲法庭被诉之案是此类情况的一个例证。原告因矿业公司污水外泄对周边土壤造成不良影响所导致的损失提起了诉讼。案件各方达成了一个庭外调解办法,赔偿原告并对该区域进一揽子补偿(Cameron 和 Ramsay,1996)。

## 3.3.2　技术

弗里德曼(Friedman,2000,348)在他最近对新贸易体系和公司战略所带来变化的分析中将全球化定义为"金融、技术和信息大众化的产品"。随着全球经济的发展,信息技术革命改变了金融业的面貌(Berger 等,1999;Giddy 等,1996;Street 和 Monaghan,2001)。在这样的自由化市场中,与日俱增的数据处理能力和交易速度改变了金融企业的内部联系和与客户的外部关系。事实上,技术的发展被认为是对关系型银行业务这个许多欧洲银行体系核心的一个严重威胁,因为它鼓励基于价格而非人际关系的竞争(White,1998)。

在保险业内,电子商务已经挑战了传统经纪人的角色,导致许多国家的一些保险公司经营战略从单纯销售向为客户提供风险管理服务和承保的改变。另外,因特网技术的发展使新竞争者进入市场更加便捷(瑞士再保险,2000c)。在投资领域,全球股票市场连接起来成为24小时的交易网络。

直到20世纪最后十年还依然存在的许多金融机构的监管体制,即使尚未过时,技术进步也让其举步维艰。零售银行电子支付渠道的引进,如电话中心、在线银行和自动柜员机(ATM),创造了比传统分支机构更大的规模经济效应(Furl等,1997;Radecki等,1997;White,1998)。当资金可以瞬时被转移时,金融账户和机构之间的监管差异就变得繁多而且影响竞争力。信息技术的进步还进一步提供了规避特许当局监管限制的一种方式。例如,导致ATM产生的电子汇兑技术使银行克服了美国最近还存在的对设立地方分支行的限制(瑞士再保险,2000c)。

计算机技术和信息流方面的进步趋势带来了产品和风险管理工具的巨大创新。技术不仅为风险识别和衡量创造了新的机遇,也增加了对投资人和投资经理监督风险的需要,既有历史损失记录中的风险(例如衍生品工具),又有在风险分析中创新产品带来的风险。相关的例子在第6章运用 $\alpha$[①] 和 $\beta$ 对投资组合进行环境评价的内容中可以看到(Beder,1999)。

接下来将探讨金融业为应对全球化和技术进步在结构和经营上的改变。

### 3.3.3 放松管制

有史以来,政府一直对金融机构进行密切监管,监管金融机构提供的产品和经营的地域市场。最近行业监管的放松对这两个金融服务业的战略领域都产生了影响。首先,传统上被排除在外的公司打开了地域市场的大门。其次,监管政策的变化模糊了银行、保险和投资机构之间的界限,以前这些各自为政的功能都整合在了一起。

造成这种情况的主要原因在于本章前面提到过的全球市场的结构性变化——金融资本市场已成为一个整体。商品和服务市场的国际化融合引发了对货币、信贷和其他国际金融服务的需求。因而市场全球化从总体上促进了金融业的全球化(Berger等,1999)。金融业放松管制的目标在于开辟新市场并允许新整合的公司开发新产品。

金融机构基本功能出现的第一个主要变化是1971年布雷顿森林体系的解

---

① 代表了考虑风险因素后的公司股票可观察到的剩余回报。——作者注

体,以前的固定汇率开始允许浮动,不再受政府干预(Beder,1999)。1979 年,美国的短期利率不再受政府调控。这个举措被看成是随后金融机构放松管制浪潮的开端。后文讨论了不同司法管辖区内的立法变化对金融业各部门的影响。表 3.2 总结了不同国家的主要立法变化。

表 3.2 立法变化对金融业各部门的影响

| 国家 | 时间 | 变化 |
| --- | --- | --- |
| 美国 | 1994 年 | 允许商业银行在国内设立分行 |
| | 1999 年 | 《格拉斯-斯蒂格尔法》被撤销 |
| 加拿大 | 1980 年 | 允许外国银行经营 |
| | 1987 年 | 一个监管机构下的"四大支柱" |
| | 1987 年 | 允许银行有自己的证券公司 |
| | 1991 年 | 允许银行有自己的信托和保险机构,反之亦然 |
| 欧盟 | 1992 年 | 欧盟统一市场确立 |
| | 1993 年 | 取消价格和产品控制并引入"母国"管控 |
| 日本 | 1993 年 | 允许商业银行建立证券分支机构 |
| | 1995 年 | 允许外国养老基金管理机构进入 |
| | 1996 年 | "大爆炸"① |
| | 1999 年 | 允许日本银行和保险公司出售共同基金 |

**美国** 在美国,影响金融机构经营地域和经营市场的主要立法是 1927 年的《麦克法登法》(the McFadden Act)和 1933 年的《格拉斯-斯蒂格尔法》。前者授予州政府决定分支机构设立的权力。《格拉斯-斯蒂格尔法》则要求投资银行业务从商业银行中分离出来(Benston,1996)。

从 20 世纪 80 年代末期和 90 年代早期,银行地域扩张的限制开始变得松动,到 1994 年《里格-尼尔跨州银行和分行设立有效性法》(the Riegle-Neil Interstate Banking and Branching Efficiency)时达到了顶峰,该法案允许美国的商业银行在全国设立分支行(Berger 等,1999;《经济学人》,1995)。1999 年,《格拉斯-斯蒂格尔法》被通过的《格朗-利奇-贝利法》(the Gramm-Leach-Biley Act)②取代,该法案允许银行经营保险和投资业务。该立法的目的是通过规模经济、风险分散和更有效的价格体系来提高美国银行业的竞争效率(Kim 和 Singer,1997;Berger 等,1999)。

---

① "大爆炸"是指日本金融业在 20 世纪末进行的一系列重要金融自由化改革。"东京大爆炸"的目标是在 2000 年之前,建立起一个既"健全和稳定"同时又具"竞争性和创新力"的金融体制。

② 又被称为《金融服务现代化法案》,以金融混业经营为核心,是 21 世纪到来之前美国最重要的金融法律之一。

**加拿大** 从历史看,加拿大监管部门根据"一个公司,一个功能"的方式对金融业进行了分类(Kintner,1993),商业银行受联邦立法的监管,证券投资业务受地方司法管辖,而信托和保险业接受政府的特许经营管理。若让这些行业在全球市场中具有竞争力,应当在功能和司法两个方面寻找解决办法。

为应对该问题,在 1980 年加拿大政府首先修正了国内《银行法》(the Bank Act),允许外国银行在加拿大开展业务经营。1987 年监管银行和保险业的所有部门合并成立了联邦金融机构监管局(the Office of the Superintendent of Financial Institutions, OSFI),非常有效地将所有的联邦特许机构(银行、保险公司、信托和信贷公司、养老基金)都统一在一个监管当局之下。1987 年议会还通过法案,允许银行在地方各省的监管下自营证券公司(Freedman,1996;Kintner,1993)。

随着 1992 年《银行法》修订后允许银行拥有自己的信托与保险公司,同时后两者也被允许拥有自己的银行业务,服务业的合并趋势持续下来。除了汽车租赁和一些保险产品外,修订的法案还允许银行和信托公司营销某些金融产品,这些金融市场一直以来都是其他金融部门独自经营的领地(Freedman,1996)。

最近,《银行法》(C-8 法案)的立法变化使金融服务业的结构发生了重大改变,该立法的变化模糊了不同类型金融机构之间的差异。这些变化包括金融机构所有权结构的变化,通过允许设立银行持控股公司建立一种新的规模型银行所有权体制,这就取代了当时计划 I(Schedule I)和计划 II(Schedule II)中对加拿大特许银行和外国银行区别对待的方式。[①] 同时,C-8 法案允许外国银行更全面地进入加拿大市场,许可某些外国银行设立机构,或提供全面服务,或提供贷款服务(Haggart 等,2001)。这种变化使外国银行有可能在扩张中的加拿大市场上分销现有的产品和服务。

**欧盟** 许多欧盟国家,如德国、荷兰和瑞士的金融机构都是全能型银行体系,其显著特征是任何一个公司都能开展全面业务。相比而言,英国的金融体系与北美、澳大利亚和日本相似,金融机构之间有明显的界线。

然而自欧盟成立以来,欧盟国家的金融业也经历了一个放松管制的过程。一系列的法律,通常被称为单一市场计划(the Single Market Program),为欧盟区内金融机构开展跨界业务提供了便利。1992 年开始执行的《单一欧洲法案》(the Single Europe Act)开辟了一个无干扰的欧盟跨界市场,消除了资本跨界流动的所有障碍。1993 年生效的《第二条银行业务协调指令》(the Second Bank-

---

① 加拿大特许经营的银行主要是计划 I 中的银行,根据计划 II 的机构分类,在本国的外国银行接受其母国的司法管辖。——作者注

ing Co-ordiantion Directive)建立了欧盟全境统一有效的银行执照,并授权由其母国对银行进行监管,而非由东道国监管(Kintmer,1993)。这个"第二指令"对欧盟境内全能型银行体系的正规化产生了重大影响。

欧洲保险业也经历了欧洲各国阶段性的放松管制。在1990年,保险公司被允许在欧盟其他国家签发保单且无须在该国实际注册。1994年,市场进一步开放,取消了价格和产品控制,引入了类似银行体系的"母国"监管方式。国内保险市场的开放和欧元的推出导致欧盟保险市场的整合和欧洲跨国保险公司的快速增加。欧盟自然也成为这些跨国公司(MNC)的一个特别重要的市场,而纯粹的国内保险公司成为区域性的保险服务提供方。因为供应方的结构变得更加统一,所以其提供的产品和经营条款也统一化了(瑞士再保险,2000b)。

与此同时,指令发布旨在达成一个单一的证券市场。在投资领域,欧盟的成立和欧元的诞生还增加了许多投资机会。2001年1月开始使用欧元就是为建立一个货币联盟,并期望促进该行业的兼并收购(Berger等,1999;Gros和Lannoo,2000)。另外,投资者现在使用欧洲而非本国的标准来衡量业绩(瑞士再保险,2000b)。

发生在欧盟一些国家内部的变化对放松金融管制有一定影响(英国),而且在某些时候还对一国金融机构在银行主导和市场主导之间进行重新平衡有一定影响(法国)。

从历史上看,英国的银行体系受到的是非正式监管,监管主要依靠银行的自律条款和英格兰银行的道义劝告。与其他国家银行和证券依法分业经营的实践相反,英国的分业是自律和股票交易所限制行为的产物。竞争的压力在20世纪80年代中期开始侵蚀这种一直以来的分界并催生出大量的金融集团。

银行涉足证券交易(1986年"大爆炸")是证券市场竞争的结果,当时伦敦股票交易所正在失去市场份额,特别是与纽约市场相比(Beder,1999;Llewellyn,1996)。监管方面的催化剂是政府威胁将伦敦股票交易所的规则(不允许银行从事证券交易)作为限制交易行为的法庭的参考(the Restrictive Trade Practices Court)。其他竞争压力也对英国一些大型结算银行(例如巴克莱、劳埃德、米兰、国民西敏寺)涉足保险业进行多样化经营产生了影响。80年代中期,银行和保险业的监管机构达成了一个非正式协议(非法律形式的),取消银行和保险公司之间相互持股的限制。

法国在单一市场计划后立法上的主要变化是在银行主导的金融机构体系与更多的市场主导体系之间进行结构上的重新平衡。1985年该体系进行的主要改革是引入了《法国银行法》,消除了投资银行和商业银行之间的旧有分割,扩大了银行的经纪和证券业务。虽然《银行法》修订后银行还继续为公司提供融资服务,但更多的是通过资本市场投资而非只考虑公司的贷款申请(Melitz,1992)。因而法国的规则自由化意味着它的金融角色变得与北美模式更加相近,因为法国的商业部门变得比从前更加依赖资本市场(Melitz,1990;Berger等,2000)。

**日本** 战后日本的银行体系以关系型或全能型银行为特征,银行和产业之间有着密切的联系和往来,被看作是日本广泛的"银企集团"(keiretsu)的一种扩张。银企集团的成员之间主要是银行关系,除此之外,还有贸易关系和非金融公司间的交叉持股。

与美国金融体制相比,日本银行可以通过在日本和世界其他地区设立分支机构进行扩张,还可以在从事传统银行业务的同时自由发挥投资银行的功能(Kim 和 Singer,1997)。专家们提出日本银行体系所经历的管制减少导致其为获取全球市场份额和进行投资选择时承担了更大的风险。这些策略使日本银行置于90年代的风雨飘摇之中,并导致该国现在尝试进行管制改革(Williams,2001)。

自1948年以来,日本《证券交易法》(相当于美国的《格拉斯-斯蒂格尔法》)第65条禁止日本银行从事证券业务,对银行业务和证券业务进行了严格区分(Hoshi,1996)。1993年随《金融体系改革法案》的通过,日本金融管制开始放松,商业银行可以通过设立子公司进入证券行业。到1994年年底,日本所有大型商业银行都建立了自己的证券子公司。

1995年,日本放松了对养老基金管理的限制,第一次允许日本公司雇用外国投资经理。美国的富达投资(Fidelity Investment)是第一家被选为养老基金管理人的外国公司。富达投资通过日本经纪人对其日元共同基金进行配置,从而进一步扩大了业务范围(Spindle,1998)。

1996年,日本政府开始进行一直持续到2001年3月的"大清扫"运动,旨在彻底检查国家的金融体系。新体系,通常被叫做"大爆炸",允许保险、银行和证券公司进入彼此的业务领域。到1999年,当局允许国内的银行和寿险公司销售共同基金,以前这是由经纪公司独占的领域。

最近日本经济前景严峻,股票价格暴跌,失业上升,国内生产总值剧烈萎缩。分析人士声称经济体系存在的主要问题之一是日本银行体系内的巨额不良贷款。日本银行不得不第一次按目前市价来计算所持有的大量股票,而传统上一直使用原始买价进行计算。暴跌的股票价格又给银行更大的压力,因为银行需要自己消化投资组合的任何损失,而这反过来既侵蚀了银行的持股价值又损害了自己股票的价格(Williams,2001)。

## 3.4 核心金融服务

金融三大核心部门是本书的重点,这三大领域是商业银行、保险公司和投资。表3.3概括了这三大部门的主要和次要业务。银行的主要业务集中在信贷上,保险公司的主要业务是给公司和个人签发人寿和非人寿保单。投资领域的主要特征是向客户、基金持有人和投资基金提供建议。表3.3还总结了每一个行业存在的环境风险。

表3.3 金融业商业活动和环境风险概要

| 部门 | 主要活动 | 次要活动 | 环境风险 |
| --- | --- | --- | --- |
| 商业银行 | 信贷扩张 | 用自己的账户进行投资 | • 丧失抵押品赎回权之前:房地产抵押贷款的现金损失<br>• 丧失抵押品赎回权之后:抵押贷款的地产污染责任 |
| 保险 | 向公司和个人发售财产和寿险保单 | 用自己的账户进行投资 | • 一般责任(对污染和石棉的责任)<br>• 环境损害责任保险(很少)<br>• 全球气候变化(对巨灾风险的关注) |
| 投资银行 | 为客户提供投资建议和融资选择 | 用自己的账户进行投资 | • 首次公开发行,兼并和收购,剥离,项目融资,承销 |
| 共同基金 | 对基金持有人提供的资金进行投资 | | • 客户要求一些基金进行环境筛选<br>• 股东的激进行为<br>• 代理投票 |
| 养老基金 | 对雇员养老金进行投资 | | • 代理投票<br>• 从投资贡献到利益回报的转变 |
| 风险资本 | 为新企业提供第一期资金 | | • 每次投资都不同 |

资料来源:Ganzi 和 DeVries(1998)。

在大多数国家,金融机构的角色是在全能型银行和专业化银行、保险或投资两极之间。但由于本书需要区分环境问题对不同行业产生的影响,因此将分开讨论这些核心业务。

除在消费者和客户需求方面有差异外,这三类行业在其他许多方面也能区分开来。三者之间的第一个不同是它们对风险这个基本概念的理解不同。通常,商业银行在传统上以风险厌恶著称,银行业务的风险管理以关注客户资产的风险为主。对保险业而言,风险就是核心,它主要关注的是责任行为(White,1998)。这样,保险的目的是接受风险并使其最小化,或者对其进行内部抵消。在这两极之间是投资银行和资产管理人,它们的兴趣在于风险的潜在获利性,并在风险与金融潜在获利交易中表现积极(Delphi 和 Ecologic,1997;Saunders 和 Walter,1994)。

用同样的方式,通过对比三个领域内的消费群体类型可以确定它们对消费者环境行为的影响能力有一定差异。尽管商业银行与大公司的联系非常活跃,但对大公司来讲,主要融资来源和影响是来自投资领域。商业银行最应影响的是小型和中型企业,因为贷款人既可以设定金融交易成立的环境条件,还可以成为寻找资金的中小企业的环境顾问(Delphi 和 Ecologic,1997)。

为了获得环境数据,保险公司和贷款人都会以合同方式取得相关的环境信息。这样一来,从理论上讲它们就能影响客户的决策了。而另一方面,投资人却必须依赖公司的环境报告或者可以购买一些用环境筛选工具选择出的有附加价值的数据(见第4章)。

总之,可以看到金融业三个领域的环境风险有一定差异。第3章和第4章将进一步探讨环境责任立法规则对保险业务(石棉和《综合环境补偿与责任法》)和贷款业务(马里兰银行信托和弗里特保付代理公司)造成的全行业危机。与不良环境表现有关的投资损失无论怎样都会影响一些公司或行业的证券价值。

## 3.5 放松管制后金融服务业的反应

### 3.5.1 合并

在其他经济部门经历全球化后,金融服务业为保持竞争实力也实施了类似战略。面对管制的放松,金融业展示了各种各样的合并战略,合并可以通过减少过度分散和扩张市场来实现规模经济和范围经济(Flur 等,1997)。金融业的兼并和收购"从根本上改变了金融中介机构的竞争格局"(瑞士再保险,2001,21)。

地理意义上的国内交易,以美国银行业为例,如国民银行(NationsBank)的目标是通过收购许多州的银行成为全国性银行,之后,1998年又与美国银行(BankAmerica)合并(Bryan 等,1999)。同年类似的国内交易还有瑞银集团(UBS)兼并瑞士境内的瑞士银行,成为全欧洲最大的银行(Berger 等,1999)。在日本也可以看到同样的情形,三井信托银行在2000年兼并了住友信托银行。在加拿大,从两桩合并案中可以看到完全不同的政策模式,1998年加拿大皇家银行与蒙特利尔银行、加拿大帝国商业银行与多伦多道明银行的合并都被政府驳回(Willis,2001)。

回顾国内跨行业兼并,1999年美国才废除了关于禁止银行、证券和保险进入其他金融领域的立法。此次立法的转变促成了大量类似嘉信理财（Charles Schwab）经纪公司收购美国信托公司（U.S. Trust Corp.）的信托和投资业务合并事件（2000）。再从服务整合的角度看，20世纪90年代加拿大出现了诸多合并，如新斯科舍（Nova Scotia）收购了麦克劳德、杨和威尔银行（McLeod, Young and Weir）的投资业务（1998），多伦多道明银行收购了加拿大信托（2000）。

在保险业内，法国安盛保险公司（AXA）在1996年兼并了巴黎联合保险（UAP），不仅加强了其在法国的业务，而且还持续开拓了欧洲业务。法国安盛通过收购一家美国的投资银行（唐纳德森、鲁夫金和詹瑞特公司（Donaldson, Lufkin & Jenrette））、一家资产管理公司（安联（Alliance））和一家寿险公司（公平寿险（Equitable））完成了跨界、跨行业的合并，从而在美国金融市场上找到了有力的立足点（瑞士再保险，2000b；Bryan等，1999）。其他欧洲公司也对美国的资产管理公司进行了大规模收购，如荷兰银行（ABN Amro）收购了阿勒格尼资产管理公司（Allegheny）、瑞士再保险收购了蔻宁公司（Conning）（2001）（瑞士再保险，2001a）。这些交易对欧洲公司而言具有重要的战略意义，因为美国的资产管理市场大而完善，这些收购带来了欧洲股权扩张文化所需的市场技术（瑞士再保险，2001a）。

其他一些保险公司通过创建利基市场和努力发展全球战略联盟来扩大市场份额。如美国国际集团（AIG）这家最为全球化的保险公司（瑞士再保险，2001d）就是使用该战略进入了颇有潜景的中国市场并成为该国第一家外资保险公司。

在投资领域，专业投资人之间可以建立联合企业，如美国的斯卡德（Scudder）和加拿大投资（Investors Group），或者像景顺集团（Amvescap）一样实施扩张战略（见专栏3.2），这些都有助于创建金融服务供应的全球结构。

日本的金融改革"大爆炸"是许多金融发展趋势的发端。因债权和股权市场的发展造成储蓄存款严重滑坡和随之而来的新进入者竞争压力增大，日本银行业强烈要求进入保险市场以获得新的机会（瑞士再保险，2001a）。从保险人角度看，保险业内的众多兼并和建立的伙伴关系是抵挡如银行这样的其他金融领域竞争对手的整体战略的一部分。

**专栏3.2　景顺帝国是如何建成的**

景顺成立于伦敦但其总部位于亚特兰大,是1997年位于亚特兰大的机构性货币管理公司景顺投资(Invesco)购买了休斯敦的AIM基金管理公司后成立的(Lappen,1999)。景顺投资和AIM基金公司继续在各自的领域从事经营,1998年新成立的景顺集团又收购了钱斯勒资产管理公司(Chancellor LGT),它追求的目标是成为全球投资管理领域内最具实力的角色。它在英国(2000年12月兼并了永恒公共有限公司(Perpetual PLC))和美国(2001年收购了国家资产公司(National Asset)和派尔让德曼公司(Pell Rundman))这些核心区域继续扩张,还在加拿大、澳大利亚和中国台湾通过并购强化了其区域地位。

AIM兼并加拿大环盛(Trimark)时(2000年8月),这两个组织的互补特性满足了彼此的愿望,加拿大环盛希望成为全球性公司,AIM希望加强它在加拿大的地位。类似地,澳大利亚国家投资管理公司(County Investment Magagement)的并购案(2001年1月)创造了一个集地方和全球于一体的品牌。

景顺2001年8月收购了格兰蒂太平洋(Grand Pacific)后成为中国台湾排名第11的基金管理公司,因格兰蒂太平洋在本地的有利地位,景顺海外业务也随之增长。景顺预计将扮演双重角色,既将全球资源带入稳健区域,同时也将通过战略性兼并像中国台湾这些地区的本地公司,将自身建成一个在亚洲地区扮演重要角色的公司。

### 3.5.2　组织变化的环境含义

正在进行战略重组的公司都能正视日益增长的环境审查和环境风险。某些公司声称公司通过并购进行的重组给实施环境规划提供了动态机会。例如,1998年瑞银集团与瑞士银行合并时发现,在银行业务流程被重新设计的过程中,系统地整合公司环境管理体系比其他可能的方式都要更快(Furrer 和 Hugenschmidt,2000)。但像瑞士信贷这样的公司声称重组和关键的人事变动使得集团内部的环境问题更难控制(瑞士信贷,2000)。

环境风险激起了保险行业内另外一种不同类型的组织变化。1996年,一家美国保险公司CIGNA将其财产和意外险业务拆分为两个部分:当前业务单元和独立的待激活(inactive)单元,后者更多的是处理有问题的责任,如石棉这类情况。CIGNA寻求设立两类储备金以便将当前使用的基金与待激活基金完全分离开来,而以前只有一类基金。批评家们用怀疑的目光观察这种拆分重构,这引发了对保单持有人利益保护关注的增加,以及对待激活池基金在不动用当前基金情况下满足财务赔偿能力的担忧(Levin 等,1995;Weber,1996)。

同样是在 1996 年,伦敦劳埃社成立了一家名为 Equitas 的再保险公司以承担劳埃社在 1993 年以前的所有债务,包括石棉和污染诉讼。在"重建和重生"计划中,劳埃社还承诺如果他们放弃起诉保险公司的话,将对 1993 年之前的债务进行减量和总量控制(McClintick,2000)。环境损失和巨灾损失对劳埃社造成的巨大影响将在专栏 5.8 中做进一步地探讨。

### 3.5.3　个人金融服务的提供

当减少了对竞争的监管和地理区域上的约束时,另一种新趋势出现在了个人金融服务上。金融业现在开始围绕消费者需求和产品提供的经济性来组织产品。这样一来,销售和产品生产脱钩了(Flur 等,1997),或做专业分销,或做专业制造。例如,德意志银行在 2001 年 12 月宣布通过它的销售网络来分销景顺旗下的共同基金。从另外一个角度看,像富达(Fidelity)这样的大型金融管理公司可以集中力量强化产品开发,并与嘉信(Schwab)这样的高效分销商建立合资企业或伙伴关系。同时,许多超级区域银行可以寻求成为同类最佳产品的第三方分销商(见第 6 章)。这种变化带来的未来环境意义可从普信集团(T. Rowe Price)这家投资公司的专业投资业务中得到佐证。该公司从景顺集团获得了环境调查数据并将其用于由日本大和证券负责分销的全球生态增长基金中(Nicholls,2001a)。从地域看,思维斯卡控股有限公司(Swissca Holdings)①与世界自然基金会(World Wide Fund,WWF)合作设计了"绿色投资"(Green Invest)这一产品,然后通过瑞士的市银行网络进行分销(www.swissa.ch)。

## 3.6　环境问题解决的金融之道

在金融服务业内,特别是银行和保险公司,都必须对提供给客户的金融服务所带来的环境风险进行评估。有证据表明 20 世纪 70 年代中期市场对环境问题首次做出反应,当时财产和意外事故保险面临着与石棉制造和使用相关的索赔(见表 3.4)。到 1980 年,《综合环境补偿与责任法》(CERCLA)之下的《超级基金》(Superfund)②成为银行贷款人和保险人面对的重要法律。第 4 章描述了这项 1980 年立法的意义,该法对清理美国过去有毒废物处置地点设定了严

---

①　思维斯卡控股有限公司是一家新加坡的海洋公司,从事海运服务的航运以及海上石油和天然气工业。

②　超级基金(Superfund)是美国环保署的一项政策工具,用来治理受到毒性废弃物严重污染的土壤与水源,这些地方通常是废弃的工厂用地。

格的法律和追溯责任。

表 3.4　环境事件对金融服务业的影响概要

| 时间 | 事件 | 行业行动 | | |
|---|---|---|---|---|
| | | 保险 | 信贷扩展 | 投资 |
| 1969 年 | 第一起石棉诉讼案 | | | |
| 20 世纪 70 年代 | 约翰斯·曼威尔公司（Johns Manville, 1976）的石棉诉讼案 | 创立环境赔偿责任险（EIL）(1977) | | |
| 1980 年 | 《综合环境补偿与责任法》（《超级基金》）建立连带、严格和追溯责任 | | | |
| 1982 年 | | | | 约翰斯·曼威尔公司破产 |
| 1984 年 | 博帕尔（Bhopal） | 因损失撤销环境赔偿责任险 | | |
| 1986 年 | 开始《有毒物质排放清单》（TRI）报告 | 将"绝对污染排除"引入一般商业责任险 | 世界银行发布环境风险管理指南 | |
| 1988 年 | | | 马里兰信托银行案，贷款人清理责任第一案 | |
| 1989 年 | 埃克森·瓦尔迪兹号（Exxon Valdez）①搁浅；环境应对经济联盟（CERES）成立 | 环境赔偿责任险在市场上重新出现 | 贷款中进行环境尽职调查成为标准程序 | 早期的社会筛选基金发展起来 |
| 1990 年 | | | 富力（Fleet）金融为超级基金清理费责任 100% 筹资 | |
| 1992 年 | 安德鲁飓风；里约公约 | 造成财产与意外险的巨额损失 | 联合国环境规划署签约银行声明 | 投资者责任研究中心（IRRC）提供标准的行业环境表现（EP）数据 |

---

①　这是北美历史上最大的一次原油泄漏惨剧，由美国油轮埃克森·瓦尔迪兹号（Exxon Valdez）在威廉王子湾触礁所造成。

(续表)

| 时间 | 事件 | 行业行动 | | |
|---|---|---|---|---|
| | | 保险 | 信贷扩展 | 投资 |
| 1994年 | 巨灾债券,天气衍生品 | | 首届联合国环境规划署全球银行业会议 | 不同种类环境风险的证券化 |
| 1995年 | 天气衍生品 | 联合国环境规划署关于签约保险公司的声明 | | |
| 1996年 | ISO 14000发布 | 首届联合国环境规划署保险业会议 | | 斯卡德/思道布兰(Scudder/Storebrand)环境价值基金成立 |
| 1999年 | | | | 道·琼斯可持续发展指数(DJSQ) |
| 2001年 | | | | 英国富时社会责任指数(FTSE4 Good Index) |

资料来源:Ganzi 和 DeVries(1998);瑞士再保险(1998)。

《超级基金》法基于追溯性、严厉性、连带性责任定义了潜在责任方(PRP),它的通过导致银行机构启动了尽职调查程序,主要是为最小化环境补偿成本的风险。这些措施的制定是为了支持在使用有污染可能性不动产作抵押担保物的贷款申请时的决策。最近银行开始使用公司的环境记录,不仅是为了评估风险,也是为了确认可能提供的最优贷款利率以及投资的增长和利润潜力(EPA, 2000;Blumberg 等,1996)。这些都将在第4章中作进一步的讨论。

在保险业,《超级基金》法也带来了未能预料的重要影响,因为法庭对一般商业责任险(GCL)做出了解释。由于责任具有连带性和追溯性,规则的不利导致保险和再保险行业出现了严重的产能不足,还导致了保单的两个重大变化。第一个变化是责任险从"发生"条款向"索赔"条款的转变。一般商业责任险"发生"形式的关键要点是事件的发生引发保单的生效,而不是始于立案起诉之时。所以,如20世纪60年代受石棉污染损害的个人今天可以据事件发生时签订的保单依法要求赔偿,尽管保单已经失效。一般商业责任险"索赔"的方式将上述基本关系变为索赔时才可以引发保单生效,而非事件的发生。如果在规定期间没有做出索赔申请的话,保险公司就不再提供保险赔偿(Sutton, 1991)。

第二个变化涉及一般责任保险中的污染例外条款,它对污染限定了有限责任。最近,一些专业保险公司重新引入了环境赔偿责任(EIL)保险提供特定和有限的环境赔偿(EPA, 2000;Ganzi 和 DeVries, 1998;瑞士再保险, 1998)。第

5 章会对这些成果进行更为详尽的考察。

20 世纪的最后十年里环境的明显特征是自然灾害发生频率和严重程度的不断上升,这归因于气候的变化。这些事件的累积损失索赔对保险和再保险业造成了严重影响,让人联想到以前因美国《超级基金》的责任定义造成的保险和再保险业的产能不足。保险业用多种方式应对这种新的环境挑战。其中有:通过发行市场化产品,如天气衍生品和巨灾债券将保险风险证券化(瑞士再保险,1998),还有在百慕大成立巨灾再保险公司来弥补产能缺口。第 7 章会对这些创新的重大意义进行更多的阐述。

从历史上看,股权投资领域在应对环境问题上并未显示出与其他两个金融部门一样的反应。相反,从投资分析师的角度分析,他们对公司环境关注的解释和理解有相当大的差异,主要取决于行业和分析的目的。早期的股权投资分析把公司的环境战略当成一种责任(超级基金)或风险(巨灾事件)。近来,公司的环境战略被认为不仅具有降低风险和资本成本的潜力,还可以增加收入、盈利和投资回报。除了这种观念的转变外,环境表现还没有融合到传统的财务评价中。在社会责任投资(Socially Responsible Investment,SRI)评价中急需使用公司的环境指标,这说明主流股权投资分析中出现了一种虽不成熟但在不断成长的变化(见第 6 章)。

## 3.7 结　论

全球化和技术进步促进了全球金融业内部的合并和组织变化。这些对金融行业内的环境问题具有重大的潜在意义。全球金融市场中占统治地位的金融中心影响着新兴市场中的环境标准。当领先的金融中介机构使用统一的环境评价技术时,它们才有建立全球风险评价和投资决策环境量化标准的潜力(见第 8 章"使用者角度的环境报告"部分)。从行业层面看,兼并为在比从前地理范围更大、服务种类更多的领域内建立环境管理体系提供了机会。此外,市场管制的放松,如日本允许跨国公司在那些以前无法进入的市场开发和分销环境产品(见第 6 章中瑞银集团的日本株式会社生态基金)。另外,像欧盟这样的区域性市场的开放,加上竞争的加剧都会刺激机构通过新法律规定下的新渠道扩大现有环境产品和服务的分销。

因为不同司法辖区内政策制定的动机不同,所以我们可以看到全球金融市场的变化是如何影响金融业环境决策的。在北美,合并和扩张战略,成本考量和竞争力是政策的核心挑战。这类刺激有利于环境产品和服务市场的扩张。在欧洲,焦点在于建立一种可以进行合并和跨界交易的体系,现在欧元已经成为欧盟的单一货币。跨界合并为环境产品和服务进入其他欧盟国家提供了沃土。"大爆炸"似乎更多的是一串噼啪声,因为日本政府对金融业放松管制行动迟缓(Kashyap,1999)。然而,放开的日本市场已建立起了一个环境产品的新市场。

在后面的章节中,我们将看到随着金融部门内不同行业竞争的加剧,新的金融工具大量涌现。许多新金融工具出现在环境领域,这是第 2 章讨论过的金融机构应对利益相关者压力的结果。

# 4 银 行 业

## 4.1 引 言

环境问题对金融部门中银行业的影响体现在三个方面。管制和法院判决以及内部经营都会带来直接风险,而客户贷款和信贷扩张可能导致间接风险。最终,银行通过参与有争议的项目融资会带来银行的环境信誉风险。与银行面临的其他风险一样,对这些风险的管理可为金融机构开发环境标准和社会标准相融合的新产品和新服务提供机会。接下来的部分概括了一些环境关注的背景、考察了环境压力对银行决策的影响以及银行为此进行的创新。

## 4.2 商业银行

环境问题给一些放贷机构带来了直接和间接的重大责任,从许多方面可以对此加以说明。间接方面有现存贷款的信贷风险问题。如果借款人因环境清理成本而不能归还该笔贷款,那么该笔贷款将出现违约,环境责任就落在了银行的法定范围。其次,当土地作为抵押担保品时,放贷机构就与公司客户所持有的土地存在一定关系了。在这种情况下,环境损害会降低土地的价值,也会损害银行在贷款违约或公司破产时通过销售此类资产收回贷款的能力(Case, 1999; Jeucken, 2001; Schmidheiny 和 Zorraquin, 1996)。此外,如果银行被迫收回了客户的财产,那么银行就面临着承担支付降级资产全部清理成本的额外直接责任风险。

这些环境责任问题的影响可能非常严峻。在通常情况下,银行在借款人违约时可能损失全部贷款额。而当土地作为贷款抵押品且又需要修复补偿时,银行的环境责任可能会超过贷款额的许多倍(Levy,1992)。实际上,如果银行通过破产诉讼成为受污染土地的所有者,那么银行就继承了客户被污染的财产,从而增加了贷款人的责任。

同时,银行业务对环境造成的影响也是双重的。银行的内部经营和业务程序可以对环境造成最直接的影响。间接的环境影响主要通过银行向客户提供的核心产品和服务来体现。

为应对这些环境问题,银行将环境标准融入它们所有的贷款业务和投资战略中。这些环境问题还刺激了新产品的广泛开发,使那些具有环境意识的个人和公司可以更容易地得到资金。

## 4.3 土地污染的直接责任

直到20世纪的最后10年,银行的财务责任像传统一样还是主要集中在作为贷款人的管理实践上;它更多地关注借款人到期还本付息的能力而非客户的环境档案或者管理实践。在80年代,银行业内部出现了对受污染土地和环境责任的关注,因为当时的立法几乎没有规定与银行贷款责任相关的所有权、控制权和的信托责任。但很明显的是,如果一家银行被认定有能力影响借款人的污染行为,那么这家银行就有可能被法庭认定对环境负有赔偿责任(Levy,1992)。

这样,明确谁对污染行为有控制力就成为澄清贷款人责任的核心问题。下面概括了美国、加拿大、欧盟、亚洲和南美洲地区的环境管理对贷款人造成这类不确定性的发展趋势。

### 4.3.1 美国

北美的银行业是首先受到立法和法院裁决影响的,特别是那些与信贷风险有关的银行。尽管20世纪70年代的《清洁空气法》(Clean Air Act)对美国的污染行业造成了很大影响,但这个方案的推行既没有影响到该行业的金融交易,也没有影响到支持它们的银行。不过在随后的几年里,显然需要法律补救来应对那些污染和有毒废物清理的问题。结果是,美国通过立法来应对这些问题(见专栏4.1)。

## 4 银行业

### 专栏 4.1　CERCLA 和 SARA 在美国的立法

> 为应对美国污染土地补偿的环境问题,《综合环境补偿与责任法》(CERCLA)在 1976 年生效了。与其 1986 年的修正案《超级基金修正和重新授权法》(SARA)一道,《综合环境补偿与责任法》授权美国环境保护署(EPA)来确认危险物品处理污染地和责令责任方进行清理(Thompson,1993)。
>
> 在《超级基金修正和重新授权法》下,清理由环境保护署确认的污染土地的初始成本可以从涉及污染物处置或排放的任何责任方处获得补偿。
>
> 《综合环境补偿与责任法》将补偿责任归于下述参与者中的一个或多个:第一,清理时受到污染的设备的所有者或经营者;第二,污染物处置时当地所有者或经营者;第三,有毒废物的生产者;最后,向污染地点提供有害物质的运输者(Thompson,1993)。

在《超级基金修正和重新授权法》(SARA)的受控群体分类里,所有者类别中排除了贷款机构。但当发现贷款人正在经营、占有或参与污染企业的管理(Schmidheiny 和 Zorraquin,1996)时,好几个美国法院都废除了这种排除。因而《综合环境补偿与责任法》的责任范围很广,但美国金融机构的角色依然模糊不清。下面几个例子有助于说明与免责有关的损失。

1986 年,马里兰信托银行(MBT)被控对一家贷款违约的废物处理公司的污染土地负有清理责任。此案中,马里兰信托银行行使了止赎权(foreclosure)①,恢复了银行对抵押品的所有权。法院说马里兰信托银行是在保护它在此的投资,并要求马里兰信托银行承担清理危险物品的费用。法院认为《综合环境补偿与责任法》不具有保险的功能,不能因为贷款抵押品受到污染而使贷款人免受财务损失。法院认为:

> [贷款人]已经通过审慎贷款方式采取了自我保护措施。金融机构应调查他们的担保品可能存在的问题。对许多贷款机构而言,这种调查是常规性的。(Thompson,1993,416)

所以,《综合环境补偿与责任法》不能因金融机构缺少尽职调查而对其豁免。

在 1990 年管理层参与的案例中,法院判定位于罗得岛州首府普罗维登斯(Providence)的弗里特代理公司(Fleet Factors)应该负责一个破产客户——斯维斯博瑞印刷公司(Swainsboro Print Works Inc.,SPWI)的环境损害清理成本。弗

---

① 止赎权是指一旦借款人违约或者停止缴纳月供,贷款人将获得房产所有权的这一过程。房屋作为担保物以减少贷款人的损失。

里特代理公司把存货、设备和厂房都当作是贷款抵押品。当斯维斯博瑞印刷公司申请破产时,弗里特代理公司让另外一家公司对设备进行清算,此时有害化学物品在该地泄漏了。法庭认为弗里特代理公司承担着斯维斯博瑞印刷公司经营者的角色,它能影响该印刷公司对环境法律的遵守。法庭主张弗里特代理公司对该地的补偿成本负责,并进行了背书:《综合环境补偿与责任法》不应充当为贷款人提供保险的角色(Schmidheiny 和 Zorraquin,1996)。

为了分清楚贷款人和信托人清理环境危害物的成本责任,1996 年《资产保护、贷款人责任和存款保险保护法》(the Asset Conservation, Lender Liability and Deposit Insurance Protection Act)修正了《综合环境补偿与责任法》。这个法案大大缩小了信托人可能承担的成本补偿的责任范围。它马上生效了,该法案处理了所有现存的在修订日之前都还没有解决的案件(Fox 和 Zabel,1997)。

### 4.3.2 加拿大

现在,加拿大还没有对被污染财产的所有人责任和贷款人责任给予清晰划分的立法指导。现存的仅是一些关于贷款人环境风险评估的联邦、省和市的零星立法。

在联邦一级,1988 年生效的《加拿大环境保护法》(CEPA)有许多条款适用于贷款人责任。其中有些条款规定"拥有或控制"法律列明的有毒物质排放的任何人,或者"导致或有助于排放"的任何人,都必须尽力补偿对人类和自然环境造成的任何危害(Levy,1992)。

在联邦一级还有一个《渔业法》(the Fisheries Act),该法规定因储存有毒物质而改变、破坏或毁灭鱼类栖息地的都必须承担民事责任(Levy,1992)。拥有执照的渔民能尽量弥补由于储存有毒物质或存放期间掌管、管理或控制这些有毒物质而导致的收入损失。很明显,在这种情况下破产接管人和托管人也被认为对违反《渔业法》负有责任。

在省一级,如不列颠哥伦比亚(British Columbia),主要的环境立法就是《废弃物管理法》(Waste Management Act,WMA)。该法规定如果贷款人、破产接管人或托管人是"所有人或占有人,或一个拥有、掌管或控制污染物的人",在污染物排放时他们都可能受到责罚(Thompson,1993,426)。类似地,《安大略环境保护法》(the Ontario Environmental Proteciton Act)下,这种责任扩展到了包括那些曾经拥有或控制这些污染源的人。另外,像《安大略水资源法》(the Ontario Water Resources Act)这样的法律允许环境部在任何"导致或允许污染物排放从而对人类健康或环境带来损害"的情况下下达清理命令(Levy,1992,283)。

1978 年,加拿大最高法院做出了一个加拿大最著名的判决——里贾纳诉苏圣玛丽市案(Regina v. The City of Sault Ste. Marie)[①],该判决解决了关于一方向污染者行为施加影响的能力的问题。在本案中,该市与一家私人废物处理公司签署了一份处理城市垃圾的协议。城市的垃圾被倾倒在溪流和邻近河流的周边地区,结果造成了这些地区的水质污染。据《安大略废弃物资法》(the Ontario Waste Resources Act)对城市水资源破坏的规定,是该市而不是废物处理公司来承担赔偿责任(Thompson,1993)。

在里贾纳诉 Placer 开发有限公司案(Regina v. Placer Development Ltd.)中还解决了关于控制的问题。1991 年这家采矿公司因将柴油倒入鱼类栖息的水域而受到《渔业法》的指控。该公司辩护称污染液体由独立承包方掌控,理应由它来承担责任。该辩护被驳回,认为 Placer 开发公司对承包方有绝对掌控权,理当能够控制此类违法行为(Thompson,1993)。

### 4.3.3 欧盟

欧洲银行没有像美国银行那么早地承担同样的责任,它们更倾向于将注意力放在新产品的开发而非风险评价上。银行对环境问题策略的考虑始于 20 世纪 90 年代中期(Jeucken 和 Bouna,1999)。这说明英国工业革命期间产生的大量土地污染类的环境事件大部分都没有记载和量化(Thompson,1995)。

若按美国的好诉讼传统以及由《综合环境补偿与责任法》强加的法庭裁决和惩罚性赔偿风险,清理污染的责任落在了潜在责任方(PRP)的"自愿"行动上。相反,欧盟成员国接受由主要责任方首先负责清理工作。但在土地赔偿方面英国法律更倾向于美国的区域专属模式。在英国的判例中,只有贷款人履行了止赎权并成为污染地的所有者,贷款人才对土地修复负有直接责任(Thompson,1995)。

1991 年建立的金融部门工作组(the Financieal Sector Working Group)作为商业与环境政府顾问委员会(ACBE)的子委员会,开始着手解决英国的土地污染问题(商业与环境政府顾问委员会,1993)。1993 年,商业与环境政府顾问委员会建立了一个独立的分支来专门处理大量的土地污染和赔偿责任问题。2000 年,《环境保护法》新增第 IIA 部分在英格兰和苏格兰开始执行,解决土地污染问题。它的目标就是为从前被污染了的土地的确认和补偿提供一个改善机制。在《环境保护法》附加条款中,类似提供金融资助和保险这些活动都被免除了责任(英国保险协会,2000a;Thompson,1995)。

---

① 该案例定义了对"公共福利"犯罪的司法解释。

### 4.3.4 亚洲和南美洲

在亚洲和南美洲,当前银行环境政策的变化更多地受到了像世界银行、国际金融公司(IFC)、欧洲复兴与开发银行(EBRD)这些多国发展银行制定的标准的影响,而不是受制于当地的监管压力(Jeucken 和 Bouma,1999)。世界银行的角色就是鼓励发展中国家和新兴工业化国家的可持续发展行动,这在第6章的"信息来源"部分对印度尼西亚的污染控制、评估和分级规划(Pollution Control, Evaluation, and Rating, PROPER)的描述中可以找到证据。

## 4.4 棕地再开发

还有一个明显相关又有所不同的地方是贷款机构在棕地再开发项目融资中扮演着重要角色。传统上讲,棕地①就是那些土壤受到污染并需要经济补偿的城区部分。运输设施在现在和以前常常能够确定棕地的位置,如铁路占地,因为城市都是在这些便利设施的周边发展起来的。类似地,港口刺激了当地的工业发展,然后土地受到污染。像煤气工厂这样的设施还造成了"棕地困境"②(迪龙公司,1996)。

从土地规划和使用前景看,棕地再焕生机才有可能创造一个理想的商业地点,否则城市中心就不能充分利用。然而,与日俱增的环境责任意识使这些污染的城市用地的再开发被冠以污名。不仅购买人会避免购买被污染的地方,金融机构也会因贷款人责任而不愿有所涉及。

欧盟城市用地的扩张在成员国内部受到高度控制,对未来的开发者有严格的条件限制。同时,土地用途限制、小规模和高密度的城市居住区以及欧盟大城市周围的绿化带都造成了一定程度的土地稀缺,这种情况在美国并不存在。综合起来,这些因素会对私人部门的土地再利用和再开发产生激励作用。另外,欧盟成员国有资格获得任何用途的土地,这便于国家对私人部门的棕地修复采取行动。相反,美国对这种私人棕地的再利用有很多限制,而且州政府还必须因此类土地使用限制造成的各种损失对取得该地的买主进行补偿(Meyer

---

① 棕地(Brownfield Site)即毒地,最早由美国界定,2002年1月11日美国通过的《小企业责任减免与棕地复兴法》给出了棕地的完整定义。该法规定:棕地是由于已经存在或潜在的有害物质、污染物或可以导致污染的物质,影响其扩展、再开发、再利用的不动产。工业污染场地、垃圾填埋场,都称为棕地。因为潜在的污染,这些场地的重新利用受到很大的限制。这些被废弃、闲置和未充分利用的场地因其地上设施的陈旧而被形象地称为棕地。

② "棕地困境"是指在发达国家,棕地的彻底治理往往在技术上存在困难,而且费用十分高昂,但不加治理就进行棕地开发有可能对居民的健康造成严重危害。

等,1995)。

加拿大国家环境与经济圆桌会议(Canadian National Round Table on the Environment and the Economy, NRTEE)对消除土地清理和再使用障碍而言是一个间接激励(迪龙公司,1996),即就贷款人责任问题在该领域达成了一个标准协议。环境监管当局解释说如果它与贷款人就特定条件达成协议,那么贷款人可以对污染地区行使控制权。因而监管人和贷款机构之间的"贷款人责任协议"逐步形成。这个协议允许贷款人对一项财产进行环境审计,而不必引发修复责任。更进一步讲,国家环境与经济圆桌会议说明银行可以拥有土地,但要有一个限制其责任的事先安排的协议(Moffet 和 Saxe,1996)。

现在,大多数司法审判权都包括基于标准和风险补偿指导原则。首先,制定的指导原则或管理标准都是鼓励对污染地进行治理。基于区域专属的风险模型是建立在弹性治理概念基础之上的,这主要取决于该地的用途。例如当该地用作商业用地时,就可以对居民的必要补偿进行延期。而且,在补偿问题上,购买/租赁协议可以规定购买人承诺不在未来就清理成本起诉前面任何一个所有人。

尽管北美对贷款人责任的保护在不断发展,棕地复兴依然面临融资后的流动性缺乏。只有非常有限的市场能为这类财产提供流动性,特别是那些有充足的未开发土地的地区。因此,必须对已修复的污染土地一个大的折扣,毕竟土地是要出售的(Evans,2002)。

## 4.5 风险管理

商业银行对环境风险的关注使之将环境标准融入总体贷款战略和信贷评价中。银行发展起来的环境风险管理体系有助于为银行尽职调查建立基础,解决客户的环境风险问题和银行的贷款责任问题。

在这种环境监管下,工商企业贷款中潜在的高风险可以根据不同行业面临的环境问题分成三类(见表4.1)。这个分类是银行给公司提供金融资助之前根据公司的环境监测水平确定的。

依据风险确认和评估,存在三个层次的尽职调查,从案头工作到内部调研再到使用外部专家。通常一开始时的评价就是看一个部门或一个地方是否可能存在环境问题。如果出现僵局,那就要进行地区或总部一级的勘查,而且如果有人坚持还会召集外部的顾问。

表 4.1　信贷展期的风险评估指南

| 第一类 | 第二类 | 第三类 |
| --- | --- | --- |
| 干洗(仓库) | 干洗(设备) | 化学和石化行业 |
| 变电所 | 电力技术行业 | 化肥 |
| 家具和固定装置 | 金属制品工业 | 铸造厂 |
| 洗衣和服装服务 | 农业、服务业和物资供应 | 石油和天然气产品 |
| 皮革和皮革制品 | 镀锌工业 | 杀虫剂/杀真菌剂/除草剂制造业 |
| 原木和木材制品 | 修理厂(汽车/公车/火车) | 纸浆和造纸业 |
| 印刷和出版 | 墨水制造 | 资源萃取 |
| 石头、黏土和玻璃制品 | 冶金 | 钢铁 |
| 纺织业 | 采矿 | 废物管理 |
| 仓储业 | 石油和天然气开采 | 木材防腐 |
| | 石油和天然气产品制造 | |
| | 漆制品 | |
| | 散装汽油船/输油管终端 | |
| | 制药业 | |
| | 输油管(不包括天然气) | |
| | 天然气输气管 | |
| | 电镀公司 | |
| | 处理溶剂、电池、二手油或流质废物的回收工厂 | |
| | 垃圾和废弃物品行业 | |
| | 加油站 | |
| | 船坞 | |
| | 制革厂 | |
| | 运输业 | |

资料来源:Gray(1994)。

在表 4.1 所列的第一类行业中,评价环境问题时可以有选择地使用外部建议。在第二类中,可能会就某些行业的特有风险咨询顾问。第三类,也是最复杂的一类,包括类似石化和纸浆这样的行业,总是会召集一些具有资质的顾问进行调查。这种勘查是受客户委托并由客户付款的,这就隔离了银行对企业或财产管控的意图。

在进行评价的同时,工商企业客户都会完成特定的问卷调查。这可以弄清楚问题财产的历史使用情况,需要管理的环境问题,并收集记录公司守法和经营执照的有关信息。当实物财产当作抵押品或当高风险行业申请贷款时,风险分析师要判断对现存问题是否可以消除,还是协商或容忍。在贷款展期前要求对一些补偿措施或对减排设备的资本开销做出承诺。另外,贷款人也需要通过使用贷款保险来分散部分风险。

这种环境风险评估过程能使银行判断客户是否以控制银行风险的方式来管理环境风险。环境风险纳入银行总的借款人风险评级体系之中,该体系必须明确:(1)贷款是否合理;(2)贷款条约是否受到限制;(3)贷款价格是否受到影响。因而贷款协议可根据各种情形量身定做,而且还包括了环境风险管理的豁免条件和违约条款。

Ganzi 和 Tanner(1997)的调研说明北美和欧洲至少一半以上的银行在商业贷款的信贷审批中都运用了某些环境因素评价模式。德意志银行、国民西敏寺银行(Thompson,1995)、瑞银集团、美国银行和加拿大皇家银行都公开了对贷款的环境因素进行的系统性三阶段尽职调查程序。

瓦堡市(Warburg)的瑞士联合银行内部编制的先例清单有助于研发人员掌握不同行业的信息,并为他们提供那些已知行业的投行交易需要考虑的环境问题清单。对瓦堡市的瑞士联合银行而言的新行业或新交易,可从环境顾问和律师事务所获得信息,以决定需要考虑哪些问题(Henshaw,2001)。

风险控制和转移是这家银行风险管理程序的组成部分。对一些银行而言,风险控制既包括财务风险也包括形象风险。用他们的话说,即便基于交易的机制随机而变,形象风险也需要积极的对待。

风险转移经常与保险联系在一起,保险人可以承担量化的风险。风险转移问题将在第 5 章中说明。保险产品的设计可使银行避免法律成本这样的货币损失,但保险并不能保护一家机构免受名誉或形象上的损失。

## 4.6 环境产品和服务

除了风险管理工具之外,银行还开发了新的产品,这些产品既鼓励客户进行环境改善,也使环境经营更容易获得资金。表 4.2 概括了银行业为应对环境问题和股东压力而开发的产品和服务。

银行可以通过支付、存款和投资产品来满足客户的特定需求。另外,作为金融中介机构,银行还推出了环境贷款和环境租赁这样的产品,这有助于环境市场的建立(如净化水设备和高能效可持续的能源产品)。金融机构还涉足那些处于早期开发阶段的项目证券化业务,这个阶段资本投入大但几乎不产生利润;这在针对气候变化问题的新政策和新产品中尤为明显。最后,银行还提供产品咨询和服务以帮助公司进行环境风险管理(Jeucken,2001)。下面列举了几个这样的案例。第 9 章着眼于更详细地论述证券化和气候变化问题。

表 4.2 银行的环境产品和服务

| 功能 | 特点 | 产品 |
|---|---|---|
| 存款 | • 活期存款账户<br>• 储蓄账户 | • 长期余额用来贷款和投资<br>• 特殊储蓄产品 |
| 贷款 | • 环境友好型融资*<br>• 执行特定生态标准的组织<br>• 房地产<br>• 环境抵押贷款 | • 一揽子银行优惠<br>• 环境评价和尽职调查<br>• 较低利率 |
| 信用 | • 慈善信用卡① | • 向环境非政府组织的捐赠 |
| 投行业务 | • 首次公开发行(IPO)尽职调查 | • 风险管理评价 |
| 咨询服务 | • 中小型企业 | • 环境顾问 |
| 租赁 | • 使企业进入政府财政计划 | • 购买出租环境产品 |
| 风险资本 | • 为新企业提供资金 | • 依据环境标准进行基金分配 |
| 保险 | • 财产和意外保险<br>• 自由资金投资 | • 较低保费<br>• 投资环境友好公司 |

*环境技术、能效投资、环境管理体系、土壤修复、基础设施循环利用。
资料来源:Tarna(2001,161)。

**银行一揽子优惠** 几乎没有针对活期存款账户持有人的环境产品。在英国的合作银行和荷兰的三角银行(Triodos Bank)可以发现这样的例外(www.co-operative.co.uk;三角银行,2000)。这两家银行的客户活期账户余额可以专门用作可持续发展领域的贷款和投资。

直到现在,储蓄账户的环境类产品都属于类似荷兰 ASN 银行(Dutch Algmnen Spaarbank voor Nederlan NV,ASN)和三角银行这样的小银行的业务。它们提供一些直接投向可持续贷款和投资的特别储蓄产品。例如,三角银行的南北账户(North-South)就是为发展中国家小规模可持续经济提供融资的(三角银行,2000)。荷兰国际集团和拉博银行(Rabobank)这些大银行也提供这类产品。这些产品是税收驱动型储蓄产品,起源于荷兰的财政税收管理制度,这会在本章后面加以讨论。拉博银行正在考虑引入"定向投资账户"(destinaton accounts),在此账户中个人可以指定他们储蓄存款的投资方向(www.rabobank.com/sustainability)。

达到一定环境标准的客户可以利用银行的一揽子优惠条件,包括较低的贷款利率、降低的银行费用或特别存款利率。英国合作银行承诺的可持续发展中

---

① 一种信用卡,用于购物等以便为慈善性机构提供资金,每一笔交易都使发放信用卡的公司有义务相应地捐款。

4 银行业

可以找到这类对可持续性积极引导的有趣案例。被认定接受了合作银行标准的那些公司可享受优惠利率、更高的存款利率和更低的贷款利率。与标准利率相比,公司的净储蓄收益可以高出 30%(格林期货,1998;www.co-operative-bank.co.uk/ecology.html)。

**绿色抵押贷款** 不同金融机构推出不同版本的"绿色抵押贷款"产品。银行的绿色抵押贷款源于荷兰政府的绿色项目(Green Projects)计划,该计划规定购买可持续性住房可以使用更低的绿色抵押贷款利率。这些可持续性住房必须在能源和水资源保护方面、材料使用和内部环境方面满足严苛的技术要求。购买者可以享受比市场利率低 1.5%—2.0% 的优惠利率(荷兰国际集团,1999)。英国合作银行的绿色抵押贷款将信贷价值和环境友好型投资结合起来。在该计划中,合作银行在抵押贷款期间每年对关注气候公司(Climate Care)拨款。关注气候公司是一家为碳补偿行动,如重新造林、可再生能源和能源效率而融资的公司。该银行的第一个项目是乌干达的基巴莱森林计划(Kibale Forest),它是全世界灵长类最集中的家园(英国合作银行,2000)。

**信用卡** 除对金融机构管理的资产和负债进行可持续性筛选外,英国合作银行还开发了许多合乎伦理的和可持续的产品,如与牛津饥荒救济委员会(Oxfam)、国际特赦组织(Amnesty International)、绿色和平组织(Greenpeace)和救助儿童基金会(Save the Children Fund)一起推出慈善信用卡。它对合作的非政府组织的捐赠资金来自信用卡使用带来的收益(www.co-operativebank.co.uk/personal/personal_affinity_cards.html)。另外,瑞典银行与世界自然基金组织(WWF)联合推出了世界自然卡,信用卡支付交易总额的 0.5% 捐助给世界自然基金组织在斯堪的纳维亚使用(FöreningsSparbanken,2000)。加拿大皇家银行推出了一个类似世界自然基金组织维萨卡的慈善卡(www.rbc.com),美国花旗集团为其客户推出了环境保护万事达白金卡(www.citigroup.com)。这样的安排既不增加银行客户的成本,也不增加银行的零售成本,因为所有的成本都已由银行承担。这些信用卡的推出为银行树立了高尚形象,并被认为是一种善因营销形式(Jeucken,2001)。

**租赁** 许多政府行动的目标都是激励贷款机构开发租赁合同模式的环境产品。在瑞士,瑞士信贷提供了一种能源合同模式以应对瑞士联邦政府 2000 年的能源投资规划。这项创举是建立在这样一个概念基础之上的,即许多公司从那些能高效生产和配送热、冷、光或蒸汽形式的能源的外部供应商处购买这些能源(Delphi 和 Ecologic,1997)。

在荷兰,政府、荷兰环境技术业和金融机构密切合作建立了一个有意义、有创新的机制来鼓励企业使用环境技术。在该国环境基金的范围随着政府对那些尚未盈利的新型环境友好投资的激励而扩大。想鼓励有机农业和可持续能源这样的经济活动，政府就引进了金融和财政工具来刺激这些领域的投资（Corten 等,1998;Delphi 和 Ecologic,1997;Knörzer,2001）。专栏 4.2 中对这两个创新——加速折旧和能源投资税收减免计划进行了概括。

### 专栏 4.2　刺激环境投资的金融工具

> 设备投资加速折旧可以为企业增加流动现金，还可以获得优惠利率，提供财务上的优势。对这类财政措施有兴趣的只有那些纳税企业。而非纳税组织可以通过应用经营性租赁安排而受益。在这种情况下，出租方（像荷兰国际集团这样的金融公司）对设备进行投资并可使用前面提到的会计折旧方式。这种利益通过降低租赁费用的方式传递给了承租方（企业）（van Bellegem,2001）。
>
> 荷兰政府的能源投资税收减免计划是为了鼓励能源节约型设备的投资或可持续能源资源的利用。这些措施也使用经营性租赁，使其成为吸引企业的一种方法（Van Bellegem,2001）。例如通过"租赁再造"（lease construction）这个产品，荷兰国际集团使小企业也可以享受这样的财政安排。
>
> 资料来源：荷兰国际集团（1999）。

**绿色核准**　1992 年由荷兰政府与金融部门联合设立了绿色基金体系（Green Fund System）。该方案表明在对满足"绿色核准"的绿色项目投资时可以运用多种税收激励措施。项目融资必须显示较高的环境效益，经济效益也能表明该项目可以自营，尽管项目的效益并不足以吸引常规融资。项目应该位于荷兰境内，或该体系可以覆盖的其他区域，例如荷属安的列斯、东欧和一些发展中国家（Jeucken,2001;van Bellegem,2001）。该体系内的个人（零售投资者）投资也可以免税。

到 2000 年年底，每家大型的荷兰银行都提供它们自己品牌的财政绿色基金。荷兰的大多数银行，如荷兰银行，ASN 和荷兰国际集团开辟了许多绿色基金来源以支持那些满足荷兰环境部绿色核准计划（BASE,2001;Jeucken,2001）的可持续能源项目。例如，由荷兰国际集团旗下的荷兰邮政银行的绿色核准计划赞助的储蓄用来为核准的绿色项目融资，如集中供热、风电、太阳能和可持续性建筑。就基金数额和项目融资的数量看，拉博银行在该领域居于市场领先地位（Jeucken,2001）。

通过这些创新，荷兰银行可以利用联邦税法为其私人客户的绿色项目投资节约资本利得税（www.abnomro.nl;www.asnbank.nl;www.postbankgroen.nl）。主要的免税获益者是商业企业，税负变化反映在绿色核准项目贷款利息的减少上。将税收优势加入总资本成本考虑时,投资者似乎就愿意接受总收益的降低了,这就使得项目更具有吸引力了(Jeucken,2001)。

**保险** 综合性银行提供的保险产品也为消费者和客户带来了环境利益。环境友好型公司在一些银行提供的特别保险中可以享受较低保费。由瑞士信贷提供的循环保险就是这类产品,如果汽车部件可进行循环利用式的修理或替换,消费者就可以支付较低的汽车险(最高为20%)。与上述情况相似,东京海上[①]和安田火灾与海上保险公司也对低污染汽车保险提供3%的折扣。从投资角度看,像挪威的思道布兰公司和英国国民公积金公司(National Provident Institution,NPI)这样的保险公司引入投资品针对的是成长中的可持续发展市场。另外还有一些保险公司推出为环境事业进行有条件捐赠的特定产品。荷兰的SNS-Reaal集团在它的自愿节约保险计划(Aware Savings Policy)中以每份保单的固定金额支持像乍得儿童环境教育项目这样的事业(Jeucken,2001)。

**咨询** 银行除了通过贷款影响客户外,还有很大潜力成为中小型企业环境信息的重要提供方。在这一能力方面出现了众多颇具前景的创新。例如专栏4.3中概括的德国最大的私人银行——德意志银行针对其中小客户的创新。

**专栏 4.3 德意志银行对中小型企业的环境支持**

> 20世纪80年代后期,德意志银行公司客户部为它的中型企业客户撰写了一本污染控制信息手册。
>
> 最近,德意志银行为它最大的行业顾客以外的客户提供了有关生态管理和审核计划(Eco-Management and Audit System,EMAS)的信息,以及有关环境服务、产品和技术的咨询。
>
> 1996年,德意志银行向环境影响评价成本超标的小型项目融资申请人推出了一种环境清单。清单由信贷员完成,主要针对生态效率和生态审计方面。

此外,荷兰国际集团也在1999年推出了它的中小企业环境计划,为企业提供融资、保险和咨询的整套服务。其中,中小企业环境贷款(SME Environmental Loan)是与欧洲投资基金(European Investment Fund,EIF)在荷兰增长和环境计划(Dutch Growth and Environment Program)内合作完成的。为激励中小企业进行环境友好型项目的投资,在荷兰国际集团发放专门进行环境投资的信贷时欧洲投资基金为继续放贷提供担保(荷兰国际集团,1999)。

---

① 日本最大的海上保险公司。

在英国,国民西敏寺银行推出了一系列有关环境管理的手册和基于计算机的信息系统来帮助中型企业(Delphi 和 Ecologic,1997；Thompson,1995)。

在瑞士,瑞士银行协会(SBA)1997 年推出一项为小型瑞士银行提供有关环境信息的计划。该协会得到一些主要的瑞士大银行的鼎力支持,出版了一本指导金融机构环境实践的手册以帮助瑞士小型银行进行环境管理。这本手册不仅成为解决内部环境问题的工具,而且是关于贷款和投资环境问题的入门书(Delphi 和 Ecologic,1997)。

## 4.7 利基市场和微型信贷

一些人认为最具有可持续发展潜力的是那些与股东拥有相同观念和目标的银行。Siddiqui 和 Newman(2001)说明这对利基市场的参与者而言是可能的,整个组织关注的焦点就是利基市场,如那些小额信贷市场。从更大规模看,英国合作银行处于一个主流银行和一个可持续的利基银行之间,它在测量和报告中全面考虑了各种利益相关者。

从较小规模看,许多银行在为环境领域内的小项目和小企业提供贷款的利基市场中找到了自己的位置,并产生了重大影响。其中有荷兰的 ASN 银行、孟加拉国的格莱珉银行(Grameen Bank)[①]和美国海滨太平洋银行(Shorebank Pacific)。

在荷兰,ASN 银行建于 1960 年,以环境和社会的整体原则和做对当地社区有益的事情为经营方针。在贯彻这些指导原则中,ASN 将自身视为一个专业化的"伦理"银行和一个利基参与者(Negenman,2001)。ASN 银行将与"绿色金融"有直接关系的清晰的伦理标准运用于投资组合里所有项目的考量中。另外,储蓄账户的投资也要与银行可持续投资标准一致。基于同样伦理标准的 ASN-Trouw 指数每周出版,期望其价值通过指数中的公司表现超出传统指数公司的方式加以显示。简而言之,ASN 的伦理利基市场强调了一个事实,即绿色金融可以利用社区层面开发创造性产品的方式取得成功。

而像格莱珉银行这样的微型信贷组织常常没有直接的环境目标,它们经常支持的是对环境有积极后果的行动。孟加拉国的格莱珉银行是针对穷人的专门的信贷机构。他主要向孟加拉国乡村中那些没有土地的人们发放贷款,着眼于打破贫困与社会环境恶化的恶性循环。

借款人被分成想法类似的五类人群以便发放贷款,各类人群都有相似的经

---

[①] 这是诺贝尔和平奖得主尤纳斯在将近三十年前创设的乡村银行,为贫穷民众提供小笔金额的贷款,这种"微型贷款"帮助了五百多万孟加拉国人民。

济和社会背景。抵押物品不是必需的。贷款需要在每周的乡村会议上归还。重获贷款的比率是恒定的98%。为了提高乡村的社会福利,格莱珉银行正致力于改善家庭居住条件、饮用水和卫生设施,从而改善家庭总体的健康状况。在农业安排上,银行还鼓励提高蔬菜产量和种植树木,这样既能改善家庭的消费模式,还可以通过销售剩余产品来改善他们的经济条件。格莱珉银行告知借款人在农业生产中使用化肥和杀虫剂的不良影响,并鼓励他们建立更加有利于环境的农业模式。在农业、林业和制造业之后,贷款主要投向畜牧业和渔业。

通过更好的房屋、更洁净的饮用水、更好的卫生设施和建立环境友好型的可持续发展农业来改善人类生存环境,格莱珉银行致力于满足乡村的各类社会性需求,并取得了相关的环境成果,成为微型信贷银行的突出代表。

芝加哥南部的海滨银行创立了美国第一个保护开发银行,名为海滨太平洋。海滨太平洋的目标是将社会发展和对生态系统的修复结合起来。这个新实体的主要关注点在于支持商业企业努力建立绿色产品市场。另外,该银行还引入了"生态存款"(ecodeposits),以使"生态存款人"(ecodepositors)可以为美国太平洋东北部的森林保护提供融资(Crane,1999)。

## 4.8 内部环境管理

上文中提到银行也可以通过直接影响其内部经营和业务流程对环境产生影响。虽然通常认为银行并不是重污染行业,但银行还是采取了一些降低自身对自然环境影响的措施。由于银行业太大,它们采取的任何一种环境改进措施都将变得意义重大。这样做的银行可以树立在本行业内的领导力,还可以显示比其他部门更优的环境表现。在阿姆斯特丹的荷兰国际集团总部大楼(建于20世纪80年代)和法兰克福的德国商业银行(the Commerzbank)总部大楼都以引人注目的高姿态和高效能为这种领导力树立了榜样。

正如其他行业一样,也有银行机构开始系统地使用环境管理体系。一些银行通过采纳 ISO 14001(见专栏4.4)将环境管理体系融入它们的政策和经营中。从这方面来看,瑞士联合银行是第一家获得环境管理体系 ISO 14001 认证的银行,该体系既是国际银行业的经营标准,也是瑞士国内的经营标准。

在欧洲,欧洲委员会在充分参考英国标准机构的 BS 7750(1992)所做的先驱性工作的基础上形成了自己的管理制度,体现在了 1995 年开始执行的生态管理和审核计划(EMAS)中。生态管理审核计划背后的理念是鼓励公司自愿公开其环境表现报告。

生态管理审核计划为那些自愿引入环境管理和审核制度的某些制造业部

门引入了欧洲指导原则。环境审核之后,生态管理审核计划还要求公司准备公众可以看到的环境声明或选址的环境报告(Pritchard,2000)。

在奥地利,1996年通过了允许金融机构参与生态管理审核计划的法令。奥地利成为第一个将其银行和保险公司完全置于欧洲生态管理审核计划之下的欧盟成员国。在英国由国民西敏寺银行带头的许多大银行都在探索将生态管理审核计划扩展至整个金融业的可能性。

**专栏4.4　国际标准化组织的环境管理和环境行为评价**

> 国际标准化组织发布了它的国际标准化系列——14000系列。其中的ISO 14001描述了环境管理体系的标准,ISO 14031针对环境表现的指标和评价(Pritchard,2000;Skillius和Wennberg,1998)。
>
> 环境管理体系(EMS)的ISO 14001标准要求有一个有效的环境政策声明来表达环境改善的承诺并提供达到目标的整套程序。除了政策和程序,ISO 14001的具体要求还包括了对环境管理体系的执行和回顾,以及正确行动的立场和继续改进的措施(Pritchard,2000)。与只运用于生产企业的生态管理审核计划相比,服务行业还可以申请加入ISO 14001体系和标准作业规则。
>
> ISO 14031的环境评价标准明确了环境表现的两个指标:机构内环境表现指标(environmental performance indicators,EPI)和机构外环境条件指标(environmental condition indicators,ECI)。后面这个指标群可使公司深入了解一般的环境状况并能帮助公司确定其对环境的影响力。
>
> 机构内环境表现指标进一步分为两类:关注环境表现动因的金融部门管理行为评价指标(MPI)和关注实际金融服务结果的经营绩效指标(OPI)。
>
> 资料来源:www.epifinance.com。

## 4.9　联合国环境规划署的金融创新

联合国环境规划署的金融机构环境和可持续发展创新组织(FII)的建立更加清晰地表明银行、保险和投资人,及其他机构都可以为环境保护做出有价值的贡献。金融机构环境和可持续发展创新组织是1972年联合国环境规划署鼓励与环境相适应的经济增长方式的延续,1992年地球峰会进一步强调了可持续发展的概念。联合国环境规划署建立金融机构环境和可持续发展创新组织时有30家银行签署了声明。现在超过170家金融机构成为签署方。该声明在1997年进行了修订。修订版反映了自1992年以来银行业发生的变化,而且没有冲淡原有任何一项承诺或建立之初的愿景(Kelly 和 Huhtala,2001)。

联合国环境规划署保险业环境创新组织(III)在1995年独立发起成立,这反映出保险业的管理风格和关注焦点与银行业有所不同。迄今为止已有85家保险和再保险机构签约了保险业环境创新组织。尽管金融机构环境和可持续发展创新组织和保险业环境创新组织在彼此领域内独立发挥作用,但现在联合国环境规划署将这两个创新组合合并为年度金融机构圆桌会议(O'Sullivan,2001)。附录A中有金融机构环境和可持续发展创新组织和保险业环境创新组织的声明及签约者名单。

这个金融创新组织的首要目标是在金融服务业各部门之间建立一个对话平台,起初由联合国环境规划署扮演教导者和信息提供者的角色。随着银行对自身角色的日益了解,现在联合国环境规划署在很大程度上成为银行间的沟通桥梁。第二个目标是鼓励私人部门进行环境技术和服务的投资。1999年的最后调查显示,超过60%的签约方推出了环境和金融方面的特殊产品或服务。

21世纪早些年,这个金融创新组织是涉及金融服务业内超过275家机构的自愿计划。该组织自身拓宽了领域,将地方会议、研讨会和培训课程都包括进来,所有这些都以考察特定区域问题为目标,如菲律宾和南非这些地区。2001年6月,联合国环境规划署建立了它的全球电子商务可持续发展创新机构(GeSI),这个机构是一个与联合国环境规划署金融创新组织相似的自愿计划,主要是为处理通信技术部门和可持续发展部门之间的联系。GeSI领导小组临时主席宣称:"我们的技术在拉近人们之间距离的时候,企业活动的联系也日益密切并为社会贡献力量。"因此,GeSI将着眼于信息和通信技术可以推进气候变化、废物减少及数字鸿沟①这些领域的可持续发展方面的贡献。参与的公司也在观察如何才能以一种开拓精神最好地传递它们的知识和专长,以确保全球企业可以充分利用新的机会和已扩张的市场,同时承担环境和社会责任(联合国环境规划署,2001)。

## 4.10 环境管理测量与报告

如我们将在第8章中所见,在行业和部门之间进行环境表现的比较是很困难的。银行业也不例外。为应对这个困难金融服务业内成立了许多创新组织。现将这些创新组织作如下简介。

---

① 数据鸿沟是指不同人群由于地域、教育水平及种族不同而造成的数字化技术的掌握不同,从而造成在社会经济中的待遇、经济地位的差异。

### 4.10.1 VfU

德国银行、储蓄和保险公司环境管理协会(VfU)成立于1994年,目标是为成员开发针对特定行业的环境管理战略和工具。

1997年,VfU建立了一个对银行特别适用的标准化方法,用以衡量内部运营增加的环境负担(见专栏4.5)。VfU的指标被许多欧洲金融机构采纳,用来汇报它们在提升内部环境表现方面的努力。表4.3说明了瑞士嘉盛莱宝银行运用了VfU的关键性指标所作的内部环境报告。

**专栏4.5 德国银行、储蓄和保险公司环境管理协会(VfU)**

VfU方法将内部问题和外部问题区分开来,分别将它们贴上"经营"和"产品"的标签。VfU最适宜在内部经营中使用。

VfU建议的经营性指标包括能源测量,热、水和纸的消耗,以及商务旅行和二氧化碳排放。通过使用公司的一般信息如雇员人数、建筑物占地面积、分支机构数量和工作日数量等可将环境表现指标(千瓦时、立方米、吨和千米)的绝对值转换为相对值。

VfU建议公司使用自己的环境行为指标以便进行年度水平的比较,也便于建立与其他机构进行环境行为比较的基准。

资料来源:VfU(1996)。

**表4.3 嘉盛莱宝银行内部环境报告的VfU关键数字**

| VfU关键指标 | 单位 | 1996年 | 1997年 | 1998年 | 1999年 |
| --- | --- | --- | --- | --- | --- |
| 电力 | 千瓦时/雇员 | 7 540 | 7 654 | 7 123 | 6 571 |
| 热能 | 无功千瓦/立方米 ESA | 61 | 84 | 70 | 74 |
| 水 | 公升/雇员/天 | 59 420.6 | 80 | 73 | 68 |
| 纸张 | 千克/雇员 | 215 | — | 270 | 238 |
| 回收率 |  | 12% | — | 4% | 20.6% |
| 废弃物 | 千克/雇员 | 320 | 291 | 276 | 294 |
| 焚化率 |  | 60% | 72% | 70% | 46% |
| 回收率 |  | 40% | 28% | 30% | 54% |
| 商务旅行 | 千米/雇员 | 2 930 | 3 862 | 3 372 | 5 513 |
| 汽车 |  | 13% | 10% | 17% | 8% |
| 铁路 |  | 12% | 15% | 17% | 11% |
| 飞机 |  | 75% | 75% | 66% | 81% |
| $CO_2$ 排放 | 千克/雇员 | 2 490 | 3 204 | 3 047 | 3 737 |

资料来源:www.sarasin.ch/show/content。

其他一些金融机构如瑞士信贷也使用 VfU 的指标为其经营行为的环境影响提供相关数据。《瑞士信贷环境报告》(2000)还进一步分析了银行收集到的数据的质量(平均到非常好),还分析了每个指标下降或上升的趋势。

尽管此架构允许金融机构间的比较,但批评者们认为 VfU 没有根据公司特性来设定指标,如公司的规模或职能。在后面的分类中,跨国公司似乎在所有的分类中都表现较差,在商务旅行类别中表现得最为突出(Jeucken 和 Bouma,1999)。

### 4.10.2　EPI-Finance 2000

2000 年,瑞士和德国的 11 家金融机构在 E2 管理咨询机构的支持下开发了一套专门针对金融服务行业的环境表现指标。这 11 家金融机构发布的报告名为 EPI-Finance 2000,目的是协调各金融机构的报告行为并设立基准(见专栏 4.6)。EPI-Finance 2000 的一部分指标建立在 ISO 14031 评价方法基础之上。因有 VfU 存在,EPI-Finance 2000 的指标就没有包括内部生态表现;而主要集中在金融机构的产品和管理表现上。

**专栏 4.6　EPI-Finance 2000 环境指标**

EPI-Finance 2000 建议使用五类环境指标来评价和报告金融机构的环境影响。这些指标集中在商业银行和投资银行、资产管理和保险公司的管理和经营表现,并将此分为三个管理表现指标(MPI)和两个经营表现指标(OPI)。

**管理(MPI)表现指标:**
- 技术(与环境相关的岗位和环境部门)。
- 培训(环境管理培训)。
- 审核(环境管理审核)。

**经营(OPI)表现指标:**
- 核心业务整合(环境风险检查/险别;绿色管理下的资产)。
- 环境导向服务(环境导向型的融资/交易/投资;环境创新政策)。

资料来源:EPI-Finance 2000。

表 4.4 说明了瑞士联合银行在环境表现上对 EPI-Finance 2000 标准的运用。

## 环境金融

**表 4.4　瑞士联合银行环境表现指标，基于 EPI-Finance 2000 标准**

| 雇员群体 | 单位 | 1999 年值 | 2000 年值 |
|---|---|---|---|
| 雇员（总数） | 工作量（兼职工作进行 100% 转换） | 49 058 | 71 076 |
| 处理业务中环境问题的雇员 | 工作量（兼职工作进行 100% 转换） | — | — |
| 专门环境部门雇员 | 工作量（兼职工作进行 100% 转换） | 2.5 | 3[1] |
| **外部审计** | | | |
| 外部环境审计 | 审计工作 | 69 | 9 |
| 被审计的雇员人数 | 雇员 | 82 | 14 |
| 审计时间 | 小时（审计人数 × 平均审计时间） | 68 | 15 |

| 资产管理雇员 | 单位 | 1999 年值 | 2000 年值 |
|---|---|---|---|
| 瑞士联合银行资产管理公司雇员和 UBS 瑞士私人银行雇员 | 工作量（兼职工作进行 100% 转换） | 9 832 | 10 545[1] |
| 处理业务中环境问题的雇员 | 工作量（兼职工作进行 100% 转换） | — | — |
| 专门环境部门雇员 | 工作量（兼职工作进行 100% 转换） | 7 | 7[1,2] |
| **培训** | | | |
| 环境方面的培训 | 接受培训的雇员 | 266 | 926 |
| 培训时间 | 小时（培训雇员人数 × 平均培训时间） | — | 475 |
| **内部审计** | | | |
| 环境审计 | 被审计的雇员 | 11 | 0[3] |
| 审计时间 | 小时（审计员人数 × 平均审计时间） | — | 0[3] |
| **管理的资产** | | | |
| UBS 集团 | 10 亿瑞士法郎（CHF） | 1 744 | 2 469 |
| 绿色和社会管理资产 | 百万瑞士法郎（CHF） | 627 | 901 |
| **投资创新** | | | |
| 非上市公司创新产品和服务 | 投资的公司数目 | 1 | 1 |
| 投资数量 | 百万瑞士法郎（CHF） | 1.5 | 2.25 |

4 银行业

(续表)

| 资产管理雇员 | 单位 | 1999年值 | 2000年值 |
|---|---|---|---|
| **环境产品的表现** | | | |
| 表现 | % | Eco-Perf[4] +47.7%<br>EcoJPN[5] +10% | Eco-Perf +1.7[4]<br>EcoJPN[5] −18.6% |
| 与相关指数比较的表现 | % | Eco-Perf vs. MSCI：+1.7%<br>EcoJPN vs. TOPIX：−0.1% | Eco-Perf vs. MSCI：+15.7%<br>EcoJPN vs. TOPIX：8.7% |

1. 所有雇员数字都截止到2000年12月31日的声明。
2. 包括外部合伙人。
3. 对2000年业务进行审计将在2001年第一季度开始,因而2001年发布第一份环境报告。
4. Eco-performance = UBS(卢森堡)生态—表现股权基金。
5. EcoJPN = UBS(日本)股权生态基金。

| 投资银行外部审计 | 单位 | 1999年值 | 2000年值 |
|---|---|---|---|
| 投资银行雇员 | 工作量(兼职工作进行100%转换) | 14 266 | 16 955[6] |
| 处理业务中环境问题的雇员 | 工作量(兼职工作进行100%转换) | — | — |
| 专门环境部门雇员 | 工作量(兼职工作进行100%转换) | 0.5 | 0[1] |
| **培训** | | | |
| 环境方面的培训 | 接受培训的雇员 | 341 | 39 |
| 培训时间 | 小时(培训雇员人数×平均培训时间) | 516 | 58.5 |
| **内部审计** | | | |
| 环境审计 | 被审计的雇员 | 9 | 0[3] |
| 审计时间 | 小时(审计人数×平均审计时间) | 6.75 | 0[3] |

投资银行产品的关键数字尚未建立

| 信贷业务雇员[7] | 单位 | 1999年值 | 2000年值 |
|---|---|---|---|
| UBS瑞士雇员,私人及公司客户(PCC) | 工作量(兼职工作进行100%转换) | 24 098 | 21 100[1] |
| 处理业务中环境问题的雇员 | 工作量(兼职工作进行100%转换) | 2 900 | 2 727[1] |
| 专门环境部门雇员 | 工作量(兼职工作进行100%转换) | 2.5 | 1.7[1] |

（续表）

| 信贷业务雇员 | 单位 | 1999年价值 | 2000年价值 |
|---|---|---|---|
| **培训** | | | |
| 环境方面的培训 | 接受培训的雇员 | 939 | 693 |
| 培训时间 | 小时（培训雇员人数×平均培训时间） | 700 | 506 |
| 培训范围 | %（培训雇员与目标群体雇员之比） | 32 | 25 |
| **内部审计** | | | |
| 环境审计 | 被审计的雇员 | 44 | 0[3] |
| 审计时间 | 小时（审计人数×平均审计时间） | 33 | 0[3] |
| 审计范围 | %（被审计雇员比例，根据业务确定） | 1.5 | 0[3] |
| **信贷检查** | | | |
| UBS瑞士，私人及公司客户（PCC）总贷款 | 10亿瑞士法郎（CHF） | 172 | 155 |
| 与环境有关的私人和公司总贷款[8] | 10亿瑞士法郎（CHF） | 165 | 150 |
| 初步进行环境评价的公司贷款比例 | % | 54 | 47 |
| 公司贷款总额 | 10亿瑞士法郎（CHF） | 98 | 73 |
| 初步进行环境评价的公司贷款比例 | % | 100 | 100 |
| 进行详细环境评价的贷款数量 | 贷款 | 38 | 35 |

6. UBS瑞银华宝雇员不包括瑞士银行潘恩韦伯公司雇员（21 490人）。
7. 表内的关键数字只指瑞士，不涵盖UBS全部的信贷业务。
8. UBS瑞士，私人及公司客户（PCC）总贷款，不包括银行间贷款。
资料来源：瑞士联合银行（2000，13—14）。

### 4.10.3 自然之道

自然之道（The Natural Step，TNS）是一种工具，它有助于各类组织评价和减轻其经营行为对环境的影响（见专栏4.7）。

两家金融机构已经运用自然之道（TNS）的原则开发项目并评价它们的服务渠道对环境的影响，它们是英国合作银行和美国海滨太平洋银行。

合作银行在《生态使命声明》（Ecological Mission Statement）之后确立的伦理政策有助于扭转负面的环境表现，同时吸引新的消费者（Delphi和Ecologic，

1997)。银行还进一步做出了环境承诺,并用一种深入的生态学方法给员工进行环境风险和机会的培训。银行通过使用自然之道的四个"系统条件"(见专栏4.7)建立了一套指标来评价经营和服务渠道的生态和社会影响。

合作银行的第三份《合作伙伴报告》(2000)考察了关于建筑物及维护、能源使用、废物减排和交通方面的内部指标。此外,银行已经开发出了一些针对其交付给客户的服务的社会及环境影响的原创指标。例如,从环境角度看,需要评估对由聚氯乙烯(PVC)制成的信用卡和借记卡的制造和处置所造成的生态影响范围。银行声明他们的无聚氯乙烯信用卡的原料来自博帕尔的从发酵糖而不是化石燃料中获取的塑料(Steet 和 Monaghan,2001)。合作银行认为利益相关者这个关键群体是银行行动的合作者,如雇员和消费者。因而从社会角度看,银行应从雇员角度考察工作的安全性要素和工作条件。银行也应考察服务提供的便利性和服务质量,还有当某些服务更易被某些消费群体利用而不被其他消费者利用时出现的"社会排斥"问题。地理的、技术的、成本的和竞争的因素都是银行提供服务的中心,而且也都是社会经济领域的问题。

合作银行的《合作伙伴报告2000》还描述了其他一些与众不同的特点。例如报告中包括了表现目标,用指标说明目标是否达到或根据目标判断是否取得了进展。

在美国,海滨太平洋银行也通过采用自然之道的四个系统条件将其对生态的关注内部化,在此基础上给它的雇员进行环境风险和机会方面的培训(Crane,1999)。

**专栏4.7　自然之道(TNS)**

自然之道是基于四项原则或"系统条件":
1. 自然无法抵制来自地壳废物的日益积聚。
2. 自然无法抵制社会废物的日益积聚。
3. 自然中可生长的地区不能在质量(多样性)或数量(总量)上减少,而必须能够增长。
4. 社会必须以可持续的、公平的和有效的方式来使用能源和资源。

资料来源:Nattrass 和 Altomare(1999)。

## 4.11　投资银行

与商业银行的信贷扩张相比,投资银行的角色是在那些希望吸引资金的公司或政府与希望购买证券的投资者之间充当顾问和联络官。投资银行的交易包括首次公开发行(IPO)、兼并和收购、资产剥离、清偿、项目融资、债券包销和股票发行以及私募。另外,投资银行还管理股票和债券交易,既针对个人客户,也包括他们的账户。尽管投行的产品和服务都非常独特,但投行和商业银行一样受到许多相同环境问题的影响。

当投资银行对一家私人公司进行公开上市之前的潜在责任调查时,对环境因素的考虑成为大多数IPO尽职调查和披露的一个部分,这种调查最长可达到两年。上市公司或政府在国际资本市场采用债券发行募集资金是最普遍的一种IPO形式。然而更常见的是普通股票的IPO,因为这引起了公众对该公司的首次关注(Ganzi等,1998)。IPO尽职调查中可能包括的内容有:对所适用的环境法的遵守;环境责任的性质和范围,如不动产污染;预期法律法规变化带来的潜在成本(Henshaw,2001)。在美国,为了所有关注方的利益,包括投资银行,在有新规之前都必须遵守证券交易委员会(SEC)关于环境披露和减缓环境问题的标准。

但是环境尽职调查的深度各不相同,这取决于机构、公司客户和发生交易的类型。它可以从不进行详细的环境检查到对目前关注问题进行名义上的关注,再到对现有和潜在责任的更广泛的调查。在个人访谈中,Scott Henshaw(2000)建议投资银行还是应以行业专家而著称,而非以拥有任何形式的环境知识著称。他认为不会有一家投资银行因其环境知识而赢得相当的声誉。尽管如此,像瑞银集团这样的投资银行还是在此方面跨出了一大步。瑞银集团把对环境问题的考量编入它的《全球环境政策》。该政策建立在瑞银集团的现行环境政策基础之上,它是瑞银集团风险政策总体框架的一部分,并广泛应用于全球所有的投行业务中,如IPO、项目融资和包销。然而瑞银集团的资产管理并未涵盖在此政策中。

## 4.12 气候变化:银行部门的风险和机遇

《京都议定书》带来的风险一般是指受未来气候政策管制的公司成本负担的加重。降低温室气体(GHG)排放这种环境风险的能力因不同国家、不同部门和不同公司而有所区别。另一方面,如果公司能减少排放量并将产生出的排放配额出售给其他公司,那公司也能获得额外收益。为此,那些向公司提供完善服务的银行也可以从在《京都议定书》建立的新兴金融市场中间接获利(Janssen,2000)。

### 4.12.1 风险

气候灾难能让银行面临巨大有形风险的威胁,因为承诺贷款的项目常把财产用作抵押担保。另外,如果将来财产保险公司撤销此类服务或财产巨灾保险储备金全球崩溃的话,那么银行、养老基金和保险业将面临可怕的经济问题(Leggett,1995)。若巨灾不能投保,巨灾造成的损失将导致银行部门的贷款违约,而像农业和旅游这样的行业,全行业也会受到负面影响,这就需要为这些问题行业进行融资安排。

1988年,牙买加受到了吉尔伯特飓风(Hurricane Gibert)的毁灭性打击,造成房地产、农业和公共服务业严重的直接损失。制造业和旅游业的间接损失估计是直接损失的两倍。当时保险费率的上升和风险管理要求的提高都对那些将保费作为贷款偿还担保的企业造成了影响。从整个国家看,地方经济因牙买加的货币贬值和利率上升而变得十分疲弱。关键问题是,类似受到吉尔伯特飓风影响的那些小岛国家和海滨地区的商业银行需要将气候变化作为风险管理因素,因为地方经济信心的受损可能会触发"信贷荒"(credit famine)和持续的财务损害(Dlugolecki,1996a)。

### 4.12.2 机遇

气候变化带来风险的同时也为金融服务部门提供了巨大的机遇,它们可以从应对全球变暖问题的新产品和新服务中获取利润。银行在应对气候变化问题方面扮演着重要角色,它为二氧化碳减排量身定做了金融服务和产品。下文将介绍新产品的开发,如与气候相关的投资基金、温室气体排放额交易和天气衍生品。所有这些产品都是为了提高银行的竞争地位,而银行的公司客户都活跃在与这些产品有关的行业(Janssen,2000)。

**SG** SG是兴业银行(Société Générale)的投资银行,与法国保险公司AGF合作成立了一个投资于天气衍生品和巨灾债券的新基金。流星变化基金(Meteo Transformer)的基金总额为9 500万美元,成立于2000年年底,由两家公司共同管理。投资银行为客户提供那些与股市和债市运行都无关的新产品时提高了保险公司的风险转移能力(Nicholls,2001l)。

**德意志银行** 德意志银行是德国最大的一家银行,也是第一家建立温室气体专用排放交易平台的银行。交易平台设立的目的是要将所有涉及碳排放的交易包括进来。该平台主要是在发达国家和发展中国家的减排项目中寻找碳源并将这些减排额度转移给那些未能达标的公司。由于德意志银行在全球能源行业中的实力和它在项目融资安排中的强势角色,它具备了吸引全球排放权交易买卖双方的优势(Nicholls,2001o)。

**高盛** 许多公司都希望对影响收入的天气因素进行套期保值,随着天气期货市场流动性的逐渐增强,高盛这家投资银行在2001年秋建立了专门的天气衍生产品柜台,这是第一家进入天气衍生品市场的投资银行(见第9章案例研究中对该产品进行的深入讨论)。天气衍生品交易主要集中于北美市场与气温相关的合约。高盛步入到了一个涉及多种风险产品的历史时期,它进行了许多结构性风险转移交易,包括第一个并且是唯一一个与天气关联的债券,该债券是1999年为科氏能源(Koch Energy)设计的(Kirby,2001b)。

**瑞银华宝**　燃料电池[①]预期将成为未来能源供给的关键要素,瑞银华宝为那些想在新能源技术和能源技术创新方面投资的客户开发出一个名为"燃料电池篮"的投资产品。这个"篮子"是由全球著名的燃料电池公司组成的。2004年该产品从第一个燃料电力产品的商业化运作中获利,已成熟起来。在一定程度上,能源产品的投资正在侵入风险资本领域,试图努力消除孵化企业和小企业融资中的"风险"(C. Kennedy,2001)。

燃料电池将在汽车工业、驻车发电设备(如至今有55家纽约市的中学使用这种设备)和便携式电源设备方面扮演重要角色。表4.5概括了燃料电池类可投资的范围,从燃料电池产品的生产者和使用者到原材料和部件的供应商,到用来平滑电力传输的新能源储存技术(瑞银集团,2000)。

表4.5　瑞银华宝燃料电池投资篮公司股票的选择

| 股票 | 产品或服务 | 国别 |
| --- | --- | --- |
| 巴拉德动力系统(Ballard Power Systems)、普拉格动力(Plug Power)、曼哈顿科学公司(Mahattan Scientifics) | 汽车、电站、医疗设备、家用电力供给和便携电源使用的燃料电池 | 加拿大、美国 |
| 燃料电池能源(Fuel Cell Energy) | 进入"熔融碳"技术,该技术具有提供兆瓦级电力的潜力 | 美国 |
| 西格里碳素(SGL Carbon) | 部分产品为燃料电池 | 德国 |
| 赛康科技(Satcon Technology Group) | 燃料电池电子配件供应商 | 美国 |
| 能源转换设备(Energy Conversion Devices) | 提供氢气储存 | 美国 |
| 艾达电力(Idacorp)、维斯塔(Avista)、明尼苏达电力(Minnesot Power) | 多样化经营进入燃料电池技术领域的电站运营商 | 美国 |
| SYMYX科技公司(SYMYX Technologies Inc.) | 提高使用特殊原材料和配件的燃料电池生产商 | 美国 |

资料来源:www.bestzertifikate.de/englisch/fuelcell。

---

①　世界各国在开发新能源过程中,发现氢能是最洁净的能源,可减少污染物及$CO_2$排放,而燃料电池(fuel cell)是利用氢能的载具,很适合投入研究发展。

加州空气资源委员会(California Air Resource Board,CARB)要求从 2003 年开始加州汽车销售量的 10% 达到零排放(见专栏 7.4),这使得该类投资工具的重要性更加突出。戴姆勒克莱斯勒(DaimlerChrysler)公司决定在不晚于 2004 年的时候提供与汽油动力车相同价格的燃料电池类汽车。所以燃料电池被认为是汽车业实现零污染排放的核心要素。与此同时,在某些特定行业也要求达到称为"7 个 9"[①]的离网配电传送。计算机依赖型公司在 99.99999% 的时间内需要电力,而传统电力传送只具有 99.9% 的可靠性(Nicholls,2001b;www.bestzertifikate.de/englisch/pdf/fuelcell)。

## 4.13 可持续能源基金

可持续能源基金更多地代表了风险资本的一种形式,它将金融服务公司产品扩展至用以解决气候变化问题(Knörzer,2001)。这些基金为未上市公司的早期发展筹集股权资金,而这些公司在该阶段都没有盈利。由于这类公司风险高而无法使用传统融资方式,可持续能源基金就成为此类企业最重要的资金来源。风险投资基金的期限比传统融资更长,投资者一般希望五至七年实现投资回报,采用 IPO 或兼并收购的方式进行战略性退出。传统上很大比例的风险资本来自机构投资者,如退休基金和基金会。然而,可持续能源基金中政府和能源类的公司也会加入投资者群体。投资人寻找那些具有巨大升值潜力的项目来补偿其承担高风险的损失,成长企业的风险一般高达 30%—40%。假如是可持续能源基金,回报可以用现金和碳信用两种形式实现。

从历史看,风险资本行业几乎没有关注过环境问题,也没与环境相关的经验,因为环境因素被认为没有交易中的其他内在风险重要(Ganzi 等,1998)。然而最近成立了许多专门投资于可替代能源和环境技术的风险投资基金。联合国环境规划署可持续能源基金详细目录的出版(BASE,2001)强调了这种环境融资方式的重要性。

碳减排和能效产品国际市场的增长促成了许多基金的建立,这些基金的收益部分或全部来自二氧化碳减排。下文将简要介绍这些类型的基金,表 4.6 对它们的特点进行了总结。

---

[①] 测量计算机和通信设备的正常运行时间和可靠性的单位。"5 个 9"即 99.999% 可及性,为大约五分钟和每年十五秒总停工期。

表 4.6　碳基金的特点

| 基金类型 | 规模 | 投资者 | 重点 |
|---|---|---|---|
| **纯碳基金** | | | |
| 世界银行原型碳基金（PCF） | 18 000 万美元 | 政府、战略投资者 | CDM/JI 项目的碳额度 |
| 荷兰政府减排采购招标（ERUPT） | 3 100 万美元 | 荷兰政府 | JI |
| 核准的减排采购招标 CERUPT（见第 9 章） | 600 万—1 500 万美元 | | CDM 中欧/东欧的碳信用 |
| **碳信用增强型内部收益率私募股权基金** | | | |
| 可再生能源效率基金（REEF） | 6 500 万美元 | IFC、战略性能源投资者和保险人 | 可以使用 IFC 融资方式的新兴市场国家 |
| 德克夏能效和减排基金（Dexia-FondElec, EEER） | 7 100 万欧元 | EBRD 和战略投资者 | 中欧/东欧中小企业能效项目 |
| 拉美清洁空气能源服务基金（FLACES） | 2 550 万美元 | AIDB 和战略投资者 | 能效、未来的碳信用 |
| **面向未来的私募股权基金** | | | |
| 墨翠租赁基金（Black Emerald Group Leasing Fund） | 5 亿欧元 | 金融机构、能源企业 | 欧洲可再生部门、燃料电池 |
| **政府/私人部门补偿计划** | | | |
| GHG 友好/GHG 免费抵补基金（见第 9 章） | 100 万—200 万美元/年 | BP 从燃料销售中汇集的基金 | 澳洲可再生部门、能效和逃逸性排放捕获 |

资料来源：Bürer（2001）。

## 4.13.1　纯碳基金

**世界银行原型碳基金**　世界银行原型碳基金（PCF）高达 1.8 亿美元，为发展中国家和经济转型国家的温室气体减排项目提供公共和私人资金。在这种情况下，碳减排核准额度将转移给投资人而不用现金返还。

同意加入原型碳基金的国家主要是斯堪的纳维亚国家，而私人参与者主要是日本的电力公司。这些日本公司加入的兴趣来自这样一个事实，即进一步减排的成本非常高昂。因而，这些公司通过向原型碳基金购买核准的碳信用比直接投资减排要便宜很多。

## 4.13.2　碳信用增强型内部收益率私募股权基金

**世界银行 REEF 基金**　作为世界银行成员之一的国际金融公司（IFC）主要为发展中国家的私人项目提供贷款和股权融资。2000 年国际金融公司与其他的投资人共同成立了可再生能源效率基金（Renewable Energy Efficiency Fund,REEF），这个碳股权基金主要是为转移气候变化的影响，同时为投资人带来盈利回报。适合这种基金的投资项目包括发展中国家的在网和离网可再生能源和能效项目。资产管理人预测1亿美元的资金可以带来20%的投资回报，还可能从那些产生超额收益的项目中获得碳信用（Cooper，2000a）。

**德克夏能效和减排基金** 也是在2000年，欧洲复兴开发银行（ERBD）和法国—比利时银行集团德克夏银行成立了一家新的私募股权基金，主要投资中欧和东欧地区的能源节约和温室气体减排项目。许多电力公司是规模为1.5亿欧元（1.5亿美元）的德克夏能效和减排基金（EEER）的投资人。除了现金回报外，被投资的项目还应该带来碳信用，投资人可以直接用它来满足自己的碳排放要求（Cooper，2000b）。

2001年后期，FondElec的分支机构FE清洁能源集团成立了一家拉丁美洲机构，在该地区承担着类似促进能效提高的使命。投资人出资2550万美元成立了拉丁美洲清洁空气能源服务基金（Latin America Air Clean Energy Service Fund,FLACES），这些投资人包括国际美洲发展银行（AIDS）、住友墨西哥（Sumitomo Mexico）、住友巴西（Sumitomo Brazil）和日本东京电力公司。拉美清洁空气能源服务基金主要关注能效问题。随着拉美这个年轻市场的发展，FondElec将考察从该地区合适项目中获得碳信用的可能性（McGrath,2002）。

### 4.13.3 面向未来的私募股权基金

**墨翠集团** 墨翠私人商业银行集团专注于为全球环境技术、可再生能源和相关行业提供项目和公司融资。针对欧盟委员会到2010年可再生能源占电力生产12%的承诺，墨翠集团计划通过在西欧和部分东欧国家内以融资租赁的方式获得具有重要意义的绿色核准证书（Green Certificates）和碳信用。可再生能源项目融资包括风、水、地热、生物量、沼气、燃料电池和太阳能技术。墨翠租赁基金预计从私人银行、养老基金、保险公司和希望参与指定地区可再生行业的能源企业募集资金5亿欧元。该集团预期2002年年底成立该基金（www.balck-emerald.com）。

促进温室气体减排和提高能效的碳基金比预期的要多，这让瑞士联合银行在2001年计划设立了替代型气候基金（Alternative Climate Fund），它将关注《京都议定书》定义的联合履约（JI）项目和清洁发展机制（CDM）项目。2002年该银行放弃了这个计划中的"碳基金"，事实上是因为投资者不太愿意参与这样一个国际政策尚很模糊的产品。出现的另外一个障碍是2.5%的管理费上限，它可以收回$CO_2$的确认和核准这些程序的费用（Stetter和Böswald,2002）。

## 4.14 碳价格

尽管有这些前瞻性的创新,但碳交易和碳补偿市场依然充满了不确定性。许多问题尚待解决,碳价问题就是其中之一,包括 $CO_2$ 及其等价物($CO_2e$)。虽然有6种主要的温室气体(二氧化碳、甲烷、一氧化二氮、氢氟碳化合物、全氟化碳、六氟化硫),但因为 $CO_2$ 是这6种气体中最普遍的,所以其他气体都可使用二氧化碳等价物的形式来表示。表4.7列出了每一种温室气体与 $CO_2$ 全球变暖潜力(GWP)的比较。

表4.7 温室气体的全球变暖潜在影响力

| 温室气体 | 全球变暖潜力 |
| --- | --- |
| 二氧化碳($CO_2$) | 1 |
| 甲烷($CH_4$) | 21 |
| 一氧化二氮($N_2O$) | 310 |
| 氢氟碳化合物(HFC) | 150—11 700 |
| 全氟化碳(PFC)(特别是 $CF_4$ 和 $C_2F_6$) | 6 500—9 200 |
| 六氟化硫($SF_6$) | 23 900 |

资料来源:Cozijnsen(2002,Table 1,38)。

由于没有规范的国际交易体系,绝大多数温室气体排放交易采用核准减排(VER)的形式,每立方吨 $CO_2e$ 的交易价格在0.6—3.5美元。造成价差的部分原因是核准减排的区域和日期不同,因为这两个因素对减排量是否适用于《京都议定书》的核准有一定帮助。

发展中国家2000年后产生的减排量和发达国家在2008—2010年间产生的减排量预期都可获得《京都议定书》减排信用核准。这两个时期 $CO_2e$ 的价格为上限(每立方吨 $CO_2e$ 在1.65—3.5美元),反映了上面的核准预期。发达国家1990年到2008年产生的 $CO_2e$ 减排量的价格是每立方吨0.6—1.5美元,这是下限(Rosenzweig等,2002)。

## 4.15 声誉风险

除了与贷款违约和贷款人责任有关的银行环境风险之外,人们还应关注银行的形象风险并将其作为银行做出决策的动因(Case,1999)。Evan Henry是美国银行的高级副主席,他认为金融机构必须认识到环境风险包括交易和形象因素,也必须包括对这两个方面的管理(Henry,1999)。为此,风险评估必须考虑批评的来源和性质,因为不同的人会对组织持有不同的看法。实际上,银行和其他公共持有的公司都在经历来自股东的不断增多的批评,还有的批评来自非政府组织、投资银行和公众全体(如第 2 章所述)。形象风险的产生是因为不良表现还是未能达到自己设定的标准或外部标准,取决于利益相关者的既定利益。

声誉杠杆在 1997 年许多非政府组织试图阻止多家金融机构为中国三峡大坝项目筹资时使用过,该项目的目的是控制洪水并同时发电。几个非政府组织在国际河流网和地球之友的领导下,对所涉及的六家投资银行进行了游说,随后还展开了指向债券承销人的媒体大战。经过四年研究,世界银行拒绝为该项目融资,理由是该项目具有严重的环境和人权风险并且很可能被证实在经济上也是难以为继的。美国进出口银行也拒绝加入,理由是该项目与银行环境准则不一致。在最终的分析中,所有涉及的公司都因与这个环境和社会敏感项目关联而承担被批评的风险。许多公司对责任进行公开承诺,如一家投资银行同意对其贷款、投资和承销行为开发社会和环境指导大纲(Kearins 和 O'Malley,1999;Ganzi 等,1998)。

正如所观察到的,银行确实有许多合同式的协议,例如损失补偿、契约和担保,它们可以用来应对与价值损失或投资回报有关的间接风险。与此相比,声誉风险的定义和范围更难确定,而且传统合同术语几乎无法描述此类情形。因此,尽管交易合同的风险控制机制是应激反应,但与声誉有关的风险从根本上讲应该是主动性反应。

银行为了施行环境和声誉风险控制措施,试图建立行业的环境评价和报告标准,这在本章前面已讨论过。为此,英国金融财团弗吉集团(Forge Group)为那些面临全新的环境管理和报告的金融机构制定了更进一步的指南。不仅需要用传统金融和法律术语来定义外部风险和机遇,而且还需定义该部门每个业务的声誉风险和机会(见表 4.8)。该指南首次定义了核心金融业务的关键环境问题,并对管理程序的开发提供了指导,使得"环境风险得以避免,监管标准得以满足,商业机会得以实现"(Forge,2000,1)。

有观点认为银行对越大的公司其影响能力就越有限,而越小的公司越有可能受银行影响(Delphi 和 Ecologic,1997)。银行可以通过贷款安排和咨询活动影响较小的借款组织的管理。然而银行并不情愿充当环境警察或政策眼线这种角色。尽管 Hector(1992)声称银行已成为"生态警察",银行家们仍坚信警察或试图管理客户的业务不是也不应该是贷款人的责任。联合国环境规划署的银行创新组织认为银行既没资格也没资源来承担这个角色。它们认为这个角色应当落在监管者和环境专家的身上。但是,它们很乐于在标准被制定后确保银行客户达到这个标准。

表 4.8 弗吉集团对金融业风险和机会的定义

| 核心业务 | 风险 | 机会 |
| --- | --- | --- |
| 零售银行和个人贷款 | **财务的**：<br>用于进行贷款担保的财产减值<br>财产售价降低<br>**法律的**：<br>潜在贷款人责任 | **财务的**：<br>通过提供环境产品（环境贷款）产生差别市场<br>**声誉的**：<br>公关管理增强（意识和教育计划）<br>因新产品而增强声誉 |
| 商业银行 | **财务的**：<br>贷款偿还率或项目盈利降低<br>证券价值降低<br>**法律的**：<br>贷款违约时的潜在责任<br>**声誉的**：<br>相关损害 | **财务的**：<br>环境服务业务增加<br>新贷款产品的市场机会<br>增强表现<br>**声誉的**：<br>通过与环境表现良好的公司合作增加声誉<br>改善客户关系<br>增加客户意识 |
| 一般保险和再保险 | **财务的**：<br>未预计到的财务影响导致未计划到的成本<br>因经营不善导致股价下跌<br>投资者信心降低<br>**声誉的**：<br>不能应对出现的市场需要 | **财务的**：<br>环境风险出现带来的市场需要增加<br>经营计划和风险管理的改善<br>提高投资者信心<br>**声誉的**：<br>声誉增强<br>商业伙伴关系的改善<br>竞争优势 |
| 基金和资产管理 | **财务的**：<br>价值损失<br>业务损失<br>**法律的**：<br>满足最佳社会责任投资<br>政府干预<br>**声誉的**：<br>相关损失 | **财务的**：<br>有助于机构投资者市场地位的确立<br>更高的回报<br>**法律的**：<br>有助于实现最大回报的法律义务<br>**声誉的**：<br>通过选择环境表现良好的公司增强声誉 |

资料来源：Forge（2000）。

## 4.16 结 论

银行面临的直接、间接和声誉的综合风险影响着它们处理环境问题的方式。银行业某些特定的部门在处理环境和可持续发展问题上已取得了进展。银行已开发出与环境和社会中心议题有关的新产品和新服务，环境标准已融入贷款和投资总战略。与此同时,银行已朝着将内部业务纳入其环境形象的方向迈进。这些看得到的变化不仅存在于大型、综合银行系统中,也存在于利基市场中的小型机构中。然而的确还存在许多尚待挖掘的机会可将环境表现整合到金融服务部门中来。

## 4.17 网　址

| | |
|---|---|
| 花旗银行 | www.citigroup.com |
| 英国合作银行 | www.co-operativebank.co.uk |
| 荷兰拉博银行 | www.rabobank.com/sustainability |
| 加拿大皇家银行 | www.rbc.com |

# 5 保 险 业

## 5.1 引 言

环境金融的演进是对一类新型广义环境经营风险确认的回应。由于保险的产生就是为了重新配置风险，因此保险业成为首个意识到需要重新评估其与环境关系的金融服务业部门，也就显得不足为奇。本章集中于财产和意外保险（P&C）或一般的商业保险，因为它们最有可能受到环境问题的影响，主要是对财产损害、第三方责任和经营可持续性的影响。

使用该行业对环境风险——意思是污染——和巨灾风险的传统区分方式进行评价是不太容易的。巨灾风险通常被定义为因单个事件而造成的巨大损失且影响到许多保险人和被保险人。1997 年以前，美国定义的巨灾损失规模为超过 500 万美元，而今此数字上升到 2 500 万美元。定义去除了归于单个保险人或单个被保险人的巨额损失，如失事油轮这种情况。典型的巨灾损失是由地震或类似飓风这样的极端天气造成的。比如，安德鲁飓风造成了超过 70 万件索赔，赔偿金额超过了 160 亿美元，导致了 10 家保险公司破产（见专栏 5.1）。尽管安德鲁飓风从保险损失看可谓最昂贵的飓风，但从过去 50 年的损失记录中，可以看到它并不是一个独立的事件（见图 5.1）。

环境风险作为责任的特征是公司或个人需要对那些通过土地、空气或水对第三方健康或财产造成损害的污染负责。20 世纪 80 年代环境责任紧急事件大规模爆发，特别是在美国，受害方通过法庭寻求赔偿，这些案件都是很典型的集体诉讼。造成损害的主要原因之一是

## 5 保险业

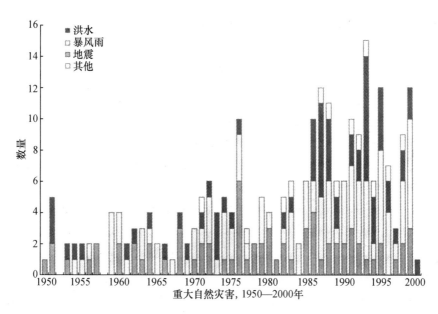

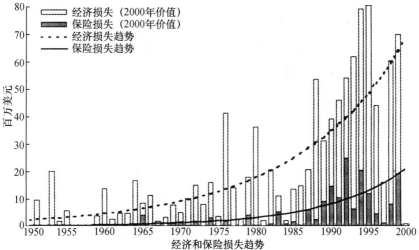

图 5.1 自然灾害趋势

资料来源：慕尼黑再保险(2001b)。

污染物填埋不充分导致的渗出和其他损害①，臭名昭著的纽约上州拉夫运河事件就是如此(见专栏 5.2)。地下储存罐的泄漏造成了另外一个大麻烦，如铅

---

① 渗出液是指"从填埋地排出的污染液体"(Henry 和 Heinke,1989)。即便是"干净的"城市固定垃圾也含有有机物质，固体残渣，可溶盐、铁、铅和锌；实际上，它能包含任何物质，主要看管理体系是否严格。——作者注

涂料污染,这在房屋建筑行业特别突出。污染还与工业事故和污染土地有关。

### 专栏5.1 安德鲁飓风

> 安德鲁是一股小的、强烈的佛得角飓风,造成了沿途从巴拿马西北部、佛罗里达半岛南部到路易斯安那中南部的史无前例的经济损失。据估计,美国的损失达到近250亿美元,使安德鲁飓风成为美国历史上最昂贵的自然灾害……仅在戴德郡,安德鲁就造成了15人死亡,1500万人暂时无家可归(Rappaport,1993)。
>
> 安德鲁飓风在1992年8月24日早晨登陆佛罗里达,随着该飓风的到来,佛罗里达的财产和意外保险公司面临超过160亿美元的保险赔付,这种情况在保险公司看来是绝不可能且毫无防备的。为此,接下来保险危机就发生了,保险公司希望或者撤出佛罗里达市场或者显著削减它们暴露的风险,而佛罗里达保险部和立法部门希望向所有房主和各种商业险投保人保证可以提供赔偿。(Mittler,1997)

正如以上引用文字所表明的,安德鲁飓风的实质性影响和经济影响是史无前例的。10家保险公司因此倒闭。整个行业保险赔付的规模为110亿美元,相当于1972年至1992年佛罗里达收到的所有保费收入。佛罗里达立法部门只有通过允许本州内的每一家保险公司制定保费上限、免赔额和不可更新保单的比例这些紧急立法来确保保险的有效。保险公司还被"强制要求加入"由佛罗里达财产和意外保险协会创立的"剩余市场机制"(Mittler,1997)。这种临时解决方案还依然存在而且该协会也已成为该州第二大房主保险的来源。这种类型的解决方案在保险业内被称为"非自愿池"(Holtom,1987)。

该问题更加根本的解决方案包括戴德郡高级法院对南佛罗里达建筑法典的有效性进行的调查。法院发现该法典"过时且不充分",并做出了"几十年来社区建筑勘查过程存在问题,说得糟糕一些是因为腐败,说得好一些就是缺乏关注"的结论(Mittler,1997)。

对飓风的新闻报道不可避免地包括了搁浅在陆地上的船只和猛烈撞击建筑物的树木这些图片,而"主要的保险损失常常并不是风力的直接作用,而是来自随后的水患。有80%的损失来自建筑物内的水饱和……[因此,]一致认为需要一种新的方法来解决大部分不可避免的财产损失——包括来自飓风的损失"(Bruke,1997)。

## 5 保险业

**专栏5.2　拉夫运河**

拉夫运河在1920年成为市政和化学物品的垃圾处理场。它原计划是用来连接尼亚加拉河的上下游并提供水力发电,但未完工而被废弃。直到1953年,拉夫运河才开始被军方、尼亚加拉市,以及西方石油公司(Occidental Petrolem)的一家子公司胡克化学公司所使用。然后被污染的运河以1美元的价格出售给教育委员会并且签署了一份免责声明,即免除以前使用者——胡克化学公司——未来的一切责任。

教育委员会在这片区域的中心建了一座小学;房屋和公寓也随之很快建成。居民对水面散发的气味和漂浮物质抱怨多年却没有得到任何有效回应,直到1978年纽约州健康委员会才承认该地区存在对公共健康的威胁并建议怀孕妇女和2岁以下的儿童迁离该地区。学校关闭了。1980年环境保护署进行了血液测试并确定居民染色体已遭受损害,这增加了癌症风险、生育问题以及基因损害,而所有这些方面在过去25年中都可以在该地区观察到。

接下来的一年,联邦政府为希望离开此地的900个家庭提供了资金。三年后,居民们从胡克化学公司赢得了2 000万美元的赔偿。补偿性工作在该地展开,一些房屋出售,但地区银行不对此提供抵押贷款。联邦住房管理委员会(the Federal Housing Admintristration)同意为其提供贷款。1994年西方石油公司因清理成本向纽约州支付9 800万美元,随后一年又向州政府支付了1.29亿美元。胡克化学公司对该地的废物处理和维护承担了责任。

拉夫运河是有史以来承担污染责任的里程碑事件。尽管有免责声明,污染者也多年否认事实,但居民还是成功地引起了当局的注意并迫使污染者对清理和补偿进行赔付(Gibbs,2001)。拉夫运河事件被认为是超级基金立法出现的诱因(见专栏4.1和专栏5.6)。

确认石棉是石棉肺和间皮瘤的致病因子也遇到了这些麻烦,这始于1969年一个已退休的绝缘材料安装工人Clarence Borel在得克萨斯州的博蒙特镇(Beaumont)开始的诉讼。石棉诉讼的赔偿案持续增加,开始是矿工、制造业工人和安装工人,接着是那些在暴露于石棉建造房屋内的居住者,到家庭成员,最后到那些仅仅是居住在石棉厂或者像造船厂那样重度使用石棉区域附近的人(见专栏5.3)。石棉在传统上尚未被看作污染物时,这个问题已在保险业中以"石棉和环境诉讼"一词而闻名了。该问题大到足以被慕尼黑再保险这家世界上最大的再保险公司年报中的一个特别条款所记录(见表5.1)。

在1994年3月的报告中,标题为"环境/石棉责任风险:一个P/C行业黑洞"[A.M.]Best[评级机构]对保险公司责任最优的估计从"最好"到

"最差"为550亿美元到6 230亿美元,该责任与列于全国首要工作清单[①](National Priority List, NPL)上地点的清理费用、诉讼成本、自然资源损害成本、非NPL地区和石棉诉讼有关。(Sclafane, 1996)

**专栏5.3 英国第一起户外石棉判决**

> 1995年10月27日,高等法院判决石棉生产商特纳和纽瓦尔石棉有限公司(T&N Plc.)向June Hancock女士支付65 000英镑,一年前她被确诊为间皮瘤并预计还有两年的生存时间。第二原告收到50 000英镑,因她的丈夫死于同样罕见的疾病,唯一知的病因是石棉。这些判决的重要意义在于受害人既不在石棉工厂工作,也没有处理过石棉产品,也没有洗涤做过这些事情的人们的衣物。他们仅仅是居住在工厂附近,工厂就在利兹(Leeds)附近。Hancock女士只是童年时期在那里居住过五年时间。她的母亲在20世纪70年代死于间皮瘤。在利兹地区还有另外200人也死于该病。
>
> 英国每年死于间皮瘤的人数在1 000左右,但该病毒潜伏期为30—50年,若潜伏期变为15年或者25年的话,英国健康和安全委员会估计很有可能每年死亡的人数将到达3 000的高峰。
>
> Hancock女士的律师团在法庭辩论时称公司领导者在20世纪30年代末就"知道或本该知道石棉废物会对肺部造成损害,1943年时就知道或本该知道石棉可能是致癌物"(Aldred, 1995)。原告得到了来自大通曼哈顿银行(Chase Manhattan Bank)的支持,它为原告律师团提供了数千份文件来证明特纳和纽瓦尔石棉有限公司知道与石棉有关的风险。银行诉特纳和纽瓦尔石棉有限公司1.85亿美元,要求其对在纽约总部安装石棉造成的损害进行赔偿。特纳和纽瓦尔石棉有限公司设立了1.5亿英镑的储备金对在美国和英国受到的与石棉相关的诉讼进行赔偿。
>
> 1998年,特纳和纽瓦尔石棉有限公司被联邦辉门公司(Federa-Mogul)收购,这是一家汽车零部件生产商。联邦辉门陷入日益缩小的石棉被告人群中并在2001年提出破产。

表5.1 慕尼黑再保险石棉和环境诉讼条款 （单位:百万欧元）

| | 1998年 | | 1999年 | | 2000年 | |
|---|---|---|---|---|---|---|
| | 总额 | 净额 | 总额 | 净额 | 总额 | 净额 |
| 石棉 | 848.9 | 728.2 | 1 433.3 | 1 118.3 | 1 400.7 | 1 113.9 |
| 环境的 | 660.5 | 585.9 | 895.5 | 806.9 | 888.2 | 811.2 |

资料来源:慕尼黑再保险(2001a)。

---

① 全国首要工作清单是指优先处理全国重大危险废物的清单。

为什么该行业受到突然打击？这些巨大风险在没有任何警示下是如何出现的？讨论过极端天气造成的巨灾风险后，污染问题将是下文的主要内容。

### 安格斯·罗斯(Angus Ross)特邀评论

#### 保险人视角下的风险

多年来，保险人和再保险人都受到过环境的影响。这些环境影响的范围从石棉到污染；从石油泄漏到气候变化和全球极端事件的扩散。许多风险承担人想最大限度地避开这些风险，而另外一些认为危险是与生俱来的人开始寻求创新和创造规避风险的机会。

气候变化是最新的一个案例。当极端气候事件发生的频率在过去20年间不断上升时，那些有洞察力和前瞻性思维的风险承担人进行了细致的统计研究，并着手改变他们的费率结构以应对已被认知的更高风险。"雨淋"保单差别悬殊，早期保单只对特定时间事件受到的雨水损害提供保险，现在新型的保单覆盖了许多新的需求：对水电站设施遭受冰雹风险的保单；对冬季运动胜地雪量不足的保单；对那些必须对清除积雪承担财务成本的市政府遭遇雪量过大的保单。还有在多元化战略方面已经走得更远的人，他们设定的投资战略反映了"绿色"投资日益增长的潜力，这类投资不仅有利于投资组合，而且还有利于减少气候变化的影响。如果《京都议定书》——一个国际认可的排放交易机制——被批准的话，那么我们可以预见保险人和再保险人可以提供保险，保证信用或交易确实满足了交易要求并且是合法的。

另外一个由一些胆大的承保人冒险踏入的领域是污染地或棕地的清理和再开发，几年来有许多进入者都陷入到了流沙般的财务漩涡中。被污染的土地，特别是在美国的《超级基金》立法下，过去20年里已经消耗了保险人数以亿计的美元。但现在像美国国际集团(AIG)、苏黎世(Zurich)、ECS和坎波集团(Kemper)这些公司都开始提供新型保险产品用来为污染土地的清理和为清理工作所涉及的投资人和开发者的财务提供保险。直到很多年以前，承保人都避免承担这类风险，现在新保单避免了超过限度的清理成本、新污染物的发现、清理后的立法变化、污染物在装置外的迁移和其他一些意外。

当保险人的知识和经验在这些新兴领域不断增加时，他们将继续拓展并提供新的保险，这既有利于他们自身的财务底线，也有利于我们都赖以生存的环境，后者对我们而言更为重要。

> 安格斯·罗斯在再保险行业的经纪人和保险人两个领域的工作时间超过了35年,他加入过苏瑞玛再保险公司——一家法国国有再保险公司,1992年成为该公司加拿大业务的负责人。罗斯先生担任加拿大国家环境责任委员会保险局主席。自1995年以来,他一直是加拿大全国环境与经济圆桌会议成员,在这里他主持棕地再开发金融服务业特别小组的工作。他也是加拿大气候规划局的成员,这是加拿大的一个对气候变化相关活动进行协调合作的机制。

## 5.2 环境污染

保险公司从不愿为污染买单,除非那种情况是很明显的意外,也就是说那是被保险方未能预知的事件。典型的就是道路事故所导致的氨气或汽油这类化学污染物的释放。保险公司使用"突然的和意外的"这个短语来定义被保险的情形。来自烟囱、通向河流和下水道的废管道污染明显不属于突然的或意外的,仅仅是经营中的一个常规副产品。这种区别似乎非常明显,那么责任出现在哪里,而且规模还如此之大?

如果必须找出导致这些责任出现情况变化的时间,那么应该是1978年——那年美国法庭受理了拉夫运河案件(见专栏5.2)。这个意外事件进一步肯定了日本水俣湾(Minamata Bay)甲基汞污染受害者40年来为获得补偿而进行的奋斗(见专栏5.4)。在欧洲,塞维索(Seveso)工厂事故经常被认定是改变公众和私人对工业自身的固有风险态度的关键性事件(见专栏5.5)。

拉夫运河和水俣湾证实了人们多年来害怕什么,也就是特定化学物质可能导致对健康非常严重的影响,如精神和生理上的损害、流产和出生缺陷。常规保险假定公众从来不会受到工业生产过程或废弃物处理中危险级别的污染风险,但这个假定最终被放弃了。尽管单个案例很难建立起因果关系,但在拉夫运河中得到的流行病学证据是非常明确的。一小片地区出现集中的不良健康反应不可能是偶然的。

## 5 保险业

**专栏 5.4　1956 年日本水俣甲基汞案例**

水俣病是由于人类吃了受甲级汞污染的鱼类和贝类导致的中枢神经紊乱（影响视觉、平衡性和肢体控制力）。这个案例中的化学合成物是由一家在 1956 年设在日本熊本县水俣湾的化工厂和一家在 1965 年设在新潟县的工厂沿阿贺野川河排放的。直到 1968 年政府调查人员才承认导致该疾病的原因是汞中毒，通过食物链产生了生物放大作用。然而第一次提出相同意见是在 1959 年。当时对此的回应非常简单，就是禁止在该地区捕鱼；最后工厂被关闭。

第一个有利于被害人的法庭判决早在 1971 年就做出了。但直到 1996 年——在第一个案件已裁决后的 40 年——法庭仍在争辩应由谁来承担责任，该问题在污染企业和政府之间抛来抛去。最终，政府同意向企业提供资金用以帮助它们向受害人进行赔付。至今已有超过 3 000 名受害人得到了总额超过 10 亿美元的赔偿。

就像美国的拉夫运河一样，水俣案件被认为提高了国民对随意处理工业废料可能造成非常严重后果的意识。20 世纪 50 年代，当这些疾病冒出来时，几乎没有几个人能意识到它们之间存在着我们今天看来那么理所当然的因果联系。

**专栏 5.5　塞维索事故和塞维索指令**

1976 年 7 月 10 日，意大利伦巴第塞维索的一家化工厂发生了 2,3,7,8-四氯二苯丙-p-二恶英（TCDD）泄漏 2 公里的事故，这足以敲响警钟，为欧共体关于对具有潜在危险的化学产品的生产、储藏和运输进行监管的新法奠定基础。持续 20 分钟的有毒化学品泄漏逐渐形成了一片覆盖在附近小镇 2 万居民头顶的云层，其中包括工厂下风向处的一所学校被立即覆盖。二恶英造成的即刻影响就是产生皮肤氯痤疮，一种能持续 30 年之久损毁外形的皮疹，而且年轻人最容易感染。医生记录了 200 个受到该事故影响的附近地区急诊氯痤疮患者的病例。以前，氯痤疮仅在化工厂工人这种职业人群中被记录过一次，全世界共有 4 000 个病例。

二恶英是一类含氯脂溶性化合物的通称，可以通过食物链产生生物积聚作用。长期健康问题关注的焦点在于癌症发病率的提高与暴露于二恶英的环境有一定关系。这会影响肝脏、大脑、免疫系统和生殖功能。随后对 42 000 个暴露于二恶英环境中的人进行的研究尚未显示出对暴露个体的这些影响（Bertazzi，1991），虽然对暴露人群和可控人群进行的比较有以下的发现：

> 心血管和呼吸系统疾病造成的超额死亡率的原因尚不清楚,除了化学污染之外,还可能与事故带来的社会心理阴影有关。还发现超量的糖尿病病例。癌症及死亡结果显示出胃肠、淋巴和造血组织的癌症发病率提高了。实验和流行病学数据,加之机械论知识支持这样一个假设:观察到的过多的癌症发病与二噁英暴露有关。该结果不能被认为是结论性的。(Bertazzi 等,1998)
>
> 尽管长期潜在的严重影响仍然可能出现,但到目前为止可将此归结为工厂排放的有潜在致命影响的有毒物质对当地社区的影响相对较小。这是一次侥幸,人们普遍认为下一次就不可能如此幸运了。事发地与受到最大影响的地区距离非常遥远。此次事故的影响是——认识到类似事件可能发生在任何地方、任何时间——塞维索事故开辟了一项关于对欧共体潜在危险化学品管理的严格立法,涉及化学品生产的《塞维索一号令》(1982)和扩展到对具有潜在危险化学品运输和储存进行控制的《塞维索二号令》(1996)。

### 5.2.1 垃圾填埋和超级基金

当被告们长时间在争论拉大运河不需要什么特别的运营设施时,流行病学证据就已说明许多类似的垃圾填埋都可能存在此类风险。最终,经美国环境保护署(EPA)的调查确认了 14 000 个问题地区,其中近 1 500 个地区列入全国首要工作清单(NPL)。这导致了 1980 年美国《超级基金》立法的出现,官方名称为《综合环境补偿与责任法》(CERCLA),它为大多数环境损害严重的地区提供公共修复基金,但据称 85% 的基金都用来支付 1995 年之前所消耗的法律成本了,而非用于污染清理(Patzelt,1995)(见专栏 5.6)。保险信息协会估计超级基金在法律和行政费用方面的花费占基金的 20%—70%(保险信息协会,2000)。

尽管该计划早先的一些问题解决了,但有些问题还依然存在。美国国会最近的一份报告称:

> 我们发现很难理解更不用说评价超级基金所需的项目管理、政策和行政上的支持。美国环境保护署每年将巨大比例的超级基金预算投放在这些活动上……地区的超级基金职员们所花的多得令人惊讶的时间还未计入到各地账户,因为这太不容易计算了。(Probst 和 Konisky,2001,xxvi—xxvii)

## 5 保险业

**专栏 5.6　超级基金和保险业**

美国《超级基金》立法(见专栏 4.1)的引入被认为能使环境保护署明确哪些是造成人类健康潜在问题的危险废物区域;明确哪些人生产、运输和管理了这些危险废品;明确优先清理哪些区域;明确清理成本由污染者支付。这在理论上听上去相当简单,然而在实践起来就变得如噩梦一般。成千上万的地区被确认,而非预期中的上百个地方。用来确认潜在责任方(PRP)的网络方式令保险公司特别烦恼,因为法律具有追溯力——没有任何时间限制——并且认为各方负有"连带的多重"责任。

《超级基金》具有追溯力的性质促进了一般商业责任险(CGL)的产生,它有数十年的历史,始于保险人甚至认为污染应归入免责条款的年代。这些保单中不仅没有时间限制,而且也没有损失限制!法庭对责任的连带性解释为造成污染的任何一方对清理成本的任何数额都应承担责任!可以预见,潜在责任方走进法庭,保险人就会发现自己为被保险人的"辩护责任"背上了包袱(保险信息协会,2000)。

连续的立法提供了 150 亿美元的公共资金,环境保护署"与私人各方达成了估价超过 160 亿美元的解决方案"(美国环境保护署,2000)。对化工原料、原油和进口石油产品的征税提供了更多的资金,该税种于 1995 年到期。立法停滞问题遥遥无期,但这正好为一些积极行动让路。清理技术提高了,对清理程度的要求更富弹性,治理区域不同会有所差别。强调棕地再开发用于对抗城市衰落将问题放在了一个更加广阔的视角。一些责任由环境保护署转移至各州和地方当局。现在立法对潜在危险废物的处置进行了更严格的解释,所以减少了各方在责任上的困惑。污染现已被一般商业责任排除在外。时间和损失的限制现在也已经规范。

### 5.2.2　地下储藏罐

大家认为填埋者一定知道他们填埋了什么物品并且应该意识到其潜在的影响,然而同样的观点并不适用于地下储藏罐的所有者(例如加油站和家用暖气),而他们也会造成泄漏并污染土壤和地下水源。所有者声称他们不具有泄漏相关知识,除非损失有一定可以计量的规模。他们还争辩说这样的损失是意外的,即使自己无法证明损失的发生是突然的。什么时间造成泄漏这些问题在政策中变得十分重要,政策要求在事件发生后的特定截止日之前提起诉讼。

### 5.2.3 石棉

造成石棉悲剧增长到如此重大比例的原因有两个:第一,石棉被广泛地使用;第二,由石棉引起的疾病从潜伏到发作时间很长,一般为30—50年。据估计仅仅美国在1940年到1979年间就有2 700万人口置于石棉风险下(Hensler等,2001)。早些时候,石棉风险的怀疑者们会说肺癌是由吸烟导致的。除了肺癌外,石棉纤维会增加喉癌和胃肠道癌症的患病风险。这种纤维还能造成石棉肺———一种长期的肺部感染,这会导致呼吸短促并对肺部造成长期损害。间皮瘤(引自专栏5.3的案例)是一种罕见的连接胸部和下腹部的薄膜的癌症。导致该病的唯一原因就是青石棉,或叫蓝石棉。因为患病只有这样一个原因,所以这才为整个石棉问题严重性的揭露提供了识别条件。

石棉诉讼对保险业的影响超过了其他任何问题,直到2001年恐怖分子袭击世贸中心事件的出现。迄今,仅美国就有220亿美元的石棉赔偿由保险公司支付(Hensler等,2001)。保险公司还支付了类似数额的诉讼成本。至少有41个石棉被告公司进入了法定破产程序。第一家破产的公司是1988年破产的约翰曼威乐公司(Johns Manville Corporation)。它在1982年提交破产申请,但花了6年的调解时间才用公司剩余资产设立了信托基金,通过最大化基金收益来对石棉损害进行赔偿。2000年2月到2001年7月之间,八家大型公司因石棉责任提出破产申请。2001年10月,联邦辉门,一家北美的大型汽车零部件厂商,因石棉赔偿提出破产申请。1998年,它还收购了特纳和纽瓦尔石棉有限公司(专栏5.3的一家典型公司)和其他两家有石棉责任的公司。公司承担石棉责任的准备证明是不够充分的———也许因为其他许多石棉被告至今也都破产了(Pacelle,2001)。因此几乎没有能够提供赔偿的公司了。

现在这已成为全球问题。2000年7月,英国上议院同意:

> 受到石棉和间皮瘤影响的3 000名南非公民可以继续在英国采取行动反对开普敦有限责任公司(Cape Plc.),这是一家在英国正式成立而在南非开采石棉矿的公司。(W. Thomas,2001)

### 5.2.4 污染的土地

对保险公司而言,另一大类型的污染问题随着老工业区和运输走廊的重新利用而浮出水面。这类已经使用数十年的土地一律都受到了碳氢化合物、金属以及像多氯联苯(PCB)和呋喃(最新的剧毒有机氯)一样的化合物的严重污染(Lecomte,1999)。正如前面几章所讨论的,污染土地的再利用已经成为全世界老工业区广泛存在的一个问题。像银行一样,保险公司也不希望对这些地区利用时的清理成本承担责任,特别是一旦这些土地被修复,法律上也不提供任何土地不再产生更多责任的保证。还有一个问题是,如果实际情况证明比咨询顾问的评估显示的更糟糕的话,那么修复土地的成本可能会被严重低估。许多地区仍然闲置着,等待着打破僵局的措施。

保险业面临的污染问题的根源包括公众对有关材料处理预期的变化,支撑这些材料的调查方法逐步改进且因果关系更加清晰。"污染物"这类关键词的模糊不清对工业自身并没有帮助。污染物的一个简单定义是任何一种生产出来的或由人类管理的充分集中后会导致人类健康或财产受到损害的物质。这个定义听上去并不复杂。它还可以更简洁地给出:

> 一个笨拙但必定精确的对污染的定义是"太多的东西居于一个错误的地点"。(Crathorne 和 Dobbs,1990)

而对粉刷房屋涂料中铅含量的问题,马萨诸塞州法院有一个判决认为铅不是污染物,因为污染物是某种与工业活动有关的东西,因此保险公司的"污染免除"条款并不适用于居民财产方面。类似地,在1993年加州的一个案件,即Flintok公司诉美国互助责任保险公司(American Mutual Liability Insurance)案中,法庭认为石棉不是污染物,而且触发事件并非"突然的和意外的",不能禁止对建筑物内的污染提出索赔。在全美不同法庭对污染者行为不是意外的争论既有赞成的也有反对的,反对者认为"他们应该知道"他们的行为会造成污染。

### 5.2.5 铅涂料

铅责任问题对保险业而言经历了与石棉类似的教训。20世纪90年代早期,保险业界中有一个令人毛骨悚然的笑话说:"如果你喜欢石棉,那么你也将爱上铅。"与石棉一样,铅的用途也很多,所以变得无所不在。正如石棉因其耐热和抗电流的特性而被称赞,铅也因其坚固性和可锻造性而受到褒奖。它为一些重要建筑提供安全的屋面;像石棉一样用作管道(特别是水管)非常理想;它还可以焊接金属容器;19世纪之交人们发现涂料中加入铅后既耐用又提亮;20世纪它被放入汽油当作抗爆剂。人们渐渐地知晓了它的副作用。如果通过呼吸或吞咽,铅被身体吸收和累积的话,中枢神经功能将会受到影响。铅对年轻人智商带来的负面影响进行过测算。在整个工业世界,铅涂料于20世纪70年代晚期被逐步淘汰,铅作为汽油添加剂直到80年代才被逐步淘汰。受到影响的人和保险公司依然面临的问题是在维护不善的住房中铅涂料的使用。只要涂料在适当地点安全存放——像石棉一样——它就不会带来问题。可它一旦变坏,用生化学术语说变得"可利用",那么被人吸收就会造成大问题。

通常处于风险中的人群是非常年幼的儿童,他们当中有很多都居住于公共的或成本低廉的住宅。和石棉一样,暴露于这种风险中的人数有上百万。例如,直到1978年美国房屋的粉刷还是用含铅的涂料。每年大约只有2%的住宅存量需要补充。即便维护良好的房屋不使用铅涂料,遭受这类风险的数字仍然巨大,可能是遭受石棉风险人数的两倍(还是在美国)。

> 今天,估计仍有300万吨铅涂料用来粉刷美国5700万家庭中的一些墙壁,因此,有300万之多的学龄前儿童会吸收大量的铅而使血液中铅含量提高。6岁以下的儿童被认为是最脆弱的铅污染受害者,因为他们的神经系统尚在发育中。(Kasouf,1996)

从影响的角度看,情况糟糕得多,因为这次最易受到伤害的不可能是50岁以上的吸烟者,而是非常年幼的儿童。他们要一生面对下降的生活质量和经常性的看护需要。当第一起案件裁决时得到,每人的平均成本超过石棉案处理的两倍。美国法院做出每个案件单独赔偿1000万美元的裁决,尽管这类判决常常会被高等法院否决或是被赔偿方质疑。

案件起诉的是建筑物的所有人,包括提供廉价房屋的公共当局。出现的问题与石棉索赔中类似。究竟谁来为此负责?保单能保什么?在纽约州(1993年至1996年该地区有6000起铅涂料责任案)涉及华雷斯诉波峰公司案(Juarez v. Wavecest)的不同法院都对房东施加了一项绝对责任。这里"绝对"的意思是:

> 房东自身存在疏忽,因为他们未对纽约市1960年以前的多层公寓房进行持续勘查,而里面居住着6岁以下的儿童,铅涂料情况存在且没有减少。(Kasouf,1996)

从以前的假设看,这是一个巨大的变化:

> 一般法律学术上的被告只有在他们确实注意到或推定注意到有缺陷或威胁存在但又未能进行理应的补救时才被认为是有疏忽的……
>
> 儿童铅中毒给保险人带来的潜在赔偿风险是可怕的。仅在纽约,一个保险公司预计铅涂料赔偿的潜在成本就高达1000亿美元,占该行业总资本的60%。(Kasouf,1996)

鉴于在石棉和《超级基金》诉讼案例中参与人获得了经验,关于铅涂料责任的司法活动变得更加复杂和广泛了。原告律师想尽可能地把更多的潜在责任方带上被告席。铅涂料案件中原告的一个明显目的就是将被告从房东扩大到铅涂料的生产方。纽约地方法院对是否所有的铅涂料生产商都应根据其所占有的市场份额去承担责任展开了争论,尽管无法证明是哪一栋建筑使用了它们

的产品。例如,

> 原告们的律师正在竭力解决这个争论已久的问题,在美国曼哈顿区法院的一场集体诉讼中,9家从1925年到1960年生产铅颜料的公司基于它们各自在颜料市场的份额承担责任,或基于它们明知风险而误导消费者而承担连带责任。那起诉讼涉及成百上千的6岁以下儿童以及孕妇。(Kasouf,1996)

迄今法院一直都反对这种"市场份额责任"的论调。

在财产和意外保险领域内铅涂料问题在发展过程中有两个因素变得非常明显。首先,尽管索赔人已处于前线并可能完全意识到对公司的潜在成本,保险公司要全面解决问题可能还需要数年时间。例如,

> 这些索赔刚刚出现,保险人没有考虑其影响,也没有在其保险费率和准备金中反映出来。一些(保险)公司,只有索赔人知道它在做什么。它已不再是以保险公司的方式运营了。(Kasouf,1996)

接下来,这些具有潜在毁灭性的财务风险还没有找到明显的解决方案。例如,在一些州,如新泽西,居住险保单中禁止使用铅除外条款。除法律争议外,当局没有运用现行法律对财产进行监察也使问题依然存在;被保险人不总是能够履行他们的义务;保险公司也没有雇用专家进行有效的损失控制。

问题大多集中在美国东北部的老城区,如费城、纽约和波士顿,但案例遍及全国。问题一直存在,风险范围有多大仍不知晓,因为最可能受到影响的儿童属于低收入家庭,并且不太可能自告奋勇地要求筛查。目前筛查由联邦和州政府管理,但很难强制进行,特别是对学龄前儿童。2001年12月发生在新汉普郡曼彻斯特的一起案件中,一个三岁的孩子死于铅中毒,这是10年来发生的第一起死亡案例(科隆再保险,2002)。

政府当局是主要的财产所有人和低收入地区的管理人,他们经常成为铅涂料损失诉讼的目标。然后,市政当局再起诉铅涂料生产商,正如最近发生在新泽西的案件(科隆再保险,2002)。

## 5.2.6 石棉和环境问题上的教训

这些问题有许多共同的特性。首先它们的发生非常普遍且持续时间很长。其次它们都是因一个里程碑式的事件被曝光,接着是法庭审判。前面的几个案件的损害赔偿因原告的潜在人数而被放大很多倍。这两个数字相乘的结果是巨大的。可以理解,被告及其保险公司中会出现抵制和否决。这种态度可能持续若干年,大大增加解决该问题的最终成本。在1996年的一份名为《环境责任

和保险业》的报告中，标准普尔这家评级机构得出了结论：

> 在这个领域，就像在绝大多数商界领域中一样，积极和迅速地处理赔偿是至关重要的。保险公司一旦清楚很可能在此问题上出现风险，那么对该问题继续进行妨碍的公司最终在此风险上的给付要多于那些立即应对和采取果断行动解决问题的公司。(Levin,1996)

当保险公司开始应对自己的责任时，政府当局转向为不利情况解决其实质性基础。这可能是一个简单的对原料使用的禁令，如铅涂料和石棉，至少要对损害范围进行限制。他们还进行立法，不过像《超级基金》法可能让问题变得更糟（见专栏4.4和专栏5.6）。法院的各种判决，有些对一方有利，有些对另一方有利。渐渐地，保险公司找到了一些解决问题的方式，如接受无止尽诉讼的成本，将责任从所有未来保险中排除，或者通过赔偿管理和雇用专家对未来经营进行严格勘查来控制损失。

像在美国这样的司法体系中，若没有经过多年的法庭对抗僵局，似乎不太可能实现对这些普遍污染问题的管理。因为相对贫困的人（石棉厂的监领工人、用铅涂料的公共住房中的儿童）更有可能成为受害者并且案件还会拖很多年，所以律师指望着胜诉费，依据赢得赔偿的百分比来支付。这给了他们强有力的激励，他们尽可能多地召集原告进行集体诉讼；他们还希望最大化被告的人数和财富；他们拒绝接受任何低于他们认为最终可能赢得的数额的方案。现在的律师通过在网络上打出广告请人们参加集体诉讼。在保险公司这方面，有理由忽略掉评级机构给出的预期损失准备金的审慎建议，因为这类审慎性行动可能被解释为是对预期法庭最后裁决损失的默认。因此，损失的实际准备金就可能成为律师们的目标数额。

同时，在法庭责令做出清理之前已经提前作为的公司可因行为的自愿性而不在承保责任范围内。只有在法庭命令清理或第三方起诉要求清理污染时保险才会生效。法庭可以在华盛顿、怀俄明和新泽西找到有利于被保险人赔偿支付的标志性案件(Wojcik,1996；Niedzielski,1996)。清理污染现场的成本也常得到赔偿支持。

随着"石棉和环境"问题在20世纪80年代和90年代的不断攀升，降低保险人和被保险人不确定性的变化出现了。首先，铅和石棉这样的原料存在的潜在危险很少被忽略，人们也很少忽略填埋物的渗漏、化工厂排放（故意的和意外的）和地下储藏罐的泄漏。填埋最新的目的是收集可以利用的液体和气体垃圾；其实现在从填埋物中得到的沼气是很有价值的电力来源。新型地下储藏罐是双层壳构造，还带有一个监控器显示信号，如果两壳之间的空气压力下降了，就表示其中一个出现了缺口。若不具备这样的条件，就不能对新储藏罐进行保险。在让经过专业培训和官方担保的公司来拆除和重刷建筑时，也不再使用石棉和铅涂料了。

保险业已采取措施将污染责任从房主保险和商业保险中清楚地排除出来，这表明必须对环境损害责任单独承保。这是一项只提供合法事件承保的特殊业务。进一步的革新是当污染土地修复成本超过了咨询顾问对清理成本的估计金额时提供"超额的清理成本"保险(见专栏5.7)。

抵制环境赔偿的倾向在保险业内历久犹存，但过去30年的事件为我们提供了两条重要的经验。首先，这些赔偿的最终成本可能是巨大的。其次，环境问题需要更为复杂的管理，这种管理应从跨学科角度理解产生这些问题的物理基础，并综合环境、工程和心理学知识。这些都不是能转交给律师的问题，然后让律师寻找最有利的专家证人出庭。相关专家应该在内部培养，以便保险公司的损失控制。

几乎可以肯定，环境责任问题带来的下一步影响要比铅、污染物渗出和石棉复杂得多，将发展成为更加细微的健康影响，例如起因于有毒霉菌、电磁、病态楼宇综合征、内分泌干扰物、生物基因以及由类似世贸中心摧毁这样的灾难所造成的空气传播型石棉放射。

**专栏5.7　清理成本上限保单**

> 污染土地修复的内在不确定因素已成为不鼓励再开发的重要因素，甚至在城镇中心的重要地方也是如此。没有可参照的程序——无论多么严格——能够保证在修复开始前估计到全部的问题。最近几年，一些保险公司通过为污染土地的所有人和买主提供"清理成本上限"的保单来处理不确定的问题。这些保单是建立在顾问对可能发生的清理成本的估计基础之上的，如果超出了估计将实行赔付。
>
> 例如，美国国际集团提供的环境保险承保范围包括污染地本身、污染地外围的成本(修复期间污染物迁移造成的)和因当局法令变化引起的附加成本。承保金额每笔最高达到7 000万美元(AIG 环境,1997)。

## 5.3　气候变化与极端天气事件

从"石棉和环境"索赔的巨大损失中得到的教训是惨痛和昂贵的，受害人身体遭受了苦难，被保险人和保险公司本身都付出了代价。这些几乎终结了现代保险业的创建者伦敦劳合社(见专栏5.8)。然而与极端天气事件和其他气候变化相关影响造成的损失相比，这些代价被证明是微小的。

## 专栏 5.8　劳合社：石棉、环境和巨灾损失的累积影响

伦敦劳合社已发展成保险界独一无二的机构,开始时仅是一个海上保险商在爱德华·劳埃德咖啡馆的非正式聚会,最初被提及的时间是1688年。直到1994年它还是以个人的私人财富对损失承担无限责任,个体承保人都使用"人名"。"伦敦市场",曾以劳合社一度知名,个人充当首席保险人或再保险人有好几种辛迪加形式。*19世纪后劳合社变得越来越强大,成为英国建立全球帝国的支柱。它结构松散,是几百人组成的一个特别的社会阶层,财富基础的扩大使它能够承保股份公司想规避的风险,同时不断革新。1906年旧金山大地震时它的快速赔付在美国赢得了可靠的声誉,从那时起它的收入就在不断增加。在美国扩张业务期间,它和许多石棉生产公司签署了责任保险合约。正如惯例那样,在辛迪加中劳合社优先再保险了绝大多数的风险。

劳合社在20世纪70年代受到石棉和污染赔偿高峰冲击之前,遭受的第一次有记录的彻头彻尾的损失是在1965年,主要与贝特西飓风(Hurricane Betsy)有关。个体承保人的名字在当时从几百急剧上升到几千,最终在80年代时超过了30 000人,同一时间的注册资本从将近10亿英镑上升到100亿英镑。当然,除此之外,这些个体承保人承担无限责任本身就是一种看得到的保障。

而后,保险业受到了一系列意外事件的重创,劳合社被拖到了崩塌的边缘。它在全球保险市场的主导地位和自身的再保险业务在损失大量堆积时就成为阿喀琉斯之踵。欧洲的重大风暴潮(1987年);阿尔法石油钻探管的爆裂和洛克比空难(都在1988年);阿拉斯加港湾漏油事件,飓风雨果和旧金山的另一次地震(都在1989年);更多的欧洲风暴(1990年);密瑞儿台风,一次冲击日本的毁灭性台风(1991年);最后还有美国的安德鲁飓风(1992年),加上石棉和污染赔偿的持续增长,导致其五年的损失共达到79亿英镑(劳合社,2000)。新加入进来的许多个体承保人还没有足够多的财产来应对这种损失。一些个体承保人拒绝或无力进行支付。其他人起诉了劳合社,声称他们在被邀请加入到这个独一无二的俱乐部时,没有人告诉他们石棉责任赔付额正在增长。

1994年打开了公司资本清偿之门。许多陷入财务困境的个体承保人都在庭外选择了私了。2000年11月,伦敦法院判决劳合社欺诈投资人的罪名不成立。然而,全世界再也没有这样一个由私人个体组织起来的承保大型风险的独特组织了。

*伦敦市场还包括伦敦保险人协会(海上、航空和运输业务)以及伦敦保险和再保险市场协会(再保险和非海上保险)。

## 5 保险业

在第1章中我们将环境责任概括为"为过去进行的支付"。随着气候变化，我们正从另外一个角度观察，它也是"为未来进行的准备"。

天气的不可预知为保险业带来许多商机。气候变化确实增加了不确定性，或许同时也将创造出更多的商机，也必定会使风险水平提高。或许——像环境损害责任一样——这种风险一般保险公司不愿承保，为特别保险人的出现留下了空间。

一般保险公司在气候变化领域面对的最根本的问题是无法估计不同天气事件发生的一般概率。很显然为这种风险定价的历史记录很不充分。即便出现新事件，也不会增加足够的信息，因为只要大气中温室气体浓度继续增加，气候就将继续变化。（这些不确定性的具体细节将在第7章中详细呈现。）即便可以将浓度稳定下来，我们将要生活的这个更温暖的世界可能解开其他行星在过去更寒冷的世界演化的特性。极地的永冻土层已经开始融化并将缓慢地释放出数目足以引人重视的甲烷——一种强大的温室气体——进入到大气中。更多的甲烷释放将使大气超载，同时足够温暖的海洋将使极地海床上冻结的甲基水合物解冻（Leggett,1999）。令人担忧的还有极地冰盖融化的淡水可能干扰北部的墨西哥湾洋流和北大西洋洋流，这股洋流保证了欧洲北部地区的温暖。因此当全世界其他地区都将变得温暖时，英国及其相邻地区可能会进入一个更寒冷的世界。这种不确定性的程度确实超出了保险业的胃口。

颇具有可信度的预测是更温暖的世界将会强化水文循环，而后增加对流风暴——雷暴、冰雹和龙卷风——发生的概率（White 和 Etkin,1997）。重点讨论的是气候变化是否意味着更大的飓风（有时被称为"超级大风"）和/或是否意味着飓风通常出现区域的扩大，纽约和洛杉矶这些通常的沿海地带或许也会遭到袭击。风暴还将带来无法预期的洪水（慕尼黑再保险,1997；博纳再保险,1997）。2000年经历严重洪水的地区远至英国（保险损失7亿美元，经济损失超过15亿美元，10人死亡）和非洲南部，特别是莫桑比克（保险损失5 000万美元，经济损失6.6亿美元，1 000多人死亡）（慕尼黑再保险,2001b）。

这些变化的相关性对保险人而言不容忽视。即使在像加拿大这样寒冷的国家也会受到全球变暖的威胁。例如，Angus Ross，直到最近一直是苏瑞玛再保险公司（Sorema Reinsurance）的加拿大首席代表，指出：

> 气候的变暖给加拿大财产和意外保险以及再保险公司带来了巨大的风险。这些事件中发生频率较高的是严重降雨（降雨、降雪和伴随着的洪水/下水道阻塞）和对流风暴（雷暴和龙卷风）。我们还预期到更经常发生的，有可能是持续时间更长的干旱。（Ross,1997）

保险业采取了许多减少气候变化影响的措施。首先，积极游说政府通过劝阻对化石燃料的使用来缓解气候变化。欧洲的再保险公司自1994年柏林召开的气候变化框架公约缔约方第一次大会起就已经开始这样做了(瑞士再保险,1994)。从长远看,这是最需优先考虑的事情。在铅和石棉这样的污染问题出现时,危险源一旦确定了,就可通过禁止进一步使用这些原料来尽可能地限制其影响范围。就气候变化而言,这意味着限制温室气体排放,主要是化石燃料的使用。

其次,从短期来看,可以通过鼓励被保险人养护好他们的房屋建筑(屋顶的加固、窗户的遮盖等),减少大风大雨的影响来减少损失。再次,应该更密切地监控气候事件,特别是暴雨,并与水文局共同建立一套更为实用的数据。例如,应以季节为基础进行气候数据整合,而非以日历年为基础;应在大多数人居住的城市建立气象站,而不仅是在离城市20英里的机场中建设。我们生活在一个再也没有保险人进行概率评估历史记录的时代。接下来的最优战略就成为密切监控最新趋势。

还有一些对极端天气事件(还有地震)造成的最大可能损失(PML)进行评估的更复杂的模型。随着计算机储存器变得越来越便宜,现在有可能开发建立基于行业或公司的高密度地理信息系统(GIS)的计算机模型(Andrews和Blong,1997)。空间数据将更准确地估计公司或行业面临的特殊风险,不管这些风险是暴雨、火灾(即侵犯城市的森林和其他火灾——加利福尼亚、佛罗里达和澳大利亚的大部分地区常见的问题)还是冰雹(保险服务办公室,1997)。保险公司必须决定它们是直接购买这种模型,还是自己开发建立在内部地理信息系统(GIS)上的PML模型。

对事件的定义还需要做更多的工作,最基础的是原始保险人和再保险人风险的划分(Brun,1997)。只要极端大气不是那么极端并且发生可能性很低,那这就不算紧迫问题。然而,图5.1中清晰地显示出我们已进入了一个不同的世界,人口越来越多,越来越城市化,人们拥有的有价值物品更多了,富裕国家的"保险密度"在增加,包括了像太平洋沿岸这样的高风险(地震、台风)地区。PML模型的使用势必增加。在一个更温暖和水循环更加剧烈的世界里,各种事件和各种影响都开始结合在一起。如飓风在尾流常常产生龙卷风,伴随飓风的暴雨意味着江河将会泛滥。这就是全部吗?这种情况将变得更加普遍,会带来保险人和再保险人之间的争议,且将在法庭上得到解决。如果对已发生的复杂事件进行调查,可能避免一些法律争议,例如在1974年4月3—4日的24小时内袭击了美国不少于148次的龙卷风的"超级爆发"(NOAA,1999)。今天这种类型的突发事件会让保险公司损失多少?落在再保险公司身上的又有多少呢?

有很多方法可以找到与保险业面对的气候变化特别相近的风险。比方说,就事件定义问题而言,我们可以为推测的和历史的案例构建一些表格来说明原始保险和再保险之间承担的成本按事件定义所分担的比例。Brun 和 Etkin(1997)使用推测方法设计出一种"时空图表"(time-space chart),允许再保险合约各方对合约所涵盖的风险属性进行更清晰的定义。历史方法就是获取实际的气象事件并进行重演或模拟,在今天的人口、基础设施、应急能力以及保险密度情况下判定该事件在今天的影响。巨灾损失减少协会(Institute for Catastrophic Loss Reduction)作为加拿大保险局的一个部门,对多伦多黑兹尔飓风(1957 年)进行过上述的分析(Cumming Cockburn 公司,2000)。

其他一些模拟单纯是为了理解历史事件的实质影响。例如,模拟安大略湖的格兰德河在不同的气候变化下的情景,发现:

> 对操作程序和增加蓄水能力的修正显示对几乎最猛烈的流量测试都可以成功地进行适度调整。(Southam 等,1999)

加拿大应对自然灾害的能力分析并没有涵盖出各种可能的反应,这些反应比研究团队中任何一个成员的预期都要复杂,尽管这些团队包括了保险公司、学者、政府部门的科学家和应急反应机构(Brun 等,1997)。最突出的是,团队中没有一个成员考虑大城市的冰雪风暴可能造成的危险。这份报告出版于 1997 年 6 月。1998 年 1 月 4 日至 10 日,从渥太华谷到新英格兰北部的地区遭受了一次前所未有的冰雪风暴袭击(Kerry 等,1998;Lecomte 等,1998;Higuchi 等,2000)。蒙特利尔因此瘫痪了两周。这造成了加拿大首次上十亿美元的保险损失,引发了超过 80 万起索赔,数额甚至超过了美国安德鲁飓风造成的赔偿。而这还算侥幸——也就是说,这不算是最糟糕的情景。蒙特利尔市不可能被疏散,蒙特利尔岛上 17 座桥梁中的绝大多数不是交通阻塞就是被冰雪和车流所拥堵。电力传输线上的架线塔摇摇欲坠导致电力中断。在架线塔倒塌时,发生了小型火灾。由于没有电力,水泵无法运行。水处理厂一度只能保证 4 小时的水供应。如果大火趁势而为,因救援到达和城市缺水问题,那就很难遏制火势了。总而言之,

> 冰雪风暴袭击使得 470 万人在隆冬季节的漫长时期失去了电力和热力供应。导致的财产损失、保险和再保险损失、经济损失接近 64 亿加元(40 亿美元)。(Lecomte 等,1998)

并且是完全无法预知的。

更为冷静的解释是,愈加剧烈的水文循环还可能造成更长时期的炎热和干旱天气。这对农民和水管理公司可能是个坏消息,对那些为黏土土壤上的财产提供保险的保险公司而言代价高昂(英国保险协会,2000b)。黏土是由细密的

通常含有大量水分的微粒构成的。在炎热和干旱扩展的情况下,接近表面的水分会蒸发,微粒变得更加紧密。支持地面的合力收缩会给建筑物的地基造成压力,从而导致地基收缩和爆裂。自 20 世纪 70 年代开始,在英国这成为一个代价高昂的问题,因为变暖趋势开始变得明显了。该问题在澳大利亚、美国、法国和南非都是通过简单地减少被保险对象——不承保进行处理的。在英国那些认为气候变暖、变得更干燥是新奇想法的地方,屋主仍然希望在财物遭受损坏进行修复后得到全额补偿。

综上,气候变化对财产和意外保险公司而言意味着至少两个主要挑战。首先,气候的历史记录不再是进行天气相关损失可能性估计的可靠依据。干旱、洪水和风暴发生的频率和强度都在增加,无论是否已被纳入到估计中。这意味着损失将会攀升,还有其他一些因素导致损失可能性的增加,如经济增长和城市化带来的保险密度的增加。虽然保险公司正在开展使用模拟模型来预测在一个更温暖的世界里他们面临的最大可能损失,但保费定价仍旧建立在目前并不可靠的历史记录之上。在一个充满竞争的经济世界里,出现了一个真正的难题,正如慕尼黑再保险公司地球科学研究所主任 Gerhand Berz 博士指出的:

> 保险公司要多久才能继续发挥它们的功能,这依赖于它对环境变化进行调整的速度和灵活性。这种调整可以运用损失减少的措施来实现,例如引入充分的推断免赔额,更重要的是收取真正与风险相当的保费。遗憾的是,当今保险费仍建立在过去事件的过去损失这个唯一基础之上,而且在竞争的压力下,还经常打个折扣。(Berz,1993)

其次,更复杂的天气状况将使事件定义的任务变得更加艰巨,这意味着"一件还是两件"的问题很可能通过法院裁决。

## 5.4 从保险业到资本市场的风险转移

自 1992 年安德鲁飓风重创保险业以来,这种重量级事件显然按常规是不可能被承受的。许多人迅速地算出财产和意外险(P&G)的全球资本总额(接近 2 500 亿美元)不可能承担这种程度的损失。在竞争市场中,保险费率不可能急剧提升,而且在美国——受影响最大的国家——公共选举的保险委员会不仅可阻止保险费的提高,还能强制它继续提供保险。为维持保险总额采取的短期措施就是建立一个分层的佛罗里达财产和意外外非自愿池,在美国遭遇巨大的飓风前后已经多次使用了这个办法。(类似地,如前文简述,在 1994 年加州北岭市地震中运用风险证券化产生了持续的影响。)

一个更精密和更富创意的对美国资本市场承受更大风险能力的发掘是芝

加哥交易所的巨灾期权(White,2001)(见专栏 5.9 和图 5.2)。遗憾的是,该产品没能赢得市场的支持。假如对安德鲁飓风后果的关注程度能更普遍,就会是一个截然不同的故事。许多大投资人建立了一个新的以百慕大为注册地的再保险市场,立即填补了再保险的流动性缺口。

### 专栏 5.9　芝加哥交易所提供巨灾期权的经验,1995—2000 年

安德鲁飓风的冲击使人们广泛地认识到,按照常理全球保险业都不能承担这样的事件。人们还注意到安德鲁只是轻轻擦过佛罗里达南部的一角——距离迈阿密北部 30 英里远,造成的最大可能损失为 500 亿美元,就给全球带来了严重的影响。最后,要注意的是资本市场要比全球保险市场大得多,而且美国资本市场的日波动就远远超过了安德鲁飓风造成的总损失。"然而,直到保险人消化这些损失的后果时,他们才开始相信必须建起与资本市场沟通的桥梁。"(Hague,1996)

第一座这样的桥梁是以保险服务办公室的损失数据和芝加哥交易所(CBOT)提供的数据为基础于 1992 年创建的带有保险性质的市场。行业反应很冷淡,并且产品很快就被更为精巧和富有弹性的巨灾期权取代了,这个价差买入期权建立在巨灾总损失基础之上,按季度总额和九个地理分区计算,包括全国性合约(CBOT,1995a,1995b;Ip,1996;White,2001)。发展出 6 个月和 12 个月的合约形式。合约买方应是那些面临巨灾风险的美国保险和再保险公司。卖方应该是类似养老基金和共同基金的大型机构投资者。尽管这是一项别具新意的投资,但预计会对投资人产生吸引力,因为它高于一般投资风险溢价且走势完全与资本市场不相关,而该风险主要由像飓风、龙卷风、冬季风暴和地震这些自然事件引发。因为交易具有的开放和增长特性,价格发现变得更加透明,与传统再保险相比保险费对购买方而言可能更加便宜。由于期权可以以任何数量和任何价差在周一至周五上午 8:30 到下午 12:30 进行交易,它必定成为比再保险合约更富弹性的大买卖。该市场是在 1995 年 9 月开始的,吸引力增长缓慢但很稳定(见图 5.2)。

然而,需求从未强劲到足以缩小买卖价差,成交量也一直很低迷。百慕大巨灾市场的发展和劳合社引入公司投资人后的重新开张都使得传统再保险市场有所恢复。毕竟安德鲁飓风不能复制,而且大城区飓风着陆也不一定就是可怕的梦魇。CBOT 对利率上限期权的需求在 1998 年 5 月达到了最高峰,2000 年 1 月该产品被取消(White,2001)。

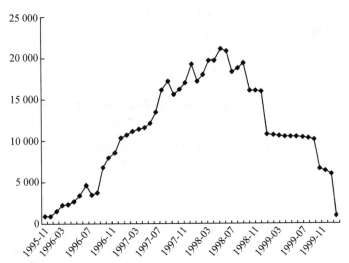

**图 5.2 芝加哥交易所巨灾期权当日开盘利率,1995—2000 年**
资料来源:芝加哥交易所。

长期的应对方法来自不同种类的风险证券化,这开始于1994年汉诺威再保险公司8 500万美元债券的发行。该债券的发行结束了汉诺威再保险原来除美国和日本外的全球财产巨灾保险(见表5.2)。随后出现了将近50种覆盖各种风险的债券,提供了超过40亿美元的额外保险,绝大多数与极端天气事件和地震有关。虽然也出现了销售公司,但这些债券的大多数销售方都是保险公司。购买方是一些像共同基金和养老基金这样的大型机构投资者。因为这些债券的收益率高且风险与其他种类的资产无关,所以对买方颇具吸引力。因此,它能提供一个良好的风险收益。的确,包含这些无关风险就能降低由投资者承担的投资组合总风险(Hague,1996)。

**表 5.2 风险关联证券,1994—2001 年**

| 年份 | 风险资本<br>(百万美元) | 分保人类型 | 内在风险 |
| --- | --- | --- | --- |
| 1994 | 85 | 再保险人 | 除美国和日本之外的全球财产巨灾 |
| 1996 | 6 | 保险人 | 瑞士汽车冰雹 |
|  | 10 | 保险人 | 全球 |
|  | 100 | 再保险人 | 全球财产巨灾 |
|  | 45 | 再保险人 | 美国、欧洲和其他财产劳合社回购、海上和航空 |
|  | 42 | 保险人 | 人寿(可变年金) |
| 1997 | 10(估计) | 保险人 | 美国和其他财产,海上、航空和卫星 |
|  | 158 | 保险人 | 人寿(可变年金) |

(续表)

| 年份 | 风险资本（百万美元） | 分保人类型 | 内在风险 |
|---|---|---|---|
|  | 90 | 保险人 | 日本地震 |
|  | 112 | 再保险人 | 加州地震 |
|  | 35 | 再保险人 | 东部和海湾沿岸的飓风 |
|  | 400 | 保险人 | 东部和海湾沿岸的飓风 |
|  | 10（估计） | 保险人 | 美国和其他财产,海上、航空和卫星 |
| 1998 | 30 | 再保险人 | 加州地震 |
|  | 80 | 保险人 | 日本台风 |
|  | 57（100马克） | 再保险人 | 多种货币寿险 |
|  | 450 | 保险人 | 东部和海湾沿岸的飓风 |
|  | 25（估计） | 保险人 | 美国和其他财产,海上钻机、航空和卫星 |
|  | 243 | 抵押购买人 | 抵押违约 |
|  | 431（260英镑） | 保险人 | 人寿（与年金联系的部分） |
|  | 90 | 再保险人 | 美国东北部飓风 |
|  | 30 | 保险人 | 日本地震 |
|  | 72 | 再保险人和保险人 | 佛罗里达飓风 |
|  | 54 | 再保险人和保险人 | 佛罗里达飓风 |
|  | 150 | 再保险人和保险人 | 德国大风和冰雹 |
|  | 25 | 保险人和银行 | 美国中西部地震 |
|  | 50 | 再保险人 | 全球财产巨灾 |
|  | 10 | 再保险人 | 美国财产 |
|  | 100 | 再保险人 | 美国飓风和地震 |
|  | 566 | 公司 | 汽车租赁剩余价值 |
|  | 45 | 再保险人 | 美国财产 |
| 1999 | 100 | 再保险人 | 日本地震 |
|  | 49（50欧元） | 再保险人 | 多种货币寿险 |
|  | 182 | 再保险人 | 美国飓风,加州和新马德里地震 |
|  | 50 | 公司 | 气温 |
|  | 50 | 再保险人和保险人 | 新马德里地震 |
|  | 80 | 再保险人 | 美国飓风 |
|  | 75 | 保险人和公司 | 新马德里地震 |
|  | 200 | 保险人 | 东部和海湾沿岸的飓风 |
|  | 100 | 公司 | 日本震后信贷 |
|  | 100 | 公司 | 日本地震 |

(续表)

| 年份 | 风险资本（百万美元） | 分保人类型 | 内在风险 |
|---|---|---|---|
|  | 17 | 再保险人 | 日本大风和地震,欧洲大风 |
|  | 100 | 再保险人 | 新马德里财产 |
|  | 500 | 再保险人 | 欧洲商业贸易信贷违约 |
|  | 10(估计) | 保险人 | 美国和其他财产,海上、航空和卫星 |
|  | 45 | 再保险人 | 美国财产 |
|  | 118 | 再保险人 | 多种货币寿险 |
| 2000 | 165 | 再保险人 | 美国飓风 |
|  | 135 | 再保险人 | 加州地震和欧洲风暴 |
|  | 129 | 保险人 | 法国风暴和摩纳哥地震 |
|  | 50 | 保险人 | 美国东北部和夏威夷飓风 |
|  | 200 | 保险人 | 东部和海湾沿岸的飓风 |
|  | 90 | 保险人 | 佛罗里达飓风 |
|  | 17 | 再保险人 | 日本大风和地震,欧洲大风 |
|  | 200 | 再保险人 | 美国和日本地震,欧洲大风 |
|  | 150 | 再保险人 | 加州地震 |
| 2001 | 125 | 再保险人 | 东部和海湾沿岸的飓风和新马德里地震 |
|  | 100 | 再保险人 | 加州地震 |

资料来源:高盛集团(2001.5)。

新兴的天气风险市场也出现了,包括各种天气衍生品和互换交易,公司可用其进行套期保值避免一般天气状况对其经营造成的不利影响,而并非那种造成全保险行业财产损失的极端大气。简单表述为:

> 天气衍生品是一种签约双方依据特定气象条件在合约期内进行对赌的合同。(Zeng,2000)

主要参与者是一些能源公司,它们需要进行套期保值对抗温暖冬季(热力需求减少)和清凉夏季(制冷需求减少)的风险。它们的问题是找到一个"自然的另一方"来对冲这个风险(Hull,2000;Nicholls,2001i)。它们可以在养老基金、共同基金和保险公司中找一个一般投资人,但如果它们能找到想交换自身风险的对手的话,其价格一定会更低(见专栏5.10和第9章)。

**专栏 5.10　天气风险的市场化**

保险公司一直以来都因客户受到天气影响而被牵扯,因而影响到它们的财务底线。传统上讲,主要是因为极端天气造成了财产损失(房屋、汽车和商业)和持续经营的影响。还有一些专门公司提供农作物保险和为运输行业提供保障。

然而,天气对经营的影响除了财产损失和经营中断外还有其他方式。天气会日复一日地影响几个重要经济部门的利润,特别是能源和农业,还有零售业、休闲业和建筑业。20世纪90年代末期,天气风险交易出现了,当时由公司自查面临的天气风险,然后寻找能与它们进行交换或套期的对手。对天气易变性最敏感的部门是最新受到管制的美国能源供应行业,该行业特别容易受到暖冬和凉夏的攻击,因为那样会分别减少对热力和冷气的需求。

如果有精算的数据且规避的风险能被定价的话,风险是可以进行套期保值的。换句话说:"一旦对手赞同涉及天气的概率统计,那么就可以直接对天气衍生合约进行定价。"(Toulson,2000)遗憾的是,数据,甚至语言,还距离标准化尚远,市场还在缓慢推进(Foster,2001)。再保险商参与过的第一次交易是购买能源供应部门转移的风险。这些再保险商一连碰上三个暖冬(在变暖的世界可能可以预测的),在交易中必定损失(Nicholls,2001i)。但是,它们现在已经返回到一个天气衍生品特殊交易商联盟形成的市场中,接着,它们会与银行联系起来。银行会将天气风险产品介绍给那些已经管理着利率和货币风险的客户们。这种保险和交易商的联盟包括 Aguila 能源——一家美国天气衍生品交易商——和美国再保险(慕尼黑再保险的子公司)、希思可公司(劳合社成员),三井火灾保险(日本)和坎波保险公司(美国)。

该市场的吸引力在于可确保风险可以找到对冲,为投资组合提供充分多样化的产品。如全球天气的易变特性,不可能出现与金融市场一样的上升和下跌趋势。市场参与者面临的挑战是建立一个充分利用全球天气市场实现多样化的全球架构,该市场尚处于幼稚时期。市场化是需要成本的,定价也仍是一个问题,特别是在气候变化和内在的天气风险也随之改变之时。

## 5.5　保险公司应对环境挑战的地区差异

1995年,几家保险公司与联合国环境规划署一同发布了保险业《环境承诺声明》(Statement of Environmental Commitment)。签约方承诺:

> 共同应对像减轻污染、有效使用资源和气候变化这样的关键问题……[且]加强对那些影响我们核心业务的环境风险的关注……[包括]风险管理、损失预防、产品设计、索赔处置和资产管理……[并且包括一项义务]管理内部经营和实物资产要考虑环境因素。(UNEP,2000)

签约公司的所在地正在显现出来。2000年8月有91家签约公司,69家(占75%)来自欧洲(德国21家、瑞士10家、英国9家、俄罗斯8家);13家来自亚洲;3家来自澳大利亚和新西兰;3家来自北美洲;2家来自非洲,还有1家来自南美洲(见附录A《环境承诺声明》和签约方名单)。

对环境挑战的地区差异在气候变化方面最为显著。对欧洲保险和再保险公司而言,从过去15年发生的事情——特别是大洪水(1995年,1997年,2000年)和未预期的风暴(1987年,1990年,1999年)——得出的结论是气候变化已经发生并且将对整个社会造成重要影响,对保险业也是如此。然而在美国,飓风和龙卷风损失赔偿因安德鲁飓风由保险业承担而没有造成任何的金融压力。即便还有弗洛伊德(1999年)和乔治(1998年)这样的飓风在美国登陆,也没有重现安德鲁飓风的警示(博纳再保险,1998)。大西洋两岸秉持不同观念的另外一个原因是巨灾负担与对再保险业本来的设计不成比例。在欧洲,再保险占了整个保险业的很大比例。欧洲是世界两大再保险公司(慕尼黑再保险和瑞士再保险)的发源地,劳合社也在这里。下面这段话出自欧洲该行业的领头军代表慕尼黑再保险:

> 我们经营所处背景的改变,例如人口的增加、自然资源的减少和自然环境日益增长的压力,都对我们的业务带来重要影响,并且这种影响还可能持续地变化……我们仍然假设我们将在有关气候变化影响和自然灾害增加的全球讨论中保持领导地位。(慕尼黑再保险,2001c)

因而,尽管针对人为造成的气候变化影响的政府间气候变化专门委员会(IPCC)的声明开始得到更多的信任,我们仍然认为大西洋两岸的态度存在分歧。对欧洲人而言,气候变化已经发生并要求做出应对,而在美国尽管美国科学家们、市政当局、公司、非政府组织和公众成员都很急迫,但在国家政策层面仍然没有严肃对待。美国在布什执政期间退出了《京都议定书》。然后布什总统在国家科学院做了一个新的"美国的"气候变化研究,尽管IPCC的原始研究都是美国科学界的产物。其中几乎一半的作者都是美国人,还有四分之一来自欧洲,另外四分之一来自世界其他地区。事实上,这归功于美国科学界在20世纪50年代对温室气体在大气中积累的关注以及将此首次加入了全球研究日程(Firor,1999)。总统的新能源政策在2002年2月公布,政策包括了一些能源保护建议，但还是完全依赖于温室气体减排的自愿性措施。

美国能源部和美国环保署最近发起了关于"美国和非美国保险公司在气候变化问题上显著差异"的研究，给出了各种解释，研究包括美国一些团体对联合国环境规划署的负面观点和"环境的"事件与《超级基金》的负相关关系（Mills等，2001，106）。该研究的作者还发现美国保险公司中存在一种担忧，即对任何气候变化威胁的明确承认都将导致准备金的增加，这的确在石棉和《超级基金》危机加深时发生了。报告还指出"美国保险公司事实上缺乏对减轻气候变化能够提供的商机和其他带给保险公司的协同财务效应的认识"（Mills等，2001，108—109）。

随着气候变化趋势的日益明显，我们可以预计不同保险人观念上的分歧都可以相互融合。气候变化对整个金融服务部门及其客户的意义是第7章的主题。

## 5.6 结 论

保险业以自身的保守为傲，在某种程度上他们自认为已准备好承担风险带来的成本。这种自我评价在很大程度上是正确的。该行业为应对过去20年里的环境和灾难挑战进行了非常迅速的调整。然而，也有一些令人警惕的时刻。劳合社因石棉和环境索赔几乎倾覆就是这样的时刻。安德鲁飓风后再保险业流动性紧缩也是另外一个这样的时刻。

下一章将考察投资者在面对环境金融挑战时的角色。第5章简单地勾勒了保险业作为财产和意外风险承保人的角色。然而保险业也是一个重要的投资者。该行业的投资活动在多大程度上增加了承保风险呢？

# 6 投 资

## 6.1 引 言

在第 4 章和第 5 章中,我们已经看到涉及商业信贷和财产与意外保险(P&C)的大多数主流机构都使用契约式的环境表现信息。然而在股权投资中并不存在收集公司环境信息的类似契约。本部分对环境问题的理解会非常不同。

公司的环境表现和它的市场价值之间存在着矛盾。有些人坚持认为战略性规划中对环境的关注说明公司存在潜在的财务责任,其他人则认为积极的环境管理不仅提供了降低成本的机会,而且还提供了开发新产品和新服务的机会。

为了尽量说明支持这两种分歧观点的因素,本章一开始就探究了用来开发社会和环境型投资品筛选程序的演进过程。然后我们回顾了一些以前的研究,这些研究试图构建环境表现和财务表现之间的关联关系,以及明确专业管理筛选基金相对于更广泛的投资的表现。通过初步讨论揭示出环境—财务关系存在冲突的证据。本章进一步评论了机构投资组合管理人将社会和环境因素的优先考量从边缘活动转向投资决策主流的能力。最后,我们考察了环境研究数量的不断增长,以及为应对投资界对公司环境和社会表现相关资料信息的需要,评价基准的演进。

## 6.2 社会与环境责任筛选演进

由于对股东价值和利益相关者管理这类概念的认识有了新的发展,"绿色的"和社会接受的投资品的环境在最近几年有些变化(Knörzer,2000),对社会负责的投

# 6 投 资

资在过去10年也有所增长。历史上,投资人主要使用财务筛选的方式进行投资决策。直到最近社会筛选才发展起来,允许投资人使用非财务标准在投资决策中表达他们对社会和环境的关注。

第一代社会选择技术的重点是筛选禁止公司投资的特殊领域,如酒精饮料制造业、烟草业、核电和军备。进入该程序的公司也包括那些因环境污染引起负面关注的公司。

筛选的第一阶段,在20世纪70年代出现了一个转变,投资者从单一的、问题型筛选转变为包含了更加广泛的社会变化的投资战略。这个转变发生在投资人应对南非种族隔离的沙利文原则中,当时他们放弃了自己在该国经营的公司(Kinder和Domini,1997)。

筛选的第二阶段推出了环境指标。第二代的行动不仅包括筛选出恶名昭著的违法者,还包括了一些积极因素,允许一些小规模的领先公司投资环境尖端技术(Ganzi和DeVries,1998)。这种类型的投资案例可以在公司中找到,如那些将开发环境友好产品和服务作为唯一目标的公司,还有主要生产减轻污染产品的公司,像废弃物管理公司、回收行业以及控制排放的过滤器和洗涤器。尽管这类筛选倾向于引入那些追求高回报—高风险的典型投资人,但它仍允许避免进入像烟草和核电这些在特定环境领域存在问题的行业(Ganzi等,1998)。

投资筛选的第三阶段涉及筛选的战略,任何一个行业中挑选出的公司都是基于其相对良好的环境表现。这里的环境标准适用于全部的公司,并使用"一流"(best-of-class)的方法。在这种情况下,只有那些拥有最好环境表现记录的公司才会被投资人考虑。可以运用的积极筛选方式有污染预防措施、使用可再生能源和保护政策。这种投资哲学允许投资组合中更大范围的多样化,包括所有可供选择的行业。"一流"方法能使投资经理对冲掉使用非财务金融筛选所蕴藏的更大风险,其主要方式是纳入大工业部门(如自然资源部门)的股票,而依据环境标准,这些部门可能被剔除出去(Elkington和Beloe,2000)。

"一流"方法的扩展形式可运用在生态效率标准上,即让专业投资人认识到公司面对潜在环境挑战的同时也可能获得最好的盈利。这样,投资人就能将环境责任纳入他们的信托责任中。生态效率概念的使用考虑到了像能源公司这样的公司和部门,否则它们会被投资人排除在外。生态效率理论意味着应对环境挑战的公司也将会拥有更出众的盈利能力。通过对良好生态效率的考察,可以意识到它不仅是一种对下跌风险的负责任管理,而且还是一种管理战略和经营能力,可以用来识别有利机会,从而增加股东价值和竞争力(Blank和Carty,即将出版)。表6.1给出了投资人使用的一些反面和正面的筛选标准,试图将社会和环境问题纳入到投资决策中。

表 6.1　社会投资决策中使用的正反标准

| 排除标准(反面的) | 包含标准(正面的) |
| --- | --- |
| 酒精饮料 | 环境政策披露 |
| 核电 | 能源效率提高 |
| 烟草产品 | 原材料使用效率提高 |
| 提供赌博经营的服务 | 回收/再利用废物废料 |
| 军用武器制造 | 减少排放和垃圾 |
| 杀虫剂生产和销售 | 产品具有有利环境的特性 |
| 产生温室气体 | 减少有毒物释放 |
| 供应/使用消耗臭氧层的化学品 | |
| 环境侵害 | |
| 集约农业 | |
| 不利环境宣传 | |
| 声誉争论 | |

资料来源：Elkington 和 Beloe（2000）；Tarna（2001）；Willis 和 Desjardins（2001）；Blumberg 等（1997）。

环境筛选程序的发展为下面几个部分提供了背景信息，下文对利用环境信息来评价良好的环境表现是否可增加公司财务价值的研究进行描述。

## 6.3　环境和财务表现的关系

有关公司环境表现的可用公开信息存在各种版本。在某些情况下，公司会在年度财务报告或机构评级问卷中自愿披露环境数据。这种时候，传达的信息主要是有关污染控制费用和环境行动进展这类事情。其他情况下，媒体报道是一种个别公司非自愿环境风险披露的形式。媒体的报道可能是正面的（奖励）也可能是负面的（灾难）。综合信息的来源，如美国污染物管理机构颁布的报告，在研究中用来考察所有公司环境和财务的总体关系，而非考察单个公司。美国《有毒物质排放清单》（TRI）和加拿大《全国污染物排放清单》（NPRI）都属于此类目录。① （可见第 8 章"强制型报告"）

过去十年对公司环境行为与其财务指标和市场估值是否存在联系还有争

---

① 《有毒物质排放清单》（TRI）是在 1986 年《超级基金修正和重新授权法》（SARA）下强制执行的。受法律管辖的公司开始要求提供关于近 320 种规定有毒化学物排放地点、年度现场排放量和转运的报告。后来该清单中又增加了 286 种化学物品。《有毒物质排放清单》第一次公开披露关于有毒物排放的数据是在 1989 年 6 月。在此基础上，加拿大《全国污染物排放清单》（NPRI）在 1993 年《加拿大环境保护法》（CEPA）下颁布（www.ec.gc.ca/pdb/npri/）。加拿大《全国污染物排放清单》主要是为收集所规定的 176 种物质的年度、综合性和全国性的大气、水和土地有毒物排放数据，以及这些物质的处置转移和循环使用数据。——作者注

议。表 6.2 可以说明环境和财务表现关系研究所使用的财务方法和信息来源的广度。

表 6.2 环境和财务表现的关联

| 研究 | 信息 | 事件 | 方法 | 影响 |
| --- | --- | --- | --- | --- |
| Blaccioniere 和 Patten (1994) | 10K 报告 | ● 博帕尔事故之前化学公司进行环境披露 | 内容分析;多元分析 | ● 减少市场的负面反应 |
| Dasgupta 等 (1997) | 平面媒体 | ● 奖励,认可<br>● 泄漏,抱怨 | 事件分析 | ● 增加市场价值<br>● 降低市场价值 |
| Dowell 等 (2000) | IRRC[1] | ● 全球环境标准 | 双变量;多元分析 | ● 增加市场价值 |
| Edwards (1998) | JERU[2] | ● 行业内最佳绿色公司 | 双变量分析 | ● 正相关;环境表现(EP)和 ROC、ROE |
| Feldman 等 (1996) | 环境管理体系(EMS)和公司风险($\beta$) | ● 改善 EMS/EP 的报告 | 多元分析 | ● 提高股票价格 |
| Hart 和 Ahuja (1996) | IRRC[1] | ● 减少排放 | 多元分析 | ● 改善 ROA、ROS(经营)、ROE(财务)的表现 |
| Klassen 和 McLaughlin (1996) | 平面媒体 | ● 奖励和受欢迎的事件<br>● 灾难 | 事件分析 | ● 增加市场价值<br>● 降低市场价值 |
| Laplante 和 Lanoie(1994) | 平面媒体 | ● 诉讼案件<br>● 案件和解<br>● 投资 | 事件分析 | ● 对股权价值无影响<br>● 降低市场价值<br>● 降低市场价值 |
| Muoghalu 等 (1990) | 平面媒体 | ● 诉讼案件<br>● 案件和解 | 事件分析 | ● 降低市场价值<br>● 无影响 |
| Patten 和 Nance (1998) | 媒体 | ● 阿拉斯加港湾漏油事件 | 事件分析 | ● 公司价值不利影响;产品价格上涨 |
| Piesse(1992) | 平面媒体 | ● 阿拉斯加港湾漏油事件 | 事件分析 | ● 股票价格下跌 |
| Russo 和 Fouts (1997) | FRDC[3] | ● 守法记录;环境费用,废物减排 | 多元分析 | ● ROA 中度波动 |
| Stanwick 和 Stanwick(2000) | 公司环境披露 | ● 环境政策,行动 | 内容分析;双变量分析 | ● 财务指标(收入/总资产)较高 |
| White(1996) | CEP[4] | ● 环境声誉 | 事件分析 | ● 正面影响 |

(续表)

| 研究 | 信息 | 事件 | 方法 | 影响 |
|---|---|---|---|---|
| 综合信息 | | | | |
| Blacconiere 和 Northcutt(1997) | SARA 颁布 | • 市场对 SARA 的反应 | 内容分析 | • 负面的市场反应 |
| Hamilton(1995) | TRI 报告 | • 现场排放 | 事件分析 | • 负面影响 |
| Khanna 等 (1998) | TRI 报告 | • 现场排放<br>• 场外排放<br>• 有毒废物总量 | 事件分析 | • 降低<br>• 增加<br>• 可忽略的影响 |
| Konar 和 Cohen (1997) | TRI 报告 | • TRI 报告后市场下降 | 事件分析 | • 排放量减少得更多 |
| Lanoie 等 (1997) | 英国、哥伦比亚和加拿大环境部 | • 合规名单公布 | 事件分析 | • 对股权价值没有影响 |

注:1. IRRC:投资者责任研究中心的公司环境简介。
2. JERU:朱庇特环境研究部。
3. FRDC:富兰克林研发公司环境评级。
4. CEP:经济优先发展委员会。

### 6.3.1 环境管理评价

许多研究人员将积极的环境管理报告与市场的正面反应联系起来。Feldman 等(1996)分析了美国最大的 300 家上市公司,得出的结论是考虑环境管理的投资可大量减少潜在风险,同时得到金融市场的正面评价。Hart 和 Ahuja(1996)、Edward (1998)、Dowell 等(2000)使用评级机构的数据也提供了类似证据,认为考虑环境管理的投资可以减少风险,从而提高市场价值。

其他一些研究显示加强环境管理和报告实践的公司比那些缺乏环境管理的公司在如埃克森·瓦尔迪兹号事件(Patten 和 Nance,1998;Piesse,1992)和博帕尔事件(Blaccioniere 和 Patten)的重大环境灾难以及在 SARA 法通过后(Blaccioniere 和 Northcutt,1997)股票价格表现更优。

Blaccioniere 和 Patten(1994)在使用内容分析来检测联合碳化物公司博帕尔泄漏事件对化学行业其他公司股票估值造成的影响时,观察到的是一个负面的市场反应,从而得出该事故对整个化学行业造成了不良影响的结论。不过他们也确实发现那些以前发布过自身环境记录的公司,其股价在媒体发布对化学行业的不利披露时的负面反应要小。

在考察埃克森·瓦尔迪兹号事件发生时其他行业股价的市场反应时,

# 6 投资

White(1996)发现那些具有良好环境声誉的石油公司从漏油事件中获得了正面影响,而其他的公司都受到了负面影响(Ganzi 和 DeVries,1998)。环境声誉是根据经济优先发展委员会(Council of Economic Priorities)指数建立的。Stanwick 和 Stanwick(2000)还发现更多关于财务表现和环境披露关系的证据。他们得出的结论是公司对环境承诺的披露对公司净资产回报率有绝对为正的影响。这些发现说明投资者应将披露看作是一个显示公司当前和未来环境风险管理能力的信号。

### 6.3.2 环境费用评价

研究发现公司环境支出费用与其价值提升之间存在冲突。Laplante 和 Lanoie(1994)发现这类投资会减少公司的股权价值,而 Dasgupta 等(1997)发现市场在环境支出消息公布时存在正面反应。Russo 和 Fouts(1997)处于这些相左观点之间,发现只有中等程度的不同。

这些研究发现的彼此矛盾反映出对环境支持盈利共识的缺乏。传统上环境被认为是纯粹的成本,改善环境的投资被认为是对投资人的"绿色惩罚"(Gottsman 和 Kessler,1998)。对持有这些观点的人来说,环境被简单认为是财务负债,这个潜在负债是用公司必须守法的成本与补偿成本的估计相比进行衡量的(地球之友,2000;Lanoie 等,1997)。假定对不守法的公司进行一个小惩罚,市价的损失可能远远大于法庭和监管者开出的传统罚单。在早期有关市场对环境灾难反应的研究中,Piesse(1992)指出壳牌在1989年石油泄漏后市价损失达到6.7亿英镑。这个市价损失远远超出了实际清理成本及给公司开出的100万英镑的罚单。

Muoghalu 等(1990)的研究结果进一步显示,由于与《美国资源保护与修复法案》和《超级基金》法有关的环境诉讼案件的公布,股票市场平均下跌1.2%。这个数字换种说法就是由于强制性的环境措施使股价平均损失了3 330 万美元。(Lanoie 等,1997),这比那时的传统惩罚要大得多。类似地,Hamilton(1995)发现《有毒物质排放清单》(TRI)数据公布当天该数据报告中的公司股价平均下跌0.2%—0.3%,即损失410万美元。

与这些看法相左的观点认为积极的环境管理可以带来机会,因污染效率与生产的整体效率和较低的守法成本有关,结果带来有力的竞争地位和财务表现的改善(Lanoie 等,1997)。

"绿色惩罚"的概念可以延展到跨国公司(MNC)在新兴市场和发展中国家进行投资时对污染天堂的假设。有关讨论认为在环境监管松懈或没有强制监管的国家比在那些实施严格污染监管的国家进行经营要更经济(Eskeland 和

Harrison(1997)。在这种情况下会出现试图达到更高环境标准的公司在发展中国家投资时其市场价值将受到负面影响的情况。与之相反的观点认为跨国公司为了以较低环境标准而进行的污染天堂选址在其追求全球性竞争战略时违反了公司的环境政策(Doewell 等,2000)。大量研究(Dasgupta 等,1997;Hettige 等,1992;世界银行,1999)都试图消除这个尴尬局面。在环境监管对国际竞争力的潜在影响的研究中,得出的结论是污染密集型企业通常不会因为发展中国家环境监管较松而在那里投资和选址。

### 6.3.3 信息来源

正如前面所看到的,对公司环境表现的评价来自各种各样的信息。

研究表明,使用类似媒体对环境事故进行报道这样的非自愿报告形式可看到不同的结果。Muoghalu 等(1990)、Laplante 和 Lanoie(1994)根据媒体上正式发表的环境案件和解决办法的报道得出了相互矛盾的结论。Muoghalu 等发现美国的诉讼案件会造成巨大的市值损失,但诉讼的解决却不会带来更大的超额收益。Laplante 和 Lanoie 也对加拿大的情况作了类似的分析,发现情况正好相反,当公司被认定有罪并处以罚款时会出现巨额损失,但当诉讼启动后并没有什么太大损失。

然而对于作为信息来源的正面媒体报道对公司的影响,在很大程度上大家意见一致。Klassen 和 McLaughlin(1996)以及 Dasgupta 等(1997)使用媒体关于环境嘉奖的报道证实了正面的媒体披露对公司市值有巨大的积极影响。

使用政府法规报告形式这样的综合性信息来源时,进一步证实了投资者对公司环境表现期望缺乏共识(Cormier 和 Magnan,1997)。投资者对《有毒物质排放清单》的反应模式提供了指导性的范例,投资者的期望体现在了公司的股票价格中。美国高污染部门的企业在 1989 年媒体公布了原始的有毒物质排放清单数据(此前这些信息并不为人所知)后都经历了严重的负市场回报率(Hamilton,1995;Khanna 等,1998)。相反地,Lanoie 等(1997)在研究加拿大英属哥伦比亚地区公布不守法公司名单后其市值的反应时,发现这种信息的公布对那些政府认定的污染企业的市值没有影响。

Lanoie 等(1997)认为加拿大和美国的这种分歧可以有两种解释方式。首先,加拿大的污染者名单没有给投资者提供新的或未预期的信息,因为加拿大报告涵盖的市场范围要比美国小得多,而美国的《有毒物质排放清单》中的污染者对投资人而言都知之甚少。而且,Lanoie 等(1997)还认为那些加拿大的公司大都属于第一产业,不良声誉对其需求的影响一定小于《有毒物质排放清单》数据的公布,因为《有毒物质排放清单》覆盖的产业范围更广。他们还认为美国环境管理当局比相对应的加拿大省级相关机构更成功地树立了对污染企业的可靠威吓。

这些环境/金融研究的必然结论就是公开报告成为一种推动力量,它可以引导企业改变自身的环境行为。Konar 和 Cohen(1997)通过观察1989年《有毒物质排放清单》发布后的市场反应发现,那些当时受市场负面反应影响最为剧烈的公司在随后几年《有毒物质排放清单》报告中的排放量都有明显减少。Khanna 等(1998)也作了类似的研究,考察《有毒物质排放清单》发布后对投资人的负面影响,他们发现《有毒物质排放清单》数据发布后的几年化工行业遭受了巨大的市值损失,之后伴随着场外废物的大量转移,现场有毒物质排放显著减少。但他们发现对产生的有毒废物的总量影响几乎可以忽略。

《污染控制、评价和分级方案》(PROPER)是印度尼西亚广泛公布的公共污染披露控制方案,为观察发展中国家强制性环境报告的效果提供了一个视角。印度尼西亚政府在世界银行的帮助下设计了一个彩色编码五层分级方案来为公司排序,范围从绝佳的遵守者(金色的)到恶名昭著的违法者(黑色的)。世界银行(1999)对该方案考察后得出结论,公开披露此方案下不良环境评级的公司能改善其守法记录。也可以解释为,《污染控制、评价和分级方案》通过提高工厂经理们关于工厂减排机会的信息质量促进了这种变化。而 Afsah 等(2000)认为环境审计要与外部压力结合起来才能产生效果,公开披露公司的环境行为可以创造一个信息对称的社会,然后社会给公司施压使其减少污染。

Dasgupta 等(1997)通过对发展中国家和新兴市场的另一项研究得出,阿根廷、智利、墨西哥和菲律宾的资本市场对涉及上市公司的环境事件都有相应反应,只要媒体的报道得当。这说明这些国家对公司环境表现数据的强制发布可以为环境表现改善创造动力,就像美国对《有毒物质排放清单》数据的披露一样。从美国跨国公司的角度分析,Dowell 等(2000)认为采用严格全球环境标准的公司比那些遵守东道国并不严格的环境标准的公司具有更高的市场价值。这些研究都表明在新兴市场国家和发展中国家经营的公司存在"绿色惩罚"的假设几乎找不到证据支持。

## 6.4　环境表现筛选基金

社会投资论坛(the Social Investment Forum)趋势报告(1999)显示有79%的社会责任投资(SRI)会将环境表现作为筛选的一个标准。因而,对更宽泛的社会基金的筛选,以及对那些专门应对环境问题基金的调查研究是有意义的。

社会筛选对基金影响的早期研究中,Hamilton 等(1993)发现使用正负结合标准进行社会筛选的基金与一般共同基金的回报率并无重大差异。Guerard(1997)使用类似的混合标准进行了类似研究,结果表明除一只基金外,其他所有筛选出的基金组合的回报都较高。让投资人一贯花费较大的社会标准只有军事筛选。White(1995)通过比较美国和德国的环境共同基金发现环境筛选基金表现不佳,使投资者回报率低于传统的共同基金。但他也承认德国的环境筛选基金回报率与未经环境筛选的基金回报率很接近,并且其表现也优于美国(见表6.3)。

表6.3 环境筛选基金表现评价

| 研究 | 重点 | 比较 | 关系 |
| --- | --- | --- | --- |
| Chohen 等(1995) | 高污染和低污染组合 | 标准普尔500指数 | 绿色投资没有惩罚 |
| Gottsman 和 Kessler(1998) | 理论构建的环境投资组合 | 标准普尔500指数 | 和股票市场表现几乎无差异 |
| Guerard(1997) | 社会筛选基金 | 未筛选的基金 | 没有太大联系 |
| Hamilton 等(1993) | 筛选出的共同基金 | 未筛选的基金 | 收益率无差异 |
| Havemann 和 Webster(1999) | 模拟基金 | 富时全股指数 | 与市场指数表现类似 |
| White(1995) | 美国和德国环境基金 | 标准普尔500指数,多米尼社会指数,德意志股票指数 | 收益率相对较差 |

其他一些研究并未比较现有基金的业绩数字,而是把理论构建的组合与市场指数,例如标准普尔(S&P)或富时指数等市场指数进行比较。结论是,模拟出的环境投资组合从整体上与市场指数,包括那些投资范围更大的综合性投资组合的表现很接近(Chohen 等,1995;Gottsman 和 Kessler,1998;Havemann 和 Webster,1999)。

## 6.5 研究结果的差别

对单个公司和部门的研究或者对共同基金表现数据的研究都表明研究者使用了指标分类、数据集合和环境—金融关系检验的技术。

对筛选基金检验的结果一致说明具有良好环境表现的投资组合对投资活动没有损害。但作者们也都警告说这也并不能解释为存在"绿色溢价"(green premium),当然也不存在与环境投资意识相关的"绿色惩罚"。

# 6 投 资

相反,对公司或部门环境与财务表现的比较研究显示了不一致的结果,从负相关或略微正相关到有重要关系。造成差别的部分原因可能是环境表现的定义和评价在概念上存在差异,以及使用这些概念时的方法不同。下面就探讨一下在定义、数据选取、分析方法和财务影响上的不同。

## 6.5.1 定义和评价标准

由于各行业对公司的环境表现都缺乏统一定义和评价标准,这就增加了公司财务和环境表现研究的难度。什么意味着"绿色",不同的人在不同的立场上会有不同的解释,这可以表明对可接受的环境行为持有的不同观点。

环境行为的评价也有很多差异,从投入,如污染控制费用,到内部过程和产品特征,到覆盖了从减排量到利益相关者关系的一系列指标的产出,范围很广。在某些情况下会使用量化了的"软"环境事实来评价公司的环境表现,从而使分析更加深入。就本质而言,环境管理质量或产品特性这样的指标通常无法进行量化评价。

## 6.5.2 数据选取

另外,分析使用的数据显示存在不同的信息来源。使用媒体报告的研究大多关注个别公司,而使用强制性报告是为分析范围更广的不同行业和公司。案例研究方法就其本质只能被用来对有限数量的公司样本进行分析。

数据在编辑过程中也会引发一定程度的怀疑。自愿进行环境披露在某些时候被看作是做自评报告,因此先入为主地被认为是不完整的。

声誉指数,如《财富》500强,也是通过自评报告再加上与公司高管面谈形成的,这被一些人认为是纯粹感性的,被另外一些人认为是对公司管理总体上的一个简单评价,而不是特别针对环境管理的。强制性报告,如《有毒物品排放清单》,尽管是一个公开可用的数据源,但也被认为是自评报告式的评价,因而也经常受到带有公司偏见的指责(Griffin 和 Mahon,1997)。

最后,有些人建议从调研方法里收集数据,如内容分析、声誉指数或污染控制投资,将其作为公司环境表现评价代理指标,若单独使用,就只能获得公司环境表现完整资料的一部分(Waddock 和 Graves,1997)。

## 6.5.3 分析方法

我们再来看看这些研究中使用的各种分析方法。在某些情况下,可以运用事件分析方法来辨别公司环境行为的新信息是否对公司财务产生影响。还有一些研究试图通过内容分析及相关性和回归分析来建立环境和财务表现之间的联系。然而公司环境披露的内容分析和多元分析方法对相关信息源最初建立的目标依赖性很大(Waddock 和 Graves,1997)。最后,表现指标被用来构建理论投资组合,然后与特定时间段内的基准进行比较(Repetto 和 Austin,2000)。

衡量跨行业公司的社会和财务表现增加了分析的难度。实际上,不同行业由于政治文化和利益相关者结构的多样化与生俱来会经历不同的问题和压力(Griffin 和 Mahon,1997;Pritchard,2000;Elkington 和 Beloe,2000;EPA,2000)。因此不是所有的方法都适用于每个行业。例如,化工行业的资源使用和有毒物排放更重要一些。相比而言,金融服务业内的公司更加重视环境管理质量和它们的产品特性(Joly,2000)。

### 6.5.4 财务指标

最终,那些反映环境对公司财务影响的不同指标开始被运用。某些情况下,公司使用资产回报率(ROA)和收益回报率(ROE)这样的历史会计方法,其他情况下使用超额市价和超额回报率($\alpha$)来衡量环境披露对财务的影响,还有一些时候使用风险评估工具,如 $\beta$ 值(Feldman 等,1996)。

## 6.6 社会责任投资组合的评级

2000 年,晨星公司(Morningstar),一家领先的美国共同基金分析公司,说只有13%的社会责任投资(SRI)基金在 2000 年获得了它们的五星评级,而前一年是 21%。这种剧烈下跌正是与技术股票的过度曝光有关,技术股票在过去两年内受到了打击。另外,许多社会责任投资基金回避对能源和石油股票的投资,而能源和石油股票由于燃料价格的上涨遇上了好年景(Bayon,2001a)。这也可以解释多米尼 400 社会指数为何逊色于 2000 年 12 月的标准普尔指数,主要是因为过度考虑了计算机硬件工业而低估了能源行业(《环境金融》,2001a)。

相反,一些很小却更专业的团队却从大量持有的能源公司股票中获利。新选择基金(New Alternatives)和绿色世纪基金(Green Century Fund)的表现分别超出市场表现的52%和13%。绿色世纪基金只关注那些对环境敏感和积极表现的公司。结果,它就被燃料电池生产和风能、太阳能行业吸引,这些行业在1999 年的业绩都好于传统的技术公司(Bayon,2001a)。

与典型的信息技术基金相比,环境技术股票的投资表现出令人印象深刻的收益率。环境技术公司在 20 世纪 70 年代就已经存在,但其业绩经常与宏观经济周期的变化密切相关。当经济处于繁荣期时,环境就变得流行,环境清理费用也能支付得起。经济衰退时,这些公司的表现就不太好了。然而因利益相关者的压力增大和对基础服务业(能源、水供应和处理、废物回收和处理)的管制放松,当前环境技术又有了新的机会(Simm 和 Jenkyn-Jones,2000)。为降低投资于这些公司或环境技术行业的风险,许多公司正在开发一种包含了这些市场相关部分的投资组合(见第 4 章中瑞银华宝燃料电池投资组合)。

Havemann 和 Webster(1999)证实了在选择投资组合资产时使用伦理标准能对投资表现产生不同影响。他们证明了与富时全股指数(FTSE All-Share Index)相比,为建立环境管理指数(Environmental Management Index)进行的筛选提高了资源、消费品和公用事业类型股票的比重,降低了金融和服务业股票的比重。相反,他们开发的环境损害规避指数(Environmental Damage Avoidance Index)提高了金融和服务业的比重而降低了工业、公用事业和资源类的总体比重。事实上,这个指数里没有一家资源行业里的公司。

Kurtz(1995)补充说,社会责任投资的筛选还会降低大盘股的比重,因为技术公司的规模一般都较小或是中型的。此外,如果通过筛选程序的股票不够数量的话,就需要用一些大盘股来替代,如通用电气或菲利普·莫里斯。

还有一个影响社会责任投资指数和组合的因素是汇率。2000 年,道·琼斯可持续发展指数(DJSI)表现非常差,用美元计价下跌了 18%,而道·琼斯全球指数下跌了 14%。如果回顾一下指数的投资组合,原因就变得很明显了。道·琼斯可持续发展指数中欧元区股票比重很大,当欧元对美元汇率直降 8% 时,就拖累了道·琼斯可持续发展指数下跌(Cooper,2001)。

积极管理型基金和消极管理型基金之间的业绩水平的差距也有所不同。既然指数型基金是百分之百地投资于市场,那么在市场上升时它们的表现肯定超过积极管理型股票基金,因为后者投资的范围并不像指数基金那么全面。比较而言,积极管理型基金在市场波动和下行时表现较好,有部分原因是投资组合中有现金构成,所以在不确定市场中波动较小(Barnes,2001)。

## 6.7　机构投资组合的管理

机构投资者,如退休基金和共同基金,凭借其投资组合的规模,有能力通过环境筛选、积极管理和撤资战略把利基市场中的环境优先转变为主流的投资决策方式。

根据社会投资论坛(1999)所言,美国拥有最发达的社会责任投资市场,专业资产管理中有将近 12% 是社会责任投资。该数字在加拿大大约为 3.2%(SIO,2000),澳大利亚社会责任投资占股权基金的 0.7%(艾伦咨询集团,2000)。不过最新趋势显示,社会责任投资的意识在澳大利亚和亚洲都有所上升(见专栏 6.1)。

**专栏 6.1　SRI 意识在澳大利亚和亚洲的上升**

> 在澳大利亚，罗斯柴尔德资产管理公司 2001 年设立了两个社会责任基金，随后的调查显示，这两个产品的需求不断上升（《环境金融》，2001c）。在日本，2000 年伊始成立了 9 家新的社会责任投资基金（Marshall，2001）。
>
> 同时，2001 年亚洲可持续与负责任投资协会（AsrIA）设立了一个新的网页，www.asria.org，目的在于提高社会责任投资意识和促进其在各地区的发展。AsrIA 的意图是以追求社会责任投资为发端在亚洲投资领域建立起市场机制来促进全球最优投资行为，AsrIA 的一个特征就是一个产业在该地区创立之前要有一个已经建立的行业协会（Marshall，2001）。

在机构投资者中，仅退休基金在美国和英国所持有的公司股权就超过了三分之一，这就使其成为实质上的股东。这样，它们就拥有了对公司政策潜在的巨大影响力（Neale，2001）。

直到最近，退休基金的传统信托责任依然是为退休基金受益人提供纯粹的财务利益。实际上，最普遍的争论之一是反对将非金融投资标准纳入到美国的雇员退休收入保障法案（ERISA）中来，认为这样会违背雇员退休收入保障法案对信托责任的定义（阿斯彭研究所，1998）。因此，退休基金经理还是应将自身的角色仅定位在提升股东价值上。

一直以来，退休基金与其所投资的公司都保持着一定距离，它们从不认为自己有权使用任何形式的筛选程序。这些基金经理在做投资决策时也不会过多地涉及退休基金受益人（Neale，2001）。实际上，20 世纪 80 年代中期对退休基金从事社会活动的法律限制可以在英国高等法院的判决中找到，当时英国高等法院否决了全国矿业工会（National Union of Mineworkers）试图终止煤炭业退休基金对石油业进行的投资。那个时候，判决认为退休基金的唯一目标就是增进收益，因而受托人不应该从事任何有损财务表现的行为，包括社会筛选或约束（Neale，2001）。

最近，随着基金管理人策略的变化和退休基金报告新监管规则的发布，在如何解释信托责任问题方面出现了巨大的转变。在美国，这一转变出现在对私人和专业退休基金管理人的信托定义方面，接着是在他们的信托责任方面。这一定义从公司担保雇员退休金时的确定利益转变为在个人有机会管理他或她自己的货币时的确定贡献。在这些情况下，退休计划有可能允许基金受益人通过他们的退休金计划来表达他们的环境和社会偏好。因为这些方案是为代表成员利益的，这些同样的受益人现在也可以对其退休基金施加社会责任压力（阿斯彭研究所，1998；Friedman，2000；Neale，2001）。

# 6 投资

2000年7月,英国的养老金披露管理规定出现了变化,要求养老基金受托人声明在基金的选择、持有和投资实现中其对环境、社会和伦理有多大程度的考虑。这种披露要求的变化可能是信托责任性质变化的一个潜在信号。英国管理规定的成功使得其他一些国家也在考虑采用类似规定。例如,在2001年1月,德国绿色议会成员(Green Members of Parliament)成功地将私人养老金披露规定列入法律并提议对国家养老体系进行改革(Kahlenborn,2001)。

荷兰养老基金巨头ABP的养老金投资战略中包含了社会责任投资标准。2001年7月,ABP使用Innovest评级方法创建了两个新的社会责任投资组合(见本章后面Innovest的案例研究)。使用这种技术,ABP将投资于与基金主流基准吻合的公司和行业,如摩根士丹利国际资本(MSCI)欧洲指数和标准普尔500,但权重根据社会和环境标准进行改变。

最近中国香港养老金立法是社会责任投资在亚洲该领域内的制度化。2000年中国香港政府立法对所有雇员实行私人养老金计划。尽管这个强制计划为成员提供了股权和固定收益投资两种选择,但仍然没有为社会责任投资提供选项。"这可能将会改变,"Euan Marshall(2001)说,他是亚洲可持续与负责任投资协会的业务总监,"因为许多香港大众开始施压要求增加该类产品的选择。"

这些有关信托责任定义和披露要求的变化可以表明未来对环境和社会问题的漠视可能会被看作是一种不负责任的表现。

## 6.7.1 股东行动主义

社会投资论坛(1999)描绘的社会责任投资全景图包括了三类投资策略:正面和负面的筛选,股东行动主义和社区投资计划。

环境投资者现在对公司欠佳的环境管理会通过类似股东决议和撤销策略这样的积极持股方式对目标公司施加压力,使其改善环境或社会表现(Bayon,2001b;Elkington和Beloe,2000)。1997年壳牌年度大会提出的股东决议显示了公众对跨国公司行为模式预期的上升(Marinetto,1998)。如果这种策略无法达到预期要求,这些股东可能会通过出售公司股票的方式行使否决权。当不满的消费者抵制公司产品时将会影响公司的现金流和盈利,不满的投资人的退出将导致公司市值的下降并伴随资本成本的增加(Angel 和 Rivoli,1997;Kinder 和 Domini,1997)。

养老金和共同基金可以使用弹性持股①方式来鼓励公司留心他们对环境的

---

① 弹性持股的意思是股东根据公司表现按比例增减股票数量。

建议。这些基金经理可以通过积极正面的参与方式让公司听到他们的声音。他们定期与公司高层会面,鼓励和说服他们改善公司的环境表现。而卖出公司股票的退出策略并不总被养老金和共同基金经理实践,因为大规模撤股本身会压低售价。但如果积极的讨论无法实现其目标,基金经理最终仍然可能在公司年度股东大会上就年度报告和财务报告投反对票(Beloe,2000)。

机构投资者的股东行动主义主要表现在对改变目标公司的公司治理策略的影响力上(Smith,1996)。积极行动策略、股东投票和撤资都是机构投资人使用的方法,在后文将加以说明。然而几乎没有例外,没有任何一家机构投资者试图评价行动是否成功。尽管关于如何评价机构投资者的社会责任投资策略的讨论还在继续,英国友诚保险(Friends Provident)已经保存了自2000年5月责任承诺(Responsible Engagement)开始执行以来所有承诺合约和报告的详细记录(Nicholls,2001c)。

### 6.7.2 退休基金

教师保险和年金协会—大学退休股权基金(Teachers Insurance and Annuity Association-College Retirement Equities Fund, TIAA-CREF)有可能通过它的社会选择股权基金组合对公司治理问题进行严格审查来影响社会责任投资(Carleton 等,1998)。另外,纽约和加州退休基金已成为股东行动的领导者。以股东行动策略著称的加州公共雇员退休体系(California Public Employee's Retirement System, CalPERS)记录了其持股的目标公司的一些重要的股价变化,成功进行了改变公司治理结构的积极对话。

安大略教师退休金计划(Ontario Teachers Pension Plan)的主席兼首席执行官 Claude Lamoureux 在2001年也采取了类似的行动,投票反对由公司提出的增加股票期权和其他激励计划的议案,这些公司包括零售商哈德逊湾公司(Hudson's Bay Company)、魁北克印刷多媒体公司(Quebecor Inc.)、饲料生产商加拿大萨斯喀彻温钾肥公司(Potash Corporation of Saskatchewan)和房地产巨头 TrizecHahn(Slicoff,2001)。

### 6.7.3 共同基金

英国的两家著名基金管理公司,亨德森全球投资者(Henderson Global Investors)和摩利基金管理公司(Morley Fund Management)都将社会责任投资原则引入到他们的投资标准,根据这个指导原则,缺少对社会行为预期的富时100指数(FTSE 100)内的任何一家公司都面临着年度报告和财务报告被投否决票

# 6 投资

的威胁(Nicholls,2001a)。摩利基金其实是英国最大的保险集团 CGNU[①] 的一个基金管理公司,它声称如果英国最大的 100 家公司中任何一家不单独出版环境报告,它将投反对票(Tindale,2001)。

与此类似,美国的先锋集团基金(Vanguard Group of Fund)与卡尔弗特集团(Calvert Group)联合成立的基金(见专栏6.2)不仅将卡尔弗特社会指数运用到了自己的筛选程序,而且还正式通过了卡尔弗特社会和环境行动主义宣言。正如宣言所讲,他们积极行使投票权,调整社会责任投资基金中的持股数量以此来鼓励更好的环境和社会行为。

美国华登资产管理公司(Walden Asset Management)又向前迈进了一步,因为利草净合剂公司(Safety-Kleen)违反美国和国外法规继续排放危险废物,它选择了撤资策略,出售了利草净合剂的股份。这家公司是在 1994 年兼并了 4 家环境服务公司后成立的(Elkington 和 Beloe,2000)。

### 专栏6.2 先锋卡尔弗特社会指数基金

> 先锋卡尔弗特社会指数基金使用的社会指数是由卡尔弗特集团广泛多样的社会责任投资(SRI)指数设计而成的,指数要对公司的环境表现和劳工关系的处理方式、产品安全、动物福利政策、军队武器、社区关系和人权,包括原住居民的权利进行筛选。此外,先锋基金宣称它将选择持有符合环境和社会预期的社会责任投资基金的股份。先锋还将对社会责任投资基金的费率和开支有一定影响,例如先锋的收费比卡尔弗特的社会指数基金低0.3%(30个基点),追踪同样的指数其收费几乎是这个数字的三倍。
>
> 资料来源:Bayon(2001b)。

与激进的美国社会责任投资基金管理相比,英国基金似乎采取的是一种温和方式,它们喜欢通过幕后对话来行使股东权利(Nicholls,2001b)。英国石油(BP)在 2001 年英国年度股东大会上被环境和人权组织提交了两项决议。一项由绿色和平组织提交的要求 BP 撤回它在中国石油2%(5.8亿美元)的投资,因为人权问题。另外一个要求 BP 开始进行减产并最终逐步停止化石燃料的生产和销售,以符合它最近提出的"超越石油"的宣传口号(Bahree,2001)。只有7.4%的投票支持这个环境行动,关心人权问题的就更少了,而且没有一家英国社会责任投资基金管理公司支持这一环境决议。基金发言人表示如果公司对当前问题已经做出承诺,那么其会更愿意采取积极行动,但并不愿意颠覆 BP 的

---

[①] CGNU 即商联保险集团。

管理的意愿也同样强烈(Nicholls,2001b)。

### 6.7.4 公司角度的股东行动主义

股东行动主义和市场压力都可以从公司角度观察到。2001年公众对加拿大最大的独立石油生产商塔里斯曼能源公司(Talisman Energy Inc.)展开了广泛的攻击,后来它参与了苏丹石油联合体,这成为股东行动主义和市场压力终极影响的典型案例。面对许多游说、宗教和意识形态团体不断施加压力要求其在饱受战争摧残的苏丹撤资的局面,塔里斯曼能源公司一直坚持立场,认为其为苏丹带来的利益要大于损害,因为它为苏丹提供了就业和发展,也试图对苏丹政府施加压力使其关注人权。许多退休基金组合出售了塔里斯曼的股票,但并未对公司产生任何可见的影响。但当纽约股票交易所威胁塔里斯曼要将其移出花名册时,公司总裁开始考虑卖出苏丹油田颇受争议的股份而不愿失去进入美国资本市场的资格。在纽约世贸中心遭受恐怖袭击后,这样的考量就变得更重要了,当时塔里斯曼担心这会禁止在任何一个疑似提供恐怖主义庇护的国家进行投资(Nguyen,2001)。

## 6.8 基金管理中的环境产品

据一些估计,美国的社会责任投资达到2万亿美元,英国超过了250亿英镑(Elkington 和 Beloe,2000)。所以基金的管理成为焦点,基金经理不仅要考虑财务因素而且还要优先考虑社会和环境问题。下面的几个小节考察社会责任投资分析的技术和许多共同基金经理的选择标准。本章后面"可投资的指数"一节将进一步考察建立在众多社会指数发展基础之上的积极管理型基金的投资潜力。

### 6.8.1 嘉盛莱宝银行的环保型可持续发展基金

嘉盛莱宝银行(Bank Sarasin & Cie.)1994年设立了最早的生态—效益基金之一。环保可持续发展基金(Oekosar Sustainable Development Fund)使用了基于巴塞尔生态控制概念的七步分析法,表6.4对此进行了概括。

# 6 投资

**表 6.4　嘉盛莱宝银行可持续发展基金七步分析法**

第一步,金融分析:确认表示生态—效益的比率,如生产变动百分比或现金流/能源消费百分比,废物产量或 $CO_2$ 排量,这些显示出选择的环境战略是否对市场定位产生了积极影响或显示出某些污染物减排达标是否仅仅是靠某种不可持续的行为。某些环境价值,如水的消耗和能源的使用都直接影响着报表盈亏,而其他一些会接受更严格的解释,如公司 $CO_2$ 排放的影响。

第二步,负面筛选:主要经营活动为敏感行业的公司都排除在投资之外,如国防、汽车、核电和农用化学品公司。也要考虑类似未成年人雇工和烟草消费这样的社会问题。

第三步,确立基准:所有企业都根据前面定义的最低标准进行评价,该标准考虑了环境影响和不同经营活动与行业的优势。根据环境行为的三层渐进分级进行正式评价。

第四步,问卷调查:问卷调查与步骤一金融数据的编辑一起提供生态控制周期内数据管理的子集。在这个步骤中要对管理进行可持续发展四维度评价:
环境政策/战略——有助于评价企业的形象。
生产过程——资源使用和废物排放,还包括与供应商的联系。
产品——包括原材料的使用、包装、最后的处置和对可持续改进的研发。
环境管理体系——根据公司采用的标准(EMAS, ISO 14001,BS 7750)。

第五步,评价/权衡:第四步提到的四个可持续发展维度是根据审查行业和部门的特殊条件进行的不同评价。这个步骤有助于澄清产品和服务对经济结果的生态杠杆作用。

第六步,出版资料:评价使用的外部资料有行业协会和环境保护机构的研究、公开可用的数据库和出版发行物。

第七步,环境贡献:这个步骤代表了对该企业及其在该部门所处地位的最终评价。环境和经济标准结合起来给出一个简化总量,然后用它来评价生态经济效率。

资料来源:Schaltegger 和 Sturm (1998)。[①]

影响投资人的决定性因素有:如何在管理中将环境保护看作是一种战略机会而不仅仅是一种风险控制,战略如何实施,环境和经济如何结合起来成功增加股东价值(www.sarasin.ch/sarasin)。

## 6.8.2　瑞银集团(卢森堡)股权基金——生态表现

瑞银集团(UBS)资产管理公司除了监控市场动态、利率、货币和进行传统金融分析外还从一流视角观察公司的环境和社会表现。然后通过合理性检验对他们的分析进行修正,检验由巴塞尔评级机构 ecos.ch(巴塞尔生态控制概念公司)来完成,该机构负责考察公司的环境和社会主张。它所使用的行业特定标准允许在公司间进行标准化比较。

瑞银集团(卢森堡)股权基金——生态表现(1997)在选择投资公司时追求生态领袖和生态创新企业的双轨战略。在这样的投资战略下,投资组合经理要

---

[①] 德国学者 Schaltegger 和 Sturm 最早提出生态—效益(Eco-efficiency)的概念,其基本含义是以最少的资源损耗和最小的环境污染创造最大的财富。

应对的是本章前面介绍的一些业绩表现问题。他们能将某一行业的生态领袖，通常是一些大型蓝筹公司如索尼和联合利华，和一些中小型的生态创新企业联合起来。后者提供的产品和服务可促进资源节约方法的创新，如可再生能源开发。这样，投资战略就把大公司的实力和成功与小公司的创新潜力结合在一起了。基金的资产由近80%的生态领袖型公司和20%的生态创新型公司构成。这样的分配可使多样化配置分布于所有重要的行业(www.ubs.com/funds)。

### 6.8.3 瑞银集团日本公司生态基金

这个基金简称为生态博士(Eco Hakase)，成立于1999年的日本。生态博士是针对日本市场设计的，只包括日本公司的证券。女性是这个产品最主要的投资者。对日本公司的环境分析是由位于东京的日本研究所承担的。所使用的标准无论是意图还是目的都与苏黎世瑞银华宝的生态专家们使用的一样(www.ubs.com/funds)。

**案例研究：思道布兰[①]投资**

思道布兰投资是挪威思道布兰集团的子公司。母公司思道布兰(Storebrand livsforsikring)是联合国环境规划署保险协会的创始人，有着坚定的公司社会责任政策。它对环境问题的关注为其提供了新的商机并提升了它在客户中的声誉，正如公开调查报告披露的那样(Joly,2001)。除一般的投资管理外，思道布兰还提供环境基金管理和采用社会责任标准的审慎投资管理服务。

**思道布兰道义基金群**

思道布兰史卡德(Storebrand Scudder)的环境价值基金(EVF)是1996年与史卡德、史蒂文和克拉克公司合资设立的，2000年基金变为思道布兰全球道义基金(Storebrand Principle Global Fund,PGF)。PGF是思道布兰社会责任投资的旗舰产品，并已扩展为与社会责任投资有关的三个新基金：思道布兰英国道义基金、思道布兰欧洲道义基金和思道布兰欧洲债券道义基金。

这些基金使用生态—效益标准和内部数据进行积极管理。对思道布兰而言生态—效益的定义是公司能在多大程度上比竞争对手生产出更多的商品和服务而又能更少地污染或更少地导致自然资源的枯竭（思道布兰史卡德，1996）。

一开始，环境价值基金的筛选程序涉及九个环境指标，包括公司环境责任指标。表6.5列出了这些生态—效益的量化指标。思道布兰全球道义基金的

---

[①] 思道布兰(Storebrand)一家专门从事养老金投资的挪威公司。

# 6 投 资

分析使用环境价值基金方法,还运用一定的负面筛选,这与地雷、烟草、化学品的生产和销售有关,或与联合国环境规划署禁止使用的持久性有机污染物(POP)杀虫剂清单和产生无效种子的转基因食品有关。[①]

表6.5 思道布兰在社会责任投资分析中使用的指标

| 指标 | 单位 |
| --- | --- |
| 全球变暖 | 每销售单位的$CO_2$吨 |
| 臭氧损耗 | 每销售单位的CFC等价物吨 |
| 材料密度 | 每销售单位废物吨 |
| 有毒物释放 | 每销售单位的有毒物吨 |
| 能源强度 | 每销售单位垓($10^{12}$)焦耳 |
| 水使用强度 | 每销售单位的百万立方米 |
| 环境责任 | 股权百分比 |
| 环境管理质量 | 点 |
| 产品特性 | 点 |

值得关注的是思道布兰道义基金群将环境责任从最初的环境指标清单中删除了,因为缺少评估该指标的数据。未来责任的报告问题会作为重要问题再次出现在第8章环境报告和认证的讨论中。

其余的八个指标应根据行业特性有选择地加以使用。例如在化学行业,所有的指标都有关,但最大的权重要放在材料密度和有毒物释放上。相反,许多指标并不适用于金融行业,所以只有环境管理质量和产品特性可以决定它们的评级。

思道布兰将这组基金打上了挪威的印记,但公司还与其他组织一起将社会责任投资扩展到了国外。思道布兰和桑克罗夫特集团(Sancroft Group)一起成立了一家合资公司为英国的储蓄机构和养老金市场服务,而法国的考特尔公司(Cortal,英国合众社巴黎银行的子公司)将大部分道义基金分销给了个人,Apogé-Acacia也将同样的基金分销给了协会、基金会和公司。高塔资产管理(Tower)在新西兰和澳大利亚分销了多种道义基金。

---

① 转基因的动植物具有两面性:首先解决了与人口增长相伴而生的营养不良和饥饿问题;其次通过成比例地减少杀虫剂、除草剂和化肥,实现了与环境相适应的集约化农业生产。四种主要的转基因农作物是大豆、玉米、棉花和菜籽油作物。转基因作物大量增长依赖于消费者态度,这影响到需求,还有农场主关于种植作物的决策。消费者对转基因作物的接受程度在全球处于下降趋势,农场主发现高收益很难实现,因为在美国以外的食品和饲料工业对传统作物需求不断增加的压力使得转基因作物在价格上面临压力。另外,那些被边缘化的农场主气愤于转基因种子含有"终结者基因"所带来的成本,这导致农作物断种而无法再次种植(慕尼黑再保险,2001c)。——作者注

### 思道布兰的三重回报报告

思道布兰道义基金群采用三重底线报告(见专栏6.3),开创了可持续发展的新模式。使用思道布兰股票筛选标准能使投资者享受到社会责任投资带来的环境和社会嘉奖。

> **专栏6.3　思道布兰的三重回报报告**
>
> 思道布兰的三重回报包括超过MSCI世界指数基准的财务回报,反映投资生态—效益的环境回报和记录公司强大社会表现的社会回报。
>
> 给定基金的环境回报用组合中公司的平均生态—效益与市场均值之差来评价。对入选道义基金群的公司而言,该数字总是正值。实际上,市场均值仅指那些入选思道布兰数据库中的公司,而给定的选股程序非常严格,所以真正的市场均值可能会更低。环境回报可以表示基金投资的公司所创造出的可测的环境利益。
>
> 资料来源:Joly(2001)。

### 思道布兰的行业分析和立场报告

为了进一步地揭示决策过程,思道布兰对自身一些部门进行了公开分析。另外,它还出版了政策立场报告试图反映社会价值和信托要求。专栏6.4提供了两个行业的分析和两个立场报告。

> **专栏6.4　思道布兰的行业分析和立场报告**
>
> **医疗卫生保健**
>
> 思道布兰的八个环境指标中的两个是用来对该行业的公司进行评估的。这两个指标是:环境管理质量(80%的权重)和产品特性(20%的权重)。之所以选择这两个指标是由于其他指标没有可以利用的数据。对14家公司进行了分析,其中只允许4家进入投资范围。思道布兰还向欧莱雅提供了报告。该报告显示了欧莱雅在两个指标上的分值和总体的评级。报告全面、具体地讨论了该公司在环境方面的优势和劣势,还提出该领域需要改进的指导性意见。
>
> **化工业**
>
> 八个指标中有七个可以用来对这个行业的公司进行评估。这些指标的权重如下:全球变暖(占15%)、材料密度(占15%)、有毒物释放(占15%)、能源强度(占10%)、水使用强度(占10%)、产品特性(占10%)和环境管理质量(占25%)。没有使用臭氧损耗指标是因为该行业的大多数公司实际上已经全都不再使用这类物质了,因而这个指标在很大程度上是无关的。思道

# 6 投 资

> 布兰对拜耳公司提供了评价。拜耳的六个指标位于平均水平以上并且它的材料密度指标也只略低于平均值。结合环境指数评分拜耳足以进入投资领域。和欧莱雅报告一样,这份报告也具体地讨论了该公司在环境方面的优势和劣势,还列出了改进意见。
>
> **基因工程立场报告**
>
> 要被包括进投资领域,涉及生产或销售转基金产品的公司必须提供产品优点和转基因相关管理风险的文件,还要对产品进行重点检测。使用转基金技术造成无效种子的公司被排除在投资范围之外。
>
> **烟草业立场报告**
>
> 因为该行业的法律责任和公众的负面意见,思道布兰将烟草制造商和销售商排除在投资之外。销售或收入的10%来自烟草行业(供应商和零售商)的公司也被排除在外。
>
> 资料来源:www.storebarand.com/storbrand/com/publications.nsf。

## 6.9 环境研究和评级组织

投资领域的变化不仅是环境共同基金的增加,还包括环境研究方面新行业的出现。正如前面几章中所述,银行和保险业已经开发出针对它们自身环境风险评价的方法,这些方法着眼于对管理的、技术的、经营的和事件的风险的整合。当前发展起来的从事环境评价和评级的公司主要是为投资者、基金经理和金融分析人员提供与公司环境表现有关的信息资料。

一些评价策略的演进是金融应对环境灾难的结果,例如阿拉斯加港湾漏油事件和博帕尔事故。这些体系都考虑了守法记录以及强制干涉和第三方损害赔偿的风险。其他一些评价和评级体系通过排放分析和诉讼报告对公司现在的环境管理进行评价,把排放分析和诉讼报告看作是联系现在行为和未来行为的一种方式。还有一些系统性的分析工具可以从战略性环境管理角度来揭示公司的潜在价值。总之这些工具都力图平衡公司的环境风险与控制该风险的能力,以及对环境驱动型机会资本化的能力。最后还有一些分析扩展到了环境伦理方面(阿斯彭研究所,1998;Skillius 和 Wennberg,1998)。

从事这类环境、社会和理论研究的有各种各样的组织:行业协会、非政府组织、慈善团体和提供付费服务的企业。这种类型服务的目标市场包括机构投资人、经纪人、高净值个人投资者、基金会和捐赠基金、套利基金、董事会、政府机关、公关和市场顾问,以及保险公司和律师事务所。

下面提供了几个这类体系的例子,包括不同种类的研究机构和为满足客户对公司社会和环境行为评价的需求而发展起来的不同类型的组织。

### 6.9.1 责任体系

**损失预防委员会** 由英国保险公司和劳合社保险行业协会支持的英国损失预防委员会设计出了评价污染风险的"适应性责任保险"框架。该体系的许多因素与第4章"风险管理"部分所列的银行风险评价工具很类似。它侧重的是污染发生时的现场风险和事故发生后的非现场后果。这个程序分为四个层次:

1. 建议表,用来记录行业类型、所在地和管理体系这类基本信息。
2. 详细问卷,用来确认现场管理和非现场后果。
3. 保险调查或实地调查。
4. 如果前面的评价表示污染事故具有高风险,环境顾问进行实地调研。

评价结果可用于风险评价矩阵,将危险度(低、中、高)和公司经理控制危险的胜任度(差、一般、优秀)进行比较(损失预防委员会,1997)。

**安全和环境风险管理评级中介** 安全和环境风险管理评级中介(SERM)是英国的一家环境评级中介机构,它的评级方法中涉及估值部分的与穆迪和标普债券信贷评级方法类似,使用的是27个数值。安全和环境风险管理评级中介特别关注的是下行风险,剩余风险(residual risk)数字来源于潜在环境和安全事故带来的直接和间接成本,还可能来自旨在避免或转移此类风险的公司风险管理程序的有效性。然后将此数字与审核过的公司市值进行对照评价得出剩余风险与市值的百分比,该百分比以一个27点量表来进行分级。这个剩余风险和市值比例为公司风险量化提供了一种方法,从基金经理和保险人的视角看这个标杆非常有用。但是它无法对整体环境表现这样的重要风险进行量化,也不能辨识与环境有关的机遇。

作为一家研究和评级机构,安全和环境风险管理评级中介提供包括三个层次的报告。第一层罗列出从问卷调查中获得的公开信息。第二层罗列出通过进一步研究和与公司会晤后核实的信息。最后一类是全面评价,一般应客户的要求才会去做(Nicholls,1999/2000;Pritchard,2000)。

### 6.9.2 守法体系

**投资责任研究中心** 投资责任研究中心(IRRC)是美国一家独立的、非营利性的机构,主要通过使用从政府记录和公司报告中编辑整理出的排放量、守法性、环境诉讼信息来考察标准普尔500的公司的环境表现。使用单位收入的环境风险作为定量数据,便于对不同规模的公司进行比较。投资责任研究中心将研究资料提供给投资分析师,然后他们再开发自己的评级体系(Skillius 和 Wennberg,1998)。

### 6.9.3 环境和社会战略体系

上面讨论的评级中介在评级时主要考虑过去的环境责任、守法历史记录和当时的环境管理,下面这些组织则进一步将战略决策和公司潜在价值联系起来。在这种情况下,研究者要明确的就不仅是公司的环境风险管理能力,还应包括公司将当前的环境挑战转化为资本的能力。

**öekom 研究院** 德国的 öekom 研究体系主要评价欧洲公司的环境和社会表现。它主要从事三个领域的环境评价:环境管理,环境领域产品和服务开发,环境数据。每个领域都有一个具体的权重:第一个和最后一个的权重为 25%,产品和服务开发部分为 50%。每部分用从 A + 到 D − 这 12 个等级来评价,A + 代表对环境挑战特别积极进取。三个领域的分值根据其权重结合起来形成一个最终评级,公司可以用它进行所在行业的比较(www.oekom.de/ag/english/index_unternehmensliste.htm)。

**金德、登伯格和多米尼公司** 金德、登伯格和多米尼公司(KLD)是一家"社会选择"投资咨询企业,它的评级涵盖了 9 个领域的环境和社会表现,运用了 60 个标准。这家公司以其 1990 年创建的多米尼 400 社会指数(DSI 400)而著称,这个指数成为投资组合社会筛选的一个参照基准。经过筛选标准普尔 500 公司,选中 400 家社会表现优良的公司进入多米尼 400 指数。KLD 通过自己专有的基金为投资者提供社会责任投资的机会,还可以投资基于多米尼 400 指数的被动型管理基金。

类似于表 6.1 中的排除标准被用来对公司进行评价。通过运用定性的正面筛选,如多样性、劳工关系、产品安全和环境记录,公司正面的环境和社会管理记录被包括进来。KLD 公司针对所分析的 9 个领域勾勒出强度和关注度的标杆领域(Elkington 和 Beloe,2000;Skillius 和 Wennberg,1998)。

KLD 公司还提供一种名为 SOCRATES 的公司社会评价监控服务,向注册用户提供持续更新的 CD 用来为个人或机构投资者进行正面和负面的社会和环境表现筛选(www.domini.com)。

**迈克尔·吉安兹研究会** 迈克尔·吉安兹研究会(MJRA)是一家与 KLD 公司一样的加拿大公司,对环境、劳工关系和超过 300 家加拿大上市公司的社会行为进行监督和提供报告,形成吉安兹社会指数(Jantzi Social Index,JSI)。公司为社会投资者提供数据图表以及更详细的和定制的报告(www.mjra-jsi.

com)。MJRA 公司有许多战略合作伙伴,从而可以证实其数据库的价值和机构设立的合理性。吉安兹社会指数是通过它的合作者道·琼斯实时计算得来的。任何个人或客户都能进入芝加哥交易所看到这个估值。另外,道富公司(State Street)基于持续性对 JSI 的结构进行检查,包括资产配置、β 和市盈率(P/E)的影响、使用标准和每个公司/部门的权重等因素。吉安兹社会指数是加拿大第一个用实时价格定义的考察社会筛选对财务表现影响的指数。2001 年吉安兹社会指数获得墨提尔斯共同基金的特许成为墨提尔斯-吉安兹社会指数(www.mertias.ca)的核心投资工具。墨提尔斯是加拿大最新成立的社会责任型基金公司,由门诺储蓄和存款互助会(安大略)有限公司、加拿大门诺基金会和门诺共济会合资建立。

**可持续资产管理** 可持续资产管理(SAM)研究集团的总部位于瑞士,通过公司可持续评价计划在大型(龙头)和中小型(先锋)公司中寻找那些以可持续发展为动力的公司。SAM 着眼于特定行业环境和社会趋势以及这些趋势背后的影响因素,不太注重历史表现,而是重在评估一个公司或部门未来的可持续发展潜力。公司行为由 SAM 的公司可持续发展监控体系进行连续观察和监督。这样,研究人员就可以观察到公司对所涉及的一些关键性环境和社会问题的所作所为以及对这些问题的管理。那些被公司可持续发展监控体系评分较低的公司就被排除在每年的公司可持续发展评估之外。成功跨过这两个阶段的公司就有资格进入道·琼斯可持续发展指数(DJSI)(见本章"可投资的指数"一节)。

SAM 不同于大多数的评级机构,它不仅使用评级方法对公司进行评价和监督,而且还提供自己的基金品牌将研究成果运用于投资产品,例如它的可持续水基金(www.sam-group.com)。就在最近,SAM 为最新的私募股权能源基金筹资了 6 000 万美元,该基金将投资涉及新能源生产和转换、能源管理体系、能源储存和电力质量的处在扩张阶段的欧洲和北美企业。绝大多数的投资者是全球能源公司,例如挪威海德鲁技术创业公司(NVT)和挪威电力企业风险投资基金。NVT 在 2001 年早期设立,投资于与挪威海德鲁经营相关的技术开发公司(《环境金融》,2001d)。

### 案例研究:伊诺万斯战略价值顾问

伊诺万斯战略价值顾问(Innovest Strategic Value Advisors)是一家跨国投资顾问公司,其专长领域是环境金融和投资。它开发了一套叫作"生态价值 21 条"(EcoValue'21)的环境评级体系。这是一个行业内部的评级,利用超过 60 个数据点的清单和专利算法衡量被评价公司的表现,行业内部从最好到最差排序

(6 至 0,或者 AAA 到 CCC)。这个过程考察的要素是最具金融意义的环境风险、环境管理和环境投资机会。"生态价值 21 条"评级模型的构成总结在专栏 6.5 中。风险部分包括了所有的量化数据,如有毒物质的排放、资源使用效率和许多特定的行业标准。管理种类涉及能源和资源利用效率以及纳入环境因素的商业战略。机遇包括企业涉足环境友好型产品和服务的程度以及新的环境产品和服务的创新程度(www.innovestgroup.com)。意法半导体公司(STMicroelectronics)提供了一个"生态价值 21 条"在半导体行业运用的例证。

**专栏 6.5　伊诺万斯的"生态价值 21 条"评价模型**

**历史性或有负债:**
超级基金/被污染的土地
资源保护和恢复基金(RCRA)及同类组织
有毒物质侵权

**经营风险:**
有毒物质排放
产品责任风险
危险废物处置
废物排放
供应链管理风险

**可持续性风险:**
能源强度和效率
资源使用效率和强度
产品生命周期耐久性和再循环能力
消费者价值观转变风险
社区经营许可

**财务风险管理能力:**
资产负债表强度
保险的充分性

**战略管理能力:**
战略性公司治理能力
环境管理体系强度
环境审计/会计能力

### 环境金融

> 社会性表现
>
> 供应链管理
>
> 利益相关者关系
>
> **可持续的获利机会**
>
> 环境和社会导向产业的获利能力和市场趋势
>
> 资料来源:伊诺万斯战略价值顾问(2001)。

另外,伊诺万斯创建了一个附属分析平台"可持续性"(Sustainabiltiy$^{plus}$),它为"生态价值21条"环境模型进行了一个社会普及。这些附加因素尚未与股价表现建立如同和"生态价值21条"模型一样的严格联系,伊诺万斯对这些因素的分析确立了将可持续性加入有价值的投资的分析视角,使可持续发展分析更加严谨。"可持续性"系统覆盖的范围包括6个主要价值驱动子类的50多个指标:人力资本发展、供应链、社区/利益相关者的参与、产品和服务、战略和管理以及国际因素。通用汽车公司提供了一个"可持续性"系统在汽车行业内运用的案例(附录B中的图B.1)。

因有"生态价值21条"和"可持续性"系统数据库,伊诺万斯有能力对不同部门的特定问题进行详尽调查。例如它对钢铁业所做的报告提供了公司详细的碳概况,并依据碳可持续性评价对该行业中的每个公司进行了分类,还对该行业总体风险(从无到极端)与气候议题进行了区分。法国北方钢铁联合公司(Usinor)是一个例子(见图6.1)。在石化部门,伊诺万斯详细检测了全球气候变化这样的重要下行风险,还考察了类似投资燃料电池和可再生能源以及加入排放权交易这样的重要机会。伊诺万斯公司不仅概括了风险因素,而且还包含了每个公司的战略获利机会。

"生态价值21条"还涉及了公司的生态足迹网状地图。这样的例子可以在附录B中通用汽车公司的案例中找到,案例对资源和废弃物效率的衡量,以及全球变暖、臭氧层耗竭、富氧化、臭氧的光化学效应、酸化潜力/美元收入都有记录。将每一个衡量指标放在一起,就形成了一种公司对环境影响的蛛网显示图。

伊诺万斯证实了他们的生态—效益评级不仅提供了环境差异,而且还有回报差异(伊诺万斯战略价值顾问,2001a)。也就是说,环境基准评级较高的公司的股票与那些同行业中评级较低的公司相比,据称将带来较高的投资回报。伊诺万斯的分析人员认为通过对公司环境行为的详查和量化评级可以捕捉到一些通常不被投资人利用的信息,而他们试图利用这些信息为交易的股票定价。照这些说法来看,生态—效益评级高说明管理水平高,而高水平的管理会改善财务表现并增加股东价值(Kiernan,2001)。

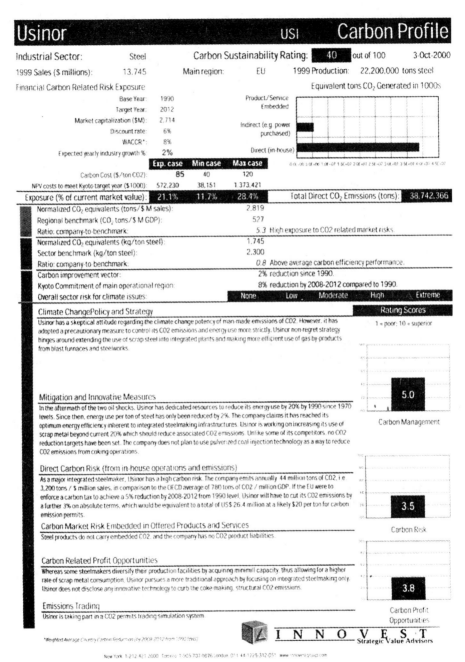

图6.1 伊诺万斯的北方钢铁联合公司碳概况

资料来源：伊诺万斯战略价值顾问。重印经过许可。

因其研究具有深度并且算法和数据库具有灵活性,伊诺万斯还能提供一系列的产品和服务,包括:
- 为个人定制投资组合分析,主要是发掘那些传统股权分析没有考虑到的风险和价值机会。
- 一个 α 覆盖指数产品有助于客户构建加强指数和加强部门指数的投资组合。
- 投资组合管理有助于客户构建最佳行业基金的积极投资管理。
- 行业战略报告提供了高风险部门中隐性超额投资机会的深度研究,如石油和天然气、化工和发电。

**经济优先发展委员会** 经济优先发展委员会(CEP)是美国的一家非营利倡议团体,研究公司在九个社会表现领域内的环境和伦理因素。环境部分涉及环境风险,还有公司在环境改善方面的成就和努力。伦理部分包括少数族裔晋升、慈善捐赠、社区外延、家庭利益和工作场所问题。公司文件和问卷调查提供了 CEP 使用的信息。从 A 到 F 的评级(表现卓越到糟糕)是建立在对公司环境表现的 13 个指标的加权平均基础之上的:出版物、政策、包装、循环、原材料/废物、有毒物质减排、社会影响、能源保护、自然资源、事故、超级基金地点、守法和环境技术,还有行业规模/类型(Elkington 和 Beloe,2000;Skillius 和 Wennberg,1998)。

**伦理投资研究服务(EIRIS 服务有限公司)** EIRIS 服务有限公司是注册地在英国的慈善型伦理投资研究服务(Ethical Investment Research Service)的一个子公司,该公司受到教会和慈善机构的资助,1983 年成立。这些教会和慈善机构需要一个研究组织来帮助它们将伦理原则运用到投资中。EIRIS 是英国一家最古老和最大的专业研究机构,对 30 个主要领域的公司活动进行评价。这些评价标准既有负面的,也有正面的,如表 6.6 所示。

EIRIS 数据可用来为各类客户提供服务,从对投资组合的检查到建立和执行伦理投资政策。EIRIS 还为特定分析员和经理提供定制数据,如友诚管理信托与基金(Friends Provident Stewardship Trusts and Fund),使投资分析员和基金经理根据评级得出自己的结论。另外,独立的金融咨询机构,如全球伦理投资咨询公司(Global and Ethical Investment Advice,GAEIA),可以得到并出售 EIRIS 的信息服务(Skillius 和 Wennberg,1998)。

表 6.6　EIRIS 评价公司环境和伦理行为的标准

| 负面标准 | 正面标准 |
| --- | --- |
| • 酒精的生产/销售 | • 有益的产品和服务条款（污染控制、卫生保健、公用设施和教育业） |
| • 动物试验 | • 社区参与 |
| • 赌博 | • 信息披露 |
| • 温室气体排放 | • 公司环境政策、报告和管理体系的分级 |
| • 违反健康和安全 | • 平等机会的良好记录（政策、培训） |
| • 缺乏人权记录国家的活动 | • 零售商和食品生产商对含转基因有机物的食品的政策分级 |
| • 涉及集约农业和肉制品生产 | |
| • 与国防部的合约 | |
| • 军用品的生产/销售 | |
| • 涉及核电 | |
| • 增加臭氧层耗竭 | |
| • 杀虫剂产品的营销 | |
| • 涉及色情/成人电影 | |
| • 涉及公路建设活动 | |
| • 第三世界开采 | |
| • 烟草生产/销售 | |
| • 热带硬木的萃取/销售/使用 | |
| • 涉及水污染事故 | |

资料来源：www.eiris.u-net.com（Elkington 和 Beloe,2000）。

## 6.10　权　衡

刚讨论过的不同评级体系表明公司评分是使用专利算法去计算公司依据不同标准的得分而来的。在绝大多数情况下,进行行业内或跨行业比较之前,只能对公司进行相对权衡。但在不同算法内可能使用不同的权衡方法来描述特定参数的附加值。下面对四种类型的权衡体系进行描述。

**财务**　伊诺万斯战略价值顾问公司主要侧重于环境和社会问题对公司价值的有形影响。因而它的财务权重体系是由股票市场价格和这些评价标准之间的相关性建立起来的。该体系考虑了与相关性有关的三大类问题：公司的社会和环境风险、处理风险的能力和公司如何更好地定位来利用这些趋势。

**社会责任** 分析人员如卡尔弗特集团（本章前面的专栏6.2）使用的社会责任权衡标准认可的事实是一些行业在某些特定环境和社会活动领域被认为是有问题的。因而，在投资基金进行选股之前都用总分对这些行业的公司进行权衡（Elkington 和 Beloe,2000）。

**置信度** 置信度的衡量承认某些数据集合比其他一些数据更可靠也更稳健的事实。置信度的衡量被一些像CEP一样的组织使用，当数据已被核实或能够被核实时，特殊信息来源的置信度就为正。

**行业** 在一些案例中，特定数据集合会用到权重，这要根据其在不同行业或部门的适用性而定。正如在本章前面的案例研究中，思道布兰集团使用的权衡方法主要强调特定行业链中最为重要的问题（思道布兰史卡德,1996）。

## 6.11 可投资的指数

任何一个可投资指数的主要功能就是反映某些市场子集的状况。因而包含了公司或行业的特定指数和它给出的权衡方法都反映了该指数想强调的特性。指数通过创建者和投资管理机构之间的许可协议用于一般性投资（Whittacker,2001）。例如，投资公司普信资产管理（T. Rowe Price）在标准普尔500指数基础上建立了自己的全球生态成长基金，该基金使用伊诺万斯的"生态价值21条"衡量环境表现。前文提到的道·琼斯可持续发展400指数（DSJ 400）和吉安兹社会指数（JSI）分别被运用于KLD和梅里塔斯集团基金时也提供了有关社会责任指数的其他例证。

其他一些传统指数，如标准普尔500和富时100都是通过投资机构的产品才与投资者接触的。这些指数被不同投资领域模型化，选股中也运用不同的标准。最近，这两类金融指数的新版本已被开发出来用以提供被动型投资目的的社会和环境产品。

### 6.11.1 道·琼斯可持续发展指数

1999年9月，道·琼斯和它的合作伙伴SAM共同创建了一个全球可持续发展指数，三个最新的区域指数（欧洲、北美和亚太），还有一个覆盖了全美的国家指数，主要是根据可持续发展准则对不同经济部门内的公司进行排序（www.sustainability-indexes.com）。道·琼斯可持续发展指数（DJSI）的目标是提供一个桥梁，联结那些履行可持续发展原则的公司和那些希望从风险回报投资及从优先考虑环境和社会因素的公司创造的股东价值中获利的投资者。这样可以顾及地域上的多样性和指数上的专业性。

# 6 投 资

道·琼斯可持续发展指数中使用可持续尺度来评价公司对从经济、社会和环境发展中产生的可持续机会和风险的管理能力。这些机会和风险与公司董事会所确立的发展战略直接相关,还与具体的管理创新和措施、新技术的采用以及许多具有行业特点的措施有关(Flatz 等,2001)。

道·琼斯可持续发展指数被许多大银行和保险机构使用,如冠军拉波银行(Robobank)、巴罗塞保险公司(Baloise Insurance)和道富银行(State Street)。在伊诺万斯公司(专栏 3.2 提到过的)看来,道·琼斯可持续发展指数是这种资产管理公司应客户特殊要求进行客户管理的基准(《环境金融》,2001d;Harrison,2002)。

### 6.11.2 富时社会责任指数(FTSE4Good)

2001 年中期,富时国际为英国、欧洲、美国和全球构建了一组相似的社会责任投资股票指数系列,开发了覆盖每一个区域的可交易指数和独立基准指数。富时社会责任系列指数将社会责任投资的定义建立于三个基本原则之上:减轻环境损害的行为、利益相关者关系激励以及对国际人权保护的支持和尊重。在对超过 1 600 家公司是否遵从社会、环境和人权进行评价后,排名前 50 家的公司被选入英国和欧洲交易指数,100 家公司出现在美国和全球股票指数中。

虽然这些指数受到过一些质疑,但它们的确显示出良好的环境管理能力与突出的股票市场表现之间是一种正相关关系。可预期的是这些新的股票指数系列将促使公司去改善其社会与环境表现。

## 6.12 结 论

本章说明了为将环境和财务表现联系在一起而做的巨大努力。但我们发现,对环境表现的定义和评价尚未达成一致性意见。部分分歧在于沟通环境管理行为和资本市场表现时可以使用多种选择和衡量尺度。这样,就很难把环境和财务表现联系起来,让分析人员和投资者相信环境战略管理决策可以创造价值就更困难了。

针对一些数据收集问题和不完美的信息沟通,有人在收集和传播有关公司社会和环境表现信息方面做了许多基础性的尝试。金融机构和投资组合分析人员形成了专门的研究部门或使用专业研究公司的服务来筛选出众的环境机会。另外,道·琼斯可持续发展指数和富时社会责任指数这样的可投资指数已经成为被动型投资的重要工具,如同过去使用富时 100 和标准普尔 500 一样。

第 8 章将揭示本章所述的一些评价问题的意义,还将对改善环境报告结构的需要进行讨论。

## 6.13 网　址

| | |
|---|---|
| 亚洲可持续与负责任投资协会 | www.asria.org |
| 卡尔弗特集团 | www.calvertgroup.com |
| 多米尼社会指数 | www.domini.com |
| 道·琼斯可持续发展指数 | www.sustainability-indexes.com |
| EIRIS | www.eiris.u-net.com |
| 伊诺万斯 | www.innovestgroup.com |
| 投资者责任研究中心 | www.irrc.org |
| öekom 研究院 | www.oekom.de/ag/english/index_uternehmenslister.htlm |
| 梅里塔斯共同基金 | www.meritas.ca |
| 迈克尔·吉安兹研究协会，吉安兹社会指数 | www.mjra-jsi.com |
| 嘉盛莱宝银行 | www.sarasin.ch/sarasin |
| 思道布兰 | www.storebrand.com |
| 瑞士联合银行 | www.ubs.com/funds |

# 7 气候变化与金融脆弱性

## 7.1 引言

气候变化是最大的环境变化因素,它覆盖全球,在时间范围上也超越了今天所有人的寿命。气候变化是不可逆的。尽管气候变化可能造成严重影响,但因为已有利益会受到看似必要的适应性和减缓性行动的威胁,所以该议题很难进入公众的讨论范围。金融服务部门已经开始适应预期到的气候变化,但即便此时——影响已经可见——仍很难以最优方式达成共识。

## 7.2 接受气候变化的现实

有更多的人开始理解气候变化以及它给人类社会带来的必然严重后果。这个共识的形成非常缓慢。二氧化碳和甲烷这样的温室气体可能在大气中累积,进而导致气候变暖,这样的问题在19世纪初就出现了。然而直到20世纪中期,科学家们才开始十分关注对大气的直接测量。很快,累积效应就显现了(见图1.1)。使用的测量方法相当敏感,足以证明树木生长过程中的碳吸收能力在季节上存在差异。自工业革命以来温室气体的长期累积证据可以通过对南北极冰层中提取的冰洞气泡获取(见图1.2)。除了二氧化碳和甲烷之外,当前的目标气体还有一氧化二氮($N_2O$)、氢氟碳化物(HFC)、全氟化碳化物(PFC)和六氟化硫($SF_6$)。

又过了30年,气温信号才变得无可置疑(见图1.4)。图形显示了1945年到1975年间是气温剧烈波动的过渡时期,接下来变暖的趋势变得稳定。20世纪80

至 90 年代是有史以来最温暖的十年。1988 年多伦多国际会议报告《变化的大气》宣称气候正在变化并且可能带来可怕后果(环境加拿大,1988)。将此环境问题与先前问题区分开来的是一些在大气中长期存在的温室气体——包括二氧化碳,它是导致气候变暖的罪魁祸首,在大气中存在的时间超过了 100 年。治理该问题会有两个重要后果。第一,这些气体有足够的时间在大气中混合,因此该问题是全球性的,而不像其他污染一样是区域性或地方性的。第二,即使明天所有原因都能在全球范围内消除,我们仍然至少必须与其造成的影响共同生活一段时间。换而言之,全世界所有的国家都必须达成一个超长期的减排战略。鉴于消除温室气体排放会给经济造成短期负面影响,显然达成一致就会难上加难。对社会中的大多数部门而言,该问题太长远了以至于不会加以考虑。它被许多其他更为严峻的问题所排挤,那些问题似乎更为迫切并且无须达成一致就可能得到解决,而且都是相对短期的问题。

尽管很有可能造成无序、冷漠和敌对,但某些社会部门已下定决心开始应对气候变化,因为如果假装它不会发生,只会造成严重后果。例如,在地区环境创新国际委员会上(International Council for Local Environmental Initiatives):

> 地区环境创新国际委员会的城市气候保护运动(CCP)始于 1993 年,是一个旨在减少导致全球变暖和大气污染的气体排放的全球运动。到 1999 年,该运动已经有超过 350 个地方政府参与,这些地方政府在全球温室气体排放中占据近 7% 的比重。

更多信息可见:www.iclei.org/co2/index.htm。

在金融服务业内,大型的再保险公司是第一个公开关注此事实的,它们为公众、客户和保险公司制作电视节目和出版物。气候变化的事实及其所代表的危害很难用几句话来交流,部分是因为"全球变暖"这个短语对公众来讲已变得流行且听上去似乎危害不大。同时,那些发出的警告极易被简单理解成是为促进其业务发展而非公众福利。瑞士再保险在它的 1994 年《全球变暖:风险因素》备忘录中采取了一种典型的低调方式:

> 1992 年的安德鲁飓风和 1993 年密西西比-密苏里洪灾这样的事件毫无疑问都不可能直接归因于气候变化……安德鲁飓风不一定是气候变化的后果。但气候变化可能会导致未来这类事情大量发生或在一些迄今未知的地区出现……更多的极端天气模式将导致灾难,不仅对个体公民、家庭和企业造成威胁,而且还会危及整个城市和经济体系——全球范围的,以及整个国家和社会体系。(瑞士再保险,1994)

与此同时,对气候变化采取立即行动社会上还存在强烈的反对意见。对特

# 7 气候变化与金融脆弱性

定公司和国家的利益者而言,减缓措施的潜在成本估计非常之高并认为不采取行动的风险只不过是一小撮环境极端主义者的夸大其词。石油输出国组织(OPEC)及化石燃料、化工、水泥和交通运输公司都明白如果将温室气体作为减排目标的话,它们的业务就不会和过去一样运行了。在20世纪90年代早期,就有一些公司强烈反对气候变化的强制行动而成立了全球气候联盟(Glbal Climate Coalition,GCC),通过游说来反对国内制定的减排目标(Leggett,1999)(见专栏7.1 这个联盟的影响和它的转型)。

### 专栏7.1  全球气候联盟的角色

全球气候联盟(GCC)这个名称听起来好像是一个致力于气候保护的全球性组织。实际上,它是一个致力于说服美国政府不要采取温室气体减排行动的组织;特别是不让其加入《联合国气候变化框架公约》,也不让其加入气候变化框架公约下的《京都议定书》。这个联盟——有时被称为"碳俱乐部"——由一些能源、汽车和化学行业的大公司组成,像英国石油、通用汽车和杜邦。这个联盟的代表在缔约方大会(见专栏7.3)上进行游说,在美国进行广告宣传,还支持那些有相同观念的国会成员。他们认为美国在气候变化上的行动应务必考虑美国公司的自愿动机。他们的运动建立在对政府行动会导致能源价格剧烈上涨和对美国就业带来危机的关注上。

他们的观点在美国被广泛接受。公众或对此很冷漠,或几乎不了解气候变化的科学,他们不相信情况已经迫切需要采取相应行动,而采取行动可能会导致经济失调。然而20世纪90年代后,观念有所改变了,因为从科学界到政治家、公众和一些公司都认识到了危害的严重性。假设科学预言是合理的,那么我们迟早都必须面对这个问题。从石棉和烟草事件中得出的教训说明大规模地设置阻碍可能代价极高。大公司所做的许多重大决策都着眼于20年或更长远的未来。其中一些公司目光长远并改变了对最优行动的观点。

杜邦公司是离开碳俱乐部的第一批公司之一。BP石油公司在1997年约翰·布朗的斯坦福演讲后不久也离开了,这说明BP正在进行一个"超越石油"的长远规划(见专栏7.2)。接下来的1998年,荷兰皇家壳牌也离开了。福特在1999年紧随其后,它的主席(亨利·福特的大孙子)宣称:"我期望负责内燃机的消亡","作为全球气候联盟的成员已成为福特汽车公司实现环境目标的阻碍"。第二年就看到戴姆勒克莱斯勒、德士古(Texaco)和通用汽车退出了联盟。

一些联盟的前成员,如BP、壳牌和杜邦加入了新成立的商业环境领袖理事会(Business Environmental Leadership Council),这个理事会是由皮尤全球

> 气候变化中心支持成立的。参加该理事会的有近20个公司,包括IBM、太阳石油公司、丰田和波音。
> 
> 　　全球气候联盟进行了自身的重组,只接受行业协会作为其成员,大公司几乎不见了。它在网站上声称"GCC成员集中起来代表了超过600万的商业团体。"布什政府撤出缔约方大会(COP)或许可作为它取得的一些成功。但这也可以被说成是那些受气候变化影响最大的许多公司的态度推动了政府的行动。联盟相信政府与它自己的立场一定一致,所以在2002年宣布自己已"不活动"了。
> 
> 　　资料来源:全球气候联盟,www.globalclimate.org;皮尤全球气候变化中心,商业环境领袖理事会,www.pewClimate.org/belc;世界观察研究所,www.worldwatch.org/chairman/issue/000725.html; Leggett(1999)。

　　然而,即便是在最大的石油公司当中也有一些领先公司能够看到这个变化的不可逆转,并认为最好的策略是做好准备,将温室气体减排当作各行各业的主要目标,包括那些目前销售化石燃料及其产品的行业。1997年5月,英国石油公司(全球气候联盟的前成员)的首席执行官约翰·布朗在斯坦福大学进行的一场战略演讲中说:

> 　　将气候变化考虑进战略中的时间不是在温室气体和气候变化之间的关系有了结论性证据的时候,而是在我们无法忽视这种可能性和我们所处的这个社会都已开始严肃对待它的时候。我们BP已在这一点上达成一致……这将是一段漫长的路程,因为政府将面临复杂的责任,而经济和人们的利益是各色各样的,有时还会相互矛盾……私人部门也将踏上这一旅程,且现在加入需要加速。(Browne,1997;我们的重点)

　　接下来,BP对一项太阳能光伏技术进行了大型投资,建立了内部二氧化碳减排交易机制,还重新定义了其首字母缩略词BP指代"超越石油"(beyond petroleum)(见专栏7.2)。未来,历史学家有可能把1997年——布朗在斯坦福演讲那年——确定为分水岭,越来越多的人开始接受气候变化可能会导致严重后果的事实。同年12月,160个国家签署了联合国气候变化框架公约下的《京都议定书》。签约国承诺进行温室气体减排,2008—2012年附件1中的国家,其温室气体排放将比1990年下降5.2%,但当时各方并未对减排进程如何管理达成协议(见www.unfccc.int)。五年后仍还有一些重要问题需要澄清。

## 7 气候变化与金融脆弱性

**专栏7.2 "超越石油"——BP的挑战**

2000年,BP石油开始了一轮广告宣传活动。该活动中,公司简称代表"超越石油"。在它的健康、安全和环境政策中,BP拥有一个"简洁的目标——做无害于环境的事情"。

考虑到气候变化,该政策称:

未来全球的气候变化值得公众真正的关注。我们也应密切关注。

二氧化碳($CO_2$)在大气中的含量还在增长,地表的温度还在继续上升。尽管这些情况的发展程度和后果还存在许多不确定,但有一个共识性的观点,就是人类行为对气候变化有一定的作用,并且科学家们认为大气中二氧化碳的含量与温度的上升有一定的联系。

面对这种不确定性,BP相信在此情况下对气候变化采取一些预防措施是唯一合理的方式。BP倡导可持续的、真实的和可测的行动。这就是BP为什么将自身目标设定为以1990年为基准,到2010年减少10%的温室气体排放量。(实际上,这个目标在2002年就已经实现。)

总体上讲,BP正在追求"低碳能源"的目标;因此:

天然气成为增长最快的碳氢化合物源。将发电的首要能源从煤转移到天然气能使单位电量二氧化碳的排放下降50%。

可再生能源的最新进展是技术具备了更大的经济可行性。风能和太阳能光伏发电的年增长率大约在20%—30%。其他可再生能源也在全球积极推进并将为扩大能源组合做出贡献。

BP已经建立了BP太阳能公司,是太阳能技术的最大生产商,产品遍及全世界160多个国家。

BP在所有业务领域内都推行了温室气体排放审计,以此作为2000年建立公司内部碳交易体系的前奏,这个体系能够帮它实现碳减排目标。它还让一家独立审计机构——安永会计师事务所对其存货进行核实。报告的指南在公司内部发布并全文张贴在公司的网站上。

资料来源:BP健康、安全和环境执行报告,www.bp.com/corp_reporting/hse_perform/index.asp;BP环境执行报告——集团报告指南,www.bp.com/downloads/273/Environmentalguidelines2000.doc;BP今日,www.bp.com/our_company/bp_today.asp。

尽管《京都议定书》提供的是一个不稳定的平台,但许多城市、各类公司和一些欧洲国家都在推进和培养在低碳世界中的运营能力。这些参与者预期在那个世界里二氧化碳排放将被看作是一项负债,因而减排能力将会成为一项重要的资产。减排信用交易是《京都议定书》确立的"弹性机制"之一，鼓励以最低的可能成本进行减排（见本章后面对此和其他弹性机制的详细论述）。减排信用交易主要用于满足议定书缔约方大会所确立的各国未来的减排目标。（见专栏7.3）

**专栏7.3　气候变化框架公约缔约方会议**

　　这个标题比较繁琐且缩略语众多，但关于气候变化的国际磋商要素相当简洁。基于气候变化政府间小组发布的科学报告，联合国大会在1990年12月建立了政府间磋商委员会。该委员会接着又草拟了《联合国气候变化框架公约》（UNFCCC），1994年在50个必要签约国中开始实施。联合国几乎所有的成员都已签署了该框架公约。

　　在联合国，公约就像"问题声明"。解决该问题的方式最终体现在达成的条约中。从公约到条约可能要经历数年，并且一些联合国的条约实际上在协商了数十年后仍然处于未被批准的状态。公约和条约之间的过渡为协议，它被看作是没有细节描述的草案。整个协商的过程叫做（气候变化框架公约）缔约方大会，即COP。第1届COP于1994年在柏林召开。除了国家代表外，还包括许多其他有兴趣的团体，如全球气候联盟（见专栏7.1）、保险业代表以及众多的非政府组织（NGO）。

　　1997年第3届COP上诞生了《京都议定书》。许多缔约方签署了该议定书，并且某些缔约国政府还批准了该协议。然而，缔约方划分成了两个阵营——签署了附件1的富裕国家和没有签署的贫穷国家。只有附件1国家有减排承诺。《京都议定书》是一个暂时的协议，该协议导致了2000年海牙召开的第6届COP上附件1国家之间的僵局。2001年3月美国退出该协议。当年7月其余的附件1国家在波恩（官方称之为COP第6届大会第二轮磋商）重新签署了一个协议，但仍有诸多关键议题尚未解决。与拉喀什召开的第7届COP通过了一些可操作的规则，但像协议是否具有法律约束力和条约中是否包括发展中国家（附件1国家在本书的附录C中列出）等难题都被延迟讨论。总体上讲，第7届COP算得上成功，它将继续推动公约迈向核准，即便没有美国参与也是如此（Nicholls,2002）。

　　联合国气候变化框架公约缔约方大会的故事远未结束。大卫·维克多（David Victor）在2000年秋天预测说"京都的故事不是指协商工作多么艰难，而是这项工作多么容易。进展速度很快，碳排放交易机制迅速创立似乎好得让人无法相信是真的。但它做到了。"

　　资料来源：第7届COP马拉喀什会议，www.unfccc.int/cop7/index.html；联合国气候变化框架公约缔约方大会主页，www.unfccc.int；Grubb等(1999)；Victor(2001)。

## 7 气候变化与金融脆弱性

围绕该议题出现的确定/不确定程度可引用荷兰皇家壳牌公司2000年11月在海牙召开的第6届缔约方大会上的发言来说明:"一吨碳的成本可以是5美元、50美元或100美元——我们并不知道,但肯定不是零。"(伊诺万斯战略价值顾问,2001b)这类大型石油公司的公开声明预示着材料(包括能源)和劳动力相对价格趋势的历史性逆转。整个20世纪的革新以寻求更高的劳动生产效率为主导,以应对预期生活水平提高后物价的上升。该时期内原材料和能源价格都在下跌。二氧化碳的排放价格——至今仍是假设的——一定也会改变所有这一切。慢慢地理解了该转变出现的意义,市场才必须做出应对。例如:

> 当前,公司碳风险实际上没有本质差异,传统证券分析师都已注意到这点了。在合理情况下,单独一家能源密集型制造公司未来可能的碳负债现值是其市值的40%。(伊诺万斯战略价值顾问,2001b,1)

这一发展意味着关注焦点的潜在巨大转变,这使得人们开始关注采取适应性措施所带来的成本以及减排信用交易在多大程度上能够带来成本的降低。由于对这种"弹性机制"的期望,大家燃起了对鼓励市场型减排机制的兴趣,本章后面将会讨论。《环境金融》杂志于1999年10月开始出版,涵盖了环境问题对金融业及其公司客户的影响,包括排放交易和《京都议定书》带来的风险和机遇。它还组织了关于"碳金融"主题的特别会议。但我们距离碳成为一种可交易商品还有一段日子。只有当政府承诺减排为义务时,排放信用才具有价值。但至今这还没发生。对等待交易的人而言,海牙会议没有达成一致协议是一个重大的遗憾。美国政府2001年3月从《京都议定书》中撤出是另外一个倒退。

2001年7月波恩会议,即第6届COP第二轮磋商修订了《京都议定书》,但仍然没能确认排放信用在多大程度上可被用来实现一国的减排目标。协议书回避了这一点,它称:"国内的减排必定是每个缔约方[即国家]努力的重要方面。"(Nicholls,2011n)同时,一些国家,例如英国,正在推行本国的交易机制(Rosewell,2001)(见第9章国内二氧化碳减排创新的细节)。2001年10月,欧盟勾画出它自己的交易方案,该方案于2005年开始实施。尽管政治方面还很复杂,但在气候变化将会带来实质性后果这样一种强烈共识的驱使下,出现了这种不屈不挠的坚持。

## 7.3 气候变化的物理影响

在政策制定者和公司领导人更多地公开关注气候变化及其后果之前,科学家们就已经针对该问题做过详细的报告,这始于1990年《政府间气候变化专门委员会(IPCC)第一次评估》报告。该报告包含了一个关键结论:"二氧化碳和其他温室气体在大气中浓度的增加是由人类活动造成的,而且由此导致了全球变暖和相应的气候变化。"(Grubb 等,1999)2001 年,专门委员会做了第三次评估报告(IPCC,2001a,2001b,2001c),在网页(www.ipcc.ch)上可以看到。

每一次评估都涉及上千名来自全世界的科学家,而且报告草稿的每一行在一致通过之前都经过仔细的检查。首先——有时是很明显的政治原因——对气候变化是人为温室气体排放造成的这一事实做出明确声明是有些不情愿的。这种看似简单的承认,其含义非常广泛且令人不安。但在第三次评估报告中使用的语言非常简洁:

> 可观测到的证据表明区域气候变化,特别是气温的升高,已经在世界物理和生态系统诸多方面造成了各种各样的影响。可以看到的变化包括冰川面积的缩小,永冻土层的融化,江河湖泊冰冻期延后而解冻期提前,中高纬度生长期变长,动植物区域向两极垂直变化,一些动植物数量下降,树木的开花期、昆虫羽化和鸟类孵化期提前。(IPCC,2001b,3;我们的重点)

预计的气候变化有一些潜在的正面意义,如:
- 中纬度一些气温升高较小的地区农作物产量会增加。
- 适度管理的森林可能提供更多的木材。
- 一些水资源缺乏地区可利用的水量会增加。
- 中高纬度地区冬季死亡率下降。
- 取暖所需能源量下降。

然而,负面影响是主要的,包括:
- 热带和亚热带的农作物产量总体下降。
- 中纬度地区气温非小幅上升,农作物产品下降。
- 许多水资源缺乏地区可用水量减少,特别是亚热带地区。
- 因严重的冰雹和海平面上升造成的洪水风险增加了。
- 制冷所需能源量增加。

这个列表可能令人费解,对金融服务行业及全球其他经济部门的实际意义也含混不清。但可以把现有的知识做如下简洁的归纳。因为我们向大气中释放二氧化碳的速度快于那些能被海洋吸收的数量,它们就在大气中累积起来。这样就增强了温室效应,使地表和低层大气比原来更加温暖。这是首要影响。温室效应的增强会带来三个主要的次级影响:海平面上升(因海洋暖流扩张和冰川、冰盖的融化),水文循环变得更强烈(产生更频繁和更大的降雨)和地表水分蒸发率增加。这些物理变化接着从许多方面影响我们的生态系统和社会,表 7.1 进行了概括。

**表 7.1　全球变暖的次级和第三级影响**

| 次级影响 | 第三级影响 |
| --- | --- |
| 海平面上升 | 沿海和河口的洪灾 |
|  | 陆地排水不畅 |
|  | 风暴潮激增 |
| 水循环增强 | 强降雨增加,陆路洪水 |
|  | 对流风暴频率和强度增加 |
|  | 更强的风暴 |
|  | 更高频和/或持久的干旱 |
| 地表水蒸发率增加 | 植物可用水减少,对农作物、树木和家畜有负面影响;因而需要更多的灌溉水源 |
|  | 为人居环境、工厂和传统能源厂商提供水源的成本增加 |
|  | 内陆水上交通受阻,如大湖地区 |
|  | 一些地区土壤干燥和下沉,特被是黏土地区 |

还有许多领域充满不确定性。总体上看,科学家们知道气候变化的大方向,但并不明确变化的速度和最终的广度。比方说,IPCC 的第三次评估报告预测说从 1990 年到 2100 年海平面上升幅度为 0.09 至 0.88 米,在同一时期全球地面平均温度增幅在 1.4 至 5.8 摄氏度(IPCC,2001a,23)。气候系统的一些主要因素有可能改变,也有可能不改变。不知道飓风将以什么样的分布、频率或强度增加,也不知道北极和南极冰盖融化的速度有多快。如果北极冰盖很快地融化,那么在海洋盐度下降的合力作用下,这将会降低北大西洋洋流的流量,该洋流当前温暖着西北欧地区。并不知道亚洲季风系统在更温暖的条件下是否会增强。最后,也不知道预测到的第三级影响是否相互作用从而产生更加复杂的相互关系,如冻土层融化将释放出甲烷,或者更温暖的天气会造成森林大火,或许森林会变成二氧化碳的来源而非二氧化碳的吸收器。这些相互作用的不利组合能显著加快全球变暖,产生所谓的恶性温室效应。这样发展的结果难以预测,但对人类社会几乎不可能带来任何利益。

IPCC 第二工作小组,即关于影响、适应性和脆弱性的小组,制作了一个关于极端气候现象及其对保险业影响的表格,总结在表 7.2 中。这些预期变化将对健康、生命、财产、营业中断、农作物、车辆、洪水、海上和航空保险带来影响。

### 表7.2 极端气候现象及其对保险业的影响

| 极端气候变化 | 发生可能性 | 与保险业相关的事件类型 | 敏感部门/活动 | 敏感的保险分支 |
|---|---|---|---|---|
| **极端温度** | | | | |
| 更高的日气温最高值,热浪 | 很有可能 | 热浪 | 电力可靠性,人居环境 | 健康,人寿,财产,营业中断 |
| | | 热浪,干旱 | 森林,农业,水资源,电力需求和可靠性,工业,健康,旅游 | 健康,农作物,营业中断 |
| 更低的日气温最低值,寒潮 | 很有可能 | 霜冻,重度霜冻 | 农业,能源需求,健康,运输,人居环境 | 健康,农作物,车辆 |
| **降雨/冰雹极端天气** | | | | |
| 强度更大的冰雹 | 在许多地区都很有可能发生 | 洪水 | 人居环境 | 财产,洪水,车辆,农作物,营业中断,人寿,健康,海上 |
| 夏季干旱的增加和与干旱相关的风险 | 大多数中纬度大陆地区可能发生 | 夏季干旱,土地下沉,大火灾 | 森林,农业,水资源,(水力)发电,人居环境 | 农作物,财产,健康 |
| 中纬度风暴强度增加 | 无统一意见 | 暴风雪,冰灾,雪崩 | 森林,农业,能源配送和可靠性,死亡率,旅游业 | 财产,农作物,车辆,航空,人寿,营业中断 |
| | | 雹暴 | 农业,财产 | 财产,农作物,车辆,航空 |
| 更大强度的干旱和与厄尔尼诺相关的洪水 | 可能 | 干旱和洪水 | 森林,农业,水资源,(水力)发电,人居环境 | 财产,洪水,车辆,农作物,海上,人寿,健康,营业中断 |
| **大风极端天气** | | | | |
| 中纬度风暴强度增加 | 无统一意见 | 中纬度风暴 | 森林,电力配送和可靠性,人居环境 | 财产,农作物,车辆,航空,人寿,营业中断 |
| 热带气旋最大风力增加,冰雹强度均值和峰值提高 | 在某些地区可能发生 | 热带风暴,包括气旋,飓风,台风 | 森林,电力配送和可靠性,人居环境,农业 | 财产,农作物,车辆,航空,人寿,营业中断 |

资料来源:改编自 IPCC(2001c)。

## 7.4 经济部门的脆弱性

如果我们假设世界经济将受到碳约束且碳信用的国际交易(碳交易)将成为现实,那么对不同部门以及同一部门不同公司而言世界经济的意义将有巨大差异。这种情况在英国已经可以看到。在英国,气候变化税(对商用能源征收的)和非化石燃料义务(到2010年能源厂商的能源供给中有10%为绿色能源)的联合实施同时实现了对碳基燃料使用的不鼓励和对可再生能源使用的鼓励。该政策已被新的"可再生能源义务"所取代(英国贸易与工业部,2002)。当使用碳基燃料的成本因税收而增加时,才会有更大的压力实现能源的高效利用,因而对该种燃料的需求才能减少。如果这些措施得到取消化石燃料补贴的支持,那么能源"低碳化"的趋势将会进一步加快(Mansley,1994)。

尽管关注焦点通常在气候变化的经济成本上,但毫无疑问还出现了一些非常成功的公司。最明显受益的是能源部门中那些提供新能源、燃料电池以及对环境影响较小的任何发电形式的公司。它们能享有"赞成气候变化"的溢价(伊诺万斯战略价值顾问,2001b)。类似地,那些致力于低碳预算约束(如视频会议与面对面会晤)的信息技术提供者也能拥有这样的溢价收益。

容易受到影响的部门名单更长,而每一个部门都有一些做得相对较好的公司。而且只要它们提供的服务有持续性需求,它们的生意就会兴隆。对每个公司而言,将有机会更高效地使用能源并向更低碳强度的能源使用转变。对这种优势的利用再没有比汽车行业更明显的了,该行业已受空气质量监管多年了。加利福尼亚在1990年开始这场变革,要求该州每一个出售汽车的大型生产商到2003年零排放车辆占年度销售数量的10%(见专栏7.4)。汽车业在环境方面成功的意义大于单个公司的财务利益,因为这能减轻公众因担心生活方式发生重大变化而忽略气候变化所产生的压力,具体来说是将私人汽车换成公共交通的压力。对公愤的担忧是政府气候变化政策缺乏活力的主要因素,还有对失去国际竞争力的一些其他担忧。

主要的影响都由化石燃料行业自身吸收了,从煤炭、石油和天然气生产商到电力供应企业。其他一些能源密集型行业,如化学、钢铁和冶金也都将面临强大的减排压力。水泥行业有自身独特的问题,它在生产过程会直接排放大量的二氧化碳。

### 专栏7.4 "改变世界的电力"——巴拉德动力

"我们不得不面对日益加剧的全球变暖,越来越多的证据表明全球变暖和大气污染对我们的生活质量构成了威胁。"(Firoz Rasul,巴拉德动力系统公司主席和CEO)

在一些大型石油、天然气和汽车公司一致认为气候变化是一种真正的威胁且必须采取行动加以应对之前的很长一段时间,燃料电池的开发就已经开始了。开发燃料电池是为应对不断恶化的城市空气质量,人们认为空气质量问题是由内燃机驱动型车辆的不断增加而加剧的。1880年授予了第一个燃料电池专利,但当时对燃料电池并无需求,直到20世纪也没有出现这类需求。公众只愿意接受那些解决空气污染的终端方法,而针对汽车排放的二氧化碳并未出现终端解决方案。

巴拉德燃料电池是基于质子交换膜(PEM)的,即氢气借助铂催化剂转化为电。氢气可以从天然气、甲烷、原油,或可再生资源中获取。它的排放物由废气和水蒸气构成。这种燃料电池有足够的功率密度来驱动小汽车和巴士。它产生的能量是内燃机的两倍多,可与充电电池达到一样的水平。(电池充电依靠电力,而电力多来自化石燃料。)因此这种燃料电池既有效率,又无污染。自1994年以来,其原型样品就已经出现了。但为何花费了如此之久的时间才被引入市场呢?

答案是这种燃料电池需要大量资金来支持那些取代大型、成熟产业的研发。只要没有需求,就不会有相应的投资。像可再生能源产业的出现,就是因为出现了那些声明旧体系不再被接受的制度规定。就拿燃料电池在汽车行业运用的例子来说,1990年加州通过了一项关键性立法,要求6家主要的汽车制造商确保在2003年的销售中有10%的汽车是零排放汽车(ZEV)。其他一些州,主要是东北部地区(包括纽约和马萨诸塞),也都采纳了加州的规定。两年一次的审查发现这些年来零排放汽车在规定的目标比率中规模有所缩小,但因大量"准零排放车辆"的增加平衡了前者数目的缩减。2001年1月确认了当前目标且不再列入审查计划了。汽车业的反应是复杂的:福特表示可以实现目标,而通用汽车仍反对该项立法。

对巴拉德动力而言,加州走上正轨极为重要。为维持其长期的研发,它与戴姆勒克莱斯勒和福特结成伙伴关系,这两家公司都持有巴拉德的股份(共占43%)。它还在加州、欧洲和日本有其他的伙伴关系。它的目标是三个独立的市场——汽车(既有小汽车也有巴士)、固定式发电和便携式发电机。它的场地测试已经开展了多年,2000年生产设备在公司总部——加拿大不列颠哥伦比亚省的本拿比附近开始了第一次运行。

资料来源:巴拉德动力系统2000年年报,www.ballard.com/pdf/annual/Ballard-AR2000-full.pdf;戴姆勒克莱斯勒2001年环境报告,www.daimlerchrysler.de/index_e.htm;福特汽车公司,见www.ford.com/servlet/ecmcs/ford/index.jsp的"环境创新"和"环境工具";Kennedy(2001);Plungis(2001)。

水供应和处理部门——从全球看目前私有化形式在增加——将面临各种压力,一些来自气候变化,一些来自基础资源可用量的减少。然而,对于可以理解这些问题并准备应对更加复杂的经营环境的公司而言,存在着巨大的机会。例如,尽管因传统水价(低)使得可用水日益匮乏,但在工业化国家中许多大城市仍没有污水处理系统。欧洲环境理事会(the European Commissioner for the Environment)对人口超过 150 000 人的 30 多个欧共体城市进行了鉴定(2001),几乎这 30 多个城市都没有采取足够的污水处理措施。讽刺的是,没有足够污水处理措施的城市中最著名的城市是布鲁塞尔——该理事会的办公地点(欧洲委员会 DG XI,2001)。水行业必将面对更多的非常规供给、更高的蒸发损失、海平面的上升和更强烈的水循环。

跨国公司在不同地区受气候变化影响的程度也存在巨大差别。尽管预期气温最大增幅将发生在更高纬度的地区,但那些更贫穷的、赤道地区的国家才最更容易受到气候变化的影响,因为它们的社会经济体系缺乏能够让受损地区尽快恢复的弹性。例如,飓风可能让美国一些地方好几天断电或停水,而在穷国这样的情况会维持几周或几个月才能消失。即使是在富裕国家中,这种恢复能力也比我们臆想的要弱。加拿大很容易受到气温小幅上升的影响,因为这会增加森林大火发生的风险:

> 在温暖的气候下,大范围特大火灾和长时间季节火灾会大幅增加。并且后果还将包括更频繁的和更严峻的大火,火灾间生长期的缩短,幼树成比例的增加,以及加拿大北部森林碳储量的下降。(加拿大自然资源,2000;http://sts.gsc.nrcan.gc.ca/adaptation/senstivities/map3.htm)

同样,虽然英国有史以来气候变化变动不大,一年到头都是降雨,但气候变化还是带来了一些改变,比如冬季更加潮湿,夏季更加干燥,特别是在雨量集中的东南部地区尤其如此(Wade 等,1995)。1995 年西约克郡的干旱证明了即便是在这个国家的湿润地区也可能受到令人吃惊、不同寻常的影响(Bakker,2000)。

## 7.5 人类应对气候变化的预期

当前大气中温室气体的浓度是我们为应对气候变化所作所为的结果。只要我们可以理解这些,我们就能适应新的情况。减排中使用的减缓性措施只有助于放慢气候变化的速度以及确定浓度峰值和下降的最终条件。虽然这种情况被广泛理解,但很难预测社会为抑制排放而采取重大反应的速度,正如两个关键的缔约国大会(海牙,2000 年 11 月;波恩,2001 年 7 月)的结局一样。即便如此，尽管政治家们可能会闪烁其词并试图评测公众情绪，公司在做特定假设的同时也必须提前进行规划。

如果我们看看本章的基本前提——世界将受到碳约束且碳信用的国际交易将不断演进，那么某些商业选择会比其他一些更具有吸引力。从石棉问题上吸取的最大教训是"拖延无用"。那些本该在20世纪70和80年代就石棉责任方面采取积极行动却没有那么做的公司在90年代都破产了。气候变化已被广泛认为是一个不会消失的客观条件，几乎每一家企业都需将此纳入战略规划中。两个最显著的规划假设条件是能源和水——每项活动都必需的——与其他投入要素相比将变得更贵。资本也将变得更贵，或者那些没有良好环境战略的公司将很难吸引资本。

在这么多的不确定因素下，规划几乎没有用处。相反，规划过程必须围绕情景进行，假设条件应包括应对当前挑战的可行性措施。例如在1995年，荷兰皇家壳牌为能源使用设定了两种长期情景。一种情景是要向建立在可再生能源和天然气高级技术基础之上的"冷态动力"（cool power）转型。在这种情景下，假设经济将继续增长且能源使用也同比例增长。第二种情景是建立在信息技术、电信、材料和生物技术创新基础之上的"非物质化"和能源效率的提高（Romm, 1999）。这两种情景并不相互排斥；我们可以采取一种包含了两类情景要素的路径。什么因素将影响我们对路径的选择？创新型的公司将承担那些假设风险吗？或者它们会获得先发优势吗？

## 7.6 人类应对气候变化的关键因素

### 7.6.1 《京都议定书》的未来

2001年7月波恩缔约方大会挽救了海牙会议上《京都议定书》陷入的僵局和美国后来从协议中的单边退出。可笑的是，欧洲代表在波恩介绍了许多美国主导的倡议，而这些倡议在海牙都遭到了拒绝（Nicholls, 2001n）。因而，波恩会议就什么达成了一致并不清楚，也没有为公司进行碳风险管理计划提供足够的基础。

除了重要细节（如排放交易的角色）外，决定《京都议定书》不远未来的最大因素是美国政府加入的可能性。20世纪90年代早期，在气候变化框架公约协商机制建立起来时，最大的反对声音来自全球气候联盟（见专栏7.1）。这个联盟是由全球化的公司组成的，它们的总部大多设在美国并由一个石油巨头控制。对它们而言，联合国气候变化框架公约（UNFCCC）代表了一个难以接受的联盟，这个联盟有两个它们最喜欢的靶子——联合国和环境学家。美国政界中也有许多其他不十分敌对的阵营，如克林顿-科尔的白宫中央政府就支持气候

## 7 气候变化与金融脆弱性

变化会议。克林顿在他的第二届任期结束时毫不掩饰地描述了富裕国家需要首先推动气候变化运动,以向发展中国家证明他们自己的诚恳态度和决心:

> 毫无疑问,我们有能力让印度或中国的友人相信,他们在未来30年将成为比我们更大的温室气体排放者,他们可以采取不同的发展方式而我们不是试图让他们贫穷,除非我们能证明我们有不同的发展方式。这里的每位国会成员都将告诉你,我们国家和全世界的很大一部分决策者——最伤脑筋的都在一些最大的发展中国家中——仍还相信如果不排放,经济就不能增长。再没有什么比受这种已不再真实的想法控制更危险的了。这想法曾经是真实的,即为让经济增长,为建立中产阶层,为让国家富裕就必须向大气排放更多的温室气体。这已不再是真实的。(美国总统克林顿对民主党领导委员会的演讲,2000年5月28日)

美国科学界、大多数美国商界人士和公众都支持采取积极的气候变化行动。

乔治·布什总统的当选逆转了这个趋势,至少在联邦政府高层中逆转了。新总统提交的能源战略是为了应对加州能源管制崩溃造成的普遍恐慌,包括断电和天然气价格的螺旋式上升。结果是得到了更多的电力供应,这有赖于对化石燃料生产商的财政激励、能源效率提高和对核电这种清洁能源的重新支持。立场逆转似乎出现在这十年中的早期阶段,而其他不同意见,大多数继续保留。最终美国政府在2002年2月推出了气候变化政策,但仅限于提高能效的自愿措施,也没有承诺绝对的减排数量(Biello,2002c)。

还不清楚何时及如何解决美国气候变化方面的分歧意见。人们担心会出现截然相反的两个力量。反对《京都议定书》的观点认为,富裕国家若遵守《京都议定书》的话,与没有减排承诺的发展中国家相比,它们将处于竞争劣势。赞成《京都议定书》(或类似《京都议定书》)的观点认为,若现在不能应对气候问题,美国今后与欧洲和日本相比将处于竞争劣势,那个时候气候变化的影响和危害将不可能被忽视。

此外——即使美国没有从协议中退出——很多基本问题仍使《京都议定书》的未来难以预测。无论如何进行协商,基本问题都相当复杂。协议几乎没有触及对履约的核实和对不履约的惩罚。也没有任何官方的建议充分赢得全球那些需要减排温室气体的发展中国家的支持。这些问题将在本章后面加以简述。

### 7.6.2 能源税和碳排放

通常认为温室气体减排不能使用传统的"命令和控制"方式,这种方式需依靠政府制定法律和监督团体强制执行。我们每个人都应对二氧化碳排放负责。气候变化过程太分散以至于采取"命令和控制"方式也无法逆转。从控制到自由竞争到无政府状态,下一步就可能使用税收来提高价格,以此实现降低能源需求的政策目标。如果价格因征税而自动上升,那么需求必然下降——这或许是一个控制和市场的良好组合。背后的逻辑类似对酒、烟草和其他物品征收的"罪孽税"(sin taxes)。这虽然会为税收机构带来收入,但当个人预期需求已牢固确立时,几乎找不到证据证明征税还可以大幅降低需求,如用汽车代步的需求。

汽车税对减少行车里程几乎没有作用。然而,它发挥了理想的环境效应,鼓励了能效技术的开发。更严谨的方法是只对燃料中的碳进行征税,而非对所有化石燃料简单课税。这必将使消费从最高碳密度燃料的使用转向较低碳密度的燃料。换句话说,这将推动电力消费沿着从煤到油再到天然气的转变,并且最终它将把电力消费从化石燃料推向可再生能源。英国对能源使用者征收气候变化能源税,同时削减雇主的失业保险,该措施的收益因此变得中性。这样,能源的使用变得更昂贵,同时雇用工人变得更廉价。

一些政府可能将批准《京都议定书》,然后使用碳税来实现国家的减排目标。这种方法将会对签署和批准了《京都议定书》的国家的生产者和消费者带来不可预测的成本——很可能对其经济造成巨大的负面影响。大家还关注一点,一国政府(缔约方大会上的协商者)永远不会冒这种政治风险。即便是最追求绿色的国家也会犹豫,以免那些"搭便车"者继续在气候变化方面不作为,而自己的作为对经济带来不利。我们一直在进行全球的"懦夫博弈"(game of chicken)①并一起走到悬崖边上。碳税方法内在的危险与碳交易未经实践的复杂性相比,后者非常具有吸引力。

### 7.6.3　二氧化碳减排信用交易

私人部门,包括一些能源生产者,成为减排政策重要支持者的一个原因是减排信用交易可能成为一桩赚钱的大买卖。逻辑简单且有力。如果气候变化是一个潜在的严重问题,那么必须为此做些什么。政府间达成的具有约束力的国家协议能通过"命令和控制"方法进行强制减排。"命令与控制"这种方法已过时,所以几乎不可能使用强制办法,并且政府发现达成协议无论如何都相当困难。人们普遍担心这种方法不仅成本高昂而且最终没有效果。早期开始商讨国际气候变化协议时就提出为执行过程增加一定弹性的各种机制。在这些弹性机制中,碳交易是最受欢迎的。

另一种"命令与控制"方法是鼓励减排信用交易市场的发展。这也要求有一个国际协议通过为排放设定逐渐降低的上限来减缓气候的变化。但驱动力

---

①　"懦夫博弈"也称为"鸡战游戏",即撩拨对方采取极端行为。

来自对利润追求的动机,而不是简单的管理和强制。同样,市场方式也需要在评价和持续核实履约方面达成一致。从激励看,最本质的差异是在命令与控制法下,每个人在其生命周期内为不能享受的利益付费,直到好几代以后;在市场方式下,一些人——成功减排的专家、碳交易商和交易基础设施的提供者,如律师和咨询顾问——将开始迅速获利。一些公司认为减排将很快成为全球经济的主要驱动力,因而已进行了大规模投资(见专栏7.5)。

**专栏7.5　可再生能源——什么驱动了市场?**

"设想一个这样的世界,能源如此清洁,没有污染,而且简单到让你根本不知道污染为何物。没有噪音,没有烟雾,没有二氧化碳——只有纯粹的动力。这样的世界现在就有,这就是太阳能。"所以打开 BP 太阳能公司的网站,太阳能发电的广告语是"最自然的电力"。这对一家世界第七大公司、第三大石油和天然气公司(规模以 2000 年收入衡量[《经济学人》,2001b])和全球气候联盟的创始者而言是一次重大的方向性转变。什么力量让新能源市场对像 BP 这样的公司产生了吸引力?

最主要的驱动力是人们逐渐认识到气候变化是当前需要密切关注的客观事实。应对措施包括向现代世界提供动力的能源组合的变化。能源组合中来自可再生能源的那一小部分正在迅速增长,每年大概增长 30%。它成为一个巨大的利基市场以至于都能吸引像 BP、壳牌和德士古这样的传统能源供应商。可再生能源从非主导领域而来,正在成为真正的产业。用海军上将理查德·储利(Richard Truly)——美国国家可再生能源实验室主管——的话说:"我们在工程上的可选性是有限的——我们要么大幅减少或消除这些[温室气体]的排放或隔离二氧化碳以抵消潜在的全球气候变化。要么我们就等等再看,希望找到更好的。"

英国可再生能源顾问小组给可再生能源进行了定义:"可再生能源是环境中自然存在且可以重复出现的能源,并且能为人类谋福利。大部分可再生能源的最终来源是太阳、重力和地球自转。"(Bolye,1996)可再生能源包括太阳能(被动的和光电的)、风、海浪、水流、生物质、潮汐、地热和垃圾能。

除了受到气候变化关注驱动以外,可再生能源市场还受到对电力安全供应期望的驱使。依赖信息技术的商业活动需要更可靠的电力供应——即便是在极端天气(像 1998 年的蒙特利尔冰灾和飓风),或是因管制出现不确定性(2000 年加州电力供应中断),或是受到恐怖主义威胁,也能提供电力。可再生能源因不可能耗竭——依据其定义——其价格波动应小于石油和天然气,因为后者会受制于供给的中断。实际上,随着市场的增长和技术的提高,其价格应平稳下降。

> 可再生能源的增长受到从英国到得克萨斯全工业世界范围政府调控的激励。"得克萨斯,一个典型的拥有石油和天然气的州,预期在今年建设 1 000 MW 的可再生能源发电厂——超过了该州 100 年来所有建成的总和。"(Sloan,2001)可再生能源的大部分(90%)为风电,其余一些为填埋的废物气体和对现存水电的革新。这足以为 250 000 个"得州家庭"提供电力。政府要求在零售电量中必须增加一定比例的可再生能源,可再生能源减排信用额度可以方便交易,这些都促进了可再生能源的发展。
>
> 资料来源:BP 太阳能,www.bpsolar.com;国家可再生能源实验室,www.nrel.gov; Boyle(1996);Sloan(2001)。

在《京都议定书》仍为其定义和批准而奋斗时,碳交易已经开始了。使用模型可以分析美国氮氧化物和二氧化硫减排交易的成功。通过实况仿真可以看到交易体系是如何工作的。BP、壳牌和横贯亚博达这些公司都设置了自己的减排目标,并在不同业务单位之间建立起内部交易系统。英国、丹麦、挪威和瑞士都设立了——或正在设立——国内交易方案的规则。美国芝加哥气候交易所建立了一种区域性方案(见专栏 7.6)。欧盟计划在 2005 年开始实行它的方案。尽管有些早,但碳交易可能会像其他商品市场一样逐步形成,这不是不可能的。交易开始时可能是地方性的,或仅限于一国疆域内,但最终这些区域性的方案将联合起来成为一种具有国际支付和质量标准的全球体系。

**专栏 7.6 芝加哥气候交易所的碳交易**

> 虽然许多国家的政府在温室气体减排交易方面有些勉强,但该交易领域的一些代表者已经开始为减排信用交易进行基础设施的建设。CO2e.com 公司就是专门从事该类业务的。英国政府在商界支持下建立了全国排放交易机制。美国的私人部门创立了芝加哥气候交易所,"先在美国中西部 7 个州(伊利诺伊,印第安纳,爱荷华,密歇根,明尼苏达,俄亥俄和威斯康星)设计和完善私人引导的自愿市场,再扩展到包括全国和全球地区"(环境金融产品,2001)。
>
> 环境金融产品机构(Environmental Financial Products)实施的是小规模试验计划,利用西北大学凯洛格管理学院乔伊斯基金提供的资金。试验中被选到的 7 个州有 5 200 万人口,并且是美国不同经济部门的代表。有近 40 个公司参与,包括能源行业(如 BP)、化学行业(包括杜邦)、汽车行业(如福特)、保险业(瑞士再保险)、木材业、可再生能源行业和农业。这样既包括了主要的二氧化碳排放者,也包括了排放抵消部门——农业、木材和可再生能源。

## 7 气候变化与金融脆弱性

芝加哥和墨西哥市是最早加入该交易机制的城市。芝加哥气候交易所在 2001 年启动。"交易将在 2003 年 1 月开始在全美国推行。随后很快向加拿大和墨西哥扩展。设计阶段参与的公司有近 8 亿吨二氧化碳排放量,这大致等于德国的排放量。"(Walsh,2002)

环境金融产品机构确定了市场建立所需要的 12 个步骤:

市场的建立:12 步

1. 清晰地定义商品。
2. 建立市场监督。
3. 定义基准线。
4. 设立排放目标、分配许可和监督排放。
5. 建立统一许可证,明确合格信用的条件。
6. 建立许可证清算机构。
7. 使用现行的交换和贸易体系。
8. 设立拍卖。
9. 改善和实行许可证交易。
10. 培养与其他研究机构和市场的协调机制。
11. 建立恰当的会计准则。
12. 国际联系。

(© 2001 环境金融产品责任有限公司。经书面许可重印。)

资料来源:CO2e.com——全球碳贸易中心,www.CO2e.com;排放市场协会,www.emissions.org/;环境金融产品,芝加哥气候交易所,www.chicagoclimatex.com;Rosewell(2001);Sandor(2001,2002)。

### 7.6.4 其他的弹性机制

从一开始,气候变化磋商就受到世界贫困噩梦的困扰,它反映在富国和穷国人均排放水平上的差异。一般来说,一个富裕国家每年大约承担 12 吨二氧化碳排放量而贫穷国家平均承担的排放量为这个数字的八分之一(见表 7.3)。大气中过量的二氧化碳中绝大多数是富裕国家在其发展过程中排放的。若富国希望穷国减排,或设上限是不现实的,因为这意味着它们将陷入贫困的泥潭。没有任何办法可以强制推行这种主张,即便有人很想支持它。那是政治问题。

表 7.3　不同收入国家组二氧化碳排放和 1996 年最大的 6 个排放国家

| 国家 | 总量（10 亿吨） | | 人均吨数 | |
| --- | --- | --- | --- | --- |
| | 1980 | 1996 | 1980 | 1996 |
| **分组** | | | | |
| 低收入国家 | 2.1 | 5.1 | 0.9 | 1.5 |
| 中等收入国家 | 2.8 | 6.9 | 3.3 | 4.8 |
| 高收入国家 | 8.7 | 10.7 | 12.3 | 12.3 |
| 世界总量 | 13.6 | 22.6 | 3.4 | 4 |
| **6 个最大的国家** | | | | |
| 美国 | 4.6 | 5.3 | 20.1 | 20.0 |
| 中国 | 1.5 | 3.4 | 1.5 | 2.8 |
| 俄罗斯 | — | 1.6 | — | 10.7 |
| 日本 | 0.9 | 1.2 | 7.9 | 9.3 |
| 印度 | 0.3 | 1.0 | 0.5 | 1.1 |
| 德国 | — | 0.9 | | 10.5 |

资料来源：世界银行（2000，表 10：能源使用和排放，248—249）。

但鉴于全球大气的自然状况，必须采取某种行动来避免富国的减排被穷国的增排而彻底摧毁。

联合履约和清洁发展机制两种弹性机制为该难题的解决提供了局部解。联合履约指附件 1 中的国家之间的联合项目。清洁发展机制试图控制穷国的排放量（实际的和预期的），而这些国家实际上无须为此付费。富国可以为这些项目进行融资，作为回报，它们可以得到减排信用来履行《京都议定书》的承诺。这显然是解决难题的一个巧妙办法，当然这也被看成是允许富国继续进行更多碳排放而使穷国减少排放的手段，所以这不能真正地解决气候变化问题。

### 7.6.5　来自发展中国家的承诺

发展中的或贫穷的国家不属于《京都议定书》附件 1 国家，因此没有减排义务。它们此时唯一的任务就是测量那些排放。这种不承诺的规定遭到了美国政府的批评并为其退出协议找到一个借口。因以前提到的一些明显原因，在这一点上每个国家，无论是富国还是穷国都必须做出承诺。这个问题涉及减排责任的时机掌握和分配。

有一个名为"紧缩与趋同"的倡议（全球共同研究所，1999；Meyer 和 Cooper，2000）。它建立的原则是每个人都有向大气中排放温室气体的平等权利。与其他方法一样，需要设定排放上限并稳定降低这个上限，所以叫"紧缩"。最终将给予大家同样使用或出售的权利,因此叫"趋同"。

没有人能在这一阶段说出经济将在碳约束下如何演进。可即便如此,大家还是希望所有国家、公司和个人能发现一种可将温室气体排放降低到气候稳定水平的方式。

## 7.7 结　论

在商业领域内越来越多的人开始接受气候变化确实正在发生的事实。即使是一直强烈反对达成《京都议定书》的全球气候联盟,现在也接受了,尽管在何为恰当反应方面它仍有不同意见。它的结论是"需要一个全新的气候政策"。

不同行业部门和地区采取的方法千差万别。保险业,特别是再保险、财产和意外伤害险在近十年来高调关注气候变化并采取了行动。保险公司认为拖延成本相当高昂,正如它们在石棉和环境责任方面的经历。与气候变化有关的极端天气能在一夜间改变一个行业。银行尽管有所关注但少有响应,在签署联合国环境规划署的声明时有所体现。总体而言,银行是在等它们的大客户提出这个问题而非做气候变化方面的领头羊。

最终,那些必须为应对气候变化做出巨大调整的部门——石油和天然气,汽车业——已近开始这么做了。但即使现在,积极响应的态度仍有很大差异。例如 BP 和荷兰皇家壳牌正在迅速重塑它们能源供应者的角色并建立了公司内部的温室气体减排交易机制(Kirby,2001c)。自 1997 年以来,竞争力的话题被颠覆了。那些不准备为气候变化采取行动的公司将可能失去它们的竞争优势。目前更多的人认为,尽管适应气候变化和减排温室气体必然带来成本,但这些代价可能比拖延的潜在成本更容易忍受。

在我们没有找到明显低成本的解决之道时,弹性机制成为必要的方式。减排信用交易是碳约束世界中弹性机制的关键要素。我们现在生活在一个崭新的商业环境中,在这里碳成为一种负债,并且二氧化碳的减排能力成为一种资产。碳交易本身就是一种新的商业活动,无论是公司内部的、区域的、国家的,还是——最终——国际的。一旦减排目标被广泛接受,碳交易信用就成为未来的一部分,而不仅仅是一种规避气候变化问题的方式。

## 7.8 网　址

| | |
|---|---|
| 巴拉德动力系统(2001)，2000 年报 | www.ballard.com/pdf/annual/Ballard-AR2000-full.pdf |
| BP 太阳能公司 | www.bpsolar.com |
| 芝加哥气候交易所 | www.chicagoclimatex.com. |
| 东安格利亚大学气候研究部 | www.cru.uea.ac.uk/cru/info/warming |
| CO2e.com 公司——全球碳交易中心 | www.CO2e.com |
| 马拉喀什第 7 届 COP 大会 | www.unfccc.int/cop7/index.html |
| 戴姆勒-克莱斯勒 2001 年环境报告 | www.daimlerchrysler.de/index_e.htm |
| 排放市场协会 | www.emission.org |
| 环境金融产品,芝加哥气候交易所 | www.chicagoclimatex.com |
| 福特汽车公司，见"环境创新"和"环境工具" | www.ford.com/servlet/ecmcs/ford/index.jsp |
| 全球气候联盟 | www.globalclimate.org |
| 全球共同研究所 | www.gci.org.uk |
| 地方环境创新国际委员会 | www.iclei.org/co2/index.htm |
| 国家可再生能源实验室 | www.nrel.gov |
| 皮尤全球气候变化中心，商业环境领导委员会 | www.pewclimate.org/belc |
| 英国气候影响规划 | www.ukcip.org.uk |
| UNFCCC | www.unfccc.int |
| 世界观察组织 | www.worldwatch.org/chairman/issue/000725.html |

# 8 环境报告与核查

## 8.1 引　言

环境报告对资本市场的重要程度更大一些,如贷款人、保险公司、金融分析师、投资人以及其他利益相关者都需要获得公司环境表现的更多信息。本章探讨了公司环境报告体系的演进和环境报告使用的地区趋势,考察了基于报告使用者和制作者视角的一些问题,随后讨论了环境报告与核查的发展过程。

## 8.2　环境报告的趋势

1993 年在全球领先机构中进行过两次最早的环境报告实践调查。毕马威(KPMG)所做的《环境报告的国际调查(1994)》(*International Survey of Environmental Reporting (1994)*)调查了 10 个国家中主要跨国公司的环境报告实践。结果表明环境报告开始成为公司与利益相关者进行环境信息沟通的方式。作者进一步对这些报告的性质进行了评论,注意到一些公司只在年度报告中才提到环境问题,而另外一些公司则开始制作独立的年度环境报告。

1993 年的另外一个题为《追求清洁》(*Coming Clean*)的调查报告形成了一个环境报告分类学方法,用以识别报告形成的 5 个不同阶段(DTTI 等,1993)。该研究形成的分类方法可以区别多个阶段,从最初简短的"绿色光面照片"(green glossies)到毕马威早期研究中确定的环境管理报告。《追求清洁》还预测出可持续发展报告应当是第五和最高水平的类型,那时它是"未被占据的领域"(联合国环境规划署/可持续发展能力,1994,19)。该报告作者认为环境报告真的就是一个反复强调的过程,在这个过程中,公司在一段时间内从一个阶段转向下一个阶段。

聚焦于环境报告趋势的联合国环境规划署/可持续发展能力(1994)的合作项目进一步详细地描述了五阶段报告模式,还对盎格鲁-撒克逊和莱茵报告模式进行了比较。前者重在政策和管理体系,受到北美和英国公司的青睐。莱茵模式更多基于公司经营的投入—产出生命周期,受到欧洲公司的欢迎。

联合国环境规划署金融机构计划(UNEP Financial Institutions Initiative)在1998年进行了更深入的调研来评估《环境和可持续发展声明》(UNEP FI,1999)签约方的环境行为。签署声明的机构(见附件A)都公开承诺了可持续发展。调查报告的目的重在评述签约机构在公司经营活动中对环境因素考虑的进展。《金融机构计划1998年调查报告》发现,在公司贷款和项目融资中超过40%的调查对象为控制环境风险而拒绝交易,或在贷款协议中加入特别条款。拒绝贷款的理由包括出现了被污染的土地,与环境标准不符,项目环境不友好。同时,好几家银行列举了一些环境友好型项目得到最优融资支持的例子,如太阳能电站和发电厂的现代化。对投资银行和保险公司而言,还没有通用的方法来控制环境风险。

结果表明,相当数量的调查对象对他们的核心金融产品如公司信贷(74%)和项目融资(63%)都有一些明文规定的特殊政策。较少的调查对象有关于投资银行(53%)或保险方面(38%)的政策。只有20%的调查对象将环境风险正式整合到总体投资组合管理中。对金融部门的环境表现进行交流和接收反馈最常用的方式是通过会议(66%)、期刊和杂志上的文章(62%)。不足50%的组织会编写对外发布的环境报告。

调查报告提供的论点说明将环境问题纳入信贷和投资分析中的最重要障碍是如何用金融术语解释环境影响、公司间数据的可比性以及缺乏对环境问题底线重要性的认识(UNEP FI,1999)。

毕马威做了两个更深入的环境报告调查,一个是在1996年做出的,另一个是在1999年。毕马威的这三个调查显示出环境报告在稳定增长,1993年被调查的公司中有13%出版了报告,1996年为17%,1999年为23%。1999的毕马威调查包括对不同部门、不同内容和不同国家的分析报告。

从部门角度看,毕马威的调查显示化学工业在环境报告方面居于领先,其次是林业、纸浆和造纸业、公用事业和石油天然气行业。这些结论说明这些受到公众监督更多的行业最有可能汇报它们的环境表现。有趣的是在本书侧重讨论的那些行业中,只有不到15%的金融类公司在1999年做过环境报告。最近,加拿大的一份研究进一步支持了以上行业研究的结论。在加拿大的研究中,出版详细的可持续发展报告的公司大部分属于资源部门,充分反映了政府和利益相关者对这些领域非常感兴趣(斯特拉托斯公司等,2001)。

在对内容的跟踪调查中,1999年毕马威的调查报告发现有越来越多的公司开始将它们部分或全部的环境报告进行外部核查。核查的主要原因包括"可信性、利益相关者和财务压力以及环境报告基准"(第 x 页)。化学工业公司、石油和天然气公司以及公用事业公司在核查方面居于领先。

从国家角度看,在过去几年除美国外其他国家出版关于外部环境、健康和安全方面的报告的比率都在上升。考虑到被调查对象的总体数量不同,将1999年的报告数字与1996年相比,结果发现德国出版数量最大(前100家公司中有36%而1996年为28%),接着是瑞典(分别是34%和26%)、英国(32%和27%)和丹麦(从1996年的8%上升至29%)。相比而言,美国出版率从1996年的44%下降至1999年的30%。

下面的分析结果会为毕马威的结论提供进一步的支持。图8.1显示,除斯堪的纳维亚以外的欧洲国家发布的环境报告占据了全球的59%,而英国和德国公司环境报告发布最为普遍。Scott(2000)指出,如果将生态管理和审核计划(EMAS)、国际标准化组织(ISO)报告都包括进来,德国将成为环境报告的最大发布国家,因为德国占据了所有生态管理和审核计划报告中近80%的比例。北美,包括美国和加拿大,占全球环境报告的17%,而亚太地区占9%。图8.1还显示出斯堪的纳维亚占全球环境报告的15%,在挪威和瑞典这样的国家是为应对最近的立法要求,公司才开始提供公开的环境报告(www.corporateregister.com;Scott,2000)。

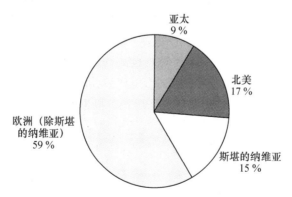

**图 8.1　按地区划分的环境报告,1999—2000 年**
资料来源:Scott(2000)。

《大步向前》(*Stepping Forward*)是2001年加拿大公司可持续发展报告状况的题目,该报告进一步支持了毕马威的结论,而且排名前100的加拿大公司中有26%准备了环境或可持续发展报告(斯特拉托斯公司等,2001)。这样的参与度已接近丹麦和荷兰的水平，但还落后于那些报告领先国。

有许多因素可以解释在报告比率方面的国家差异。很明显，丹麦是受到1996年立法的影响，该立法要求对环境有重要影响的公司必须设立"绿色账户"(Schaltegger,1997)。

Scott(2000)通过比较北美和欧洲的政治体制，对这种可见差异进行了解释。在美国，政府和产业在环境政策方面的关系是天然对立的。由于美国文化中的爱打官司的本性，无论是在公共领域内受监管的公司，还是未受监管的公司都不愿意发布任何环境信息。进取型的公司因担心成本高昂的诉讼而不愿发布任何更多的信息，因为原告可能会以大篇幅的环境报告为证据证实公司曾经对环境问题拥有先验知识(Scott,2000;Skinner,1994)。

造成差异的进一步原因是不同的国家选择了不同的政策工具。在英国、荷兰和其他许多欧洲国家，自愿性协议占据主导地位，因为政府和产业之间更多的是咨询和合作的关系；而在美国，政府管制是主要的政策工具(Goodin,1986;Labatt和Maclaren,1998)。但从美国证券交易委员会(SEC)的政策角度看，像SEC规则10b-5[①]这样的指令可能会激励经理人提前发布某种形式的环境报告来披露因环境责任造成的季度收益下降的事实，因为股东诉讼案件一般都是建立在经理人有义务对材料和信息进行及时披露这个基础之上的(Skinner,1994)。有趣的是，像英国合作银行这样的公司既报告努力实现社会和环境目标的正面结果，也报告其负面结果；合作银行认为自己的可持续发展报告《2000年合伙人关系报告》是一份"毫无保留"的报告(合作银行,2000,12)。

研究还进一步揭示出亚洲公司要想达到西方报告的平均标准还有很长的路要走，更不必说任何形式的网上披露。《关于提供互联网报告的报告》(*The Internet Reporting Report*)表明中国大陆与台湾地区的公司甚至羞于提供财务数据，更不必说提供环境信息了(联合国环境规划署/可持续发展能力,1999)。尽管环境报告在亚洲起步较慢，但近来日本公司发布报告的数量有所增加。其中，最著名的是欧姆龙、丰田和本田公司。日本还引领了世界ISO注册和报告，超过2 000家公司提供报告，而德国的数据是1 500，英国是1 000(毕马威,1999)。

## 8.3 环境报告的主要类型

环境报告的实践和格式随环境信息制作者和使用者的需要而发展，也受到

---

[①] 该规则是美国内幕交易法律体系的基石，该规则规定，任何人在买卖证券时不得就任何与交易有关的重大信息作虚假陈述或隐瞒该信息，或从事其他与交易有关的欺骗行为，否则即构成证券欺诈，将承担民事乃至刑事法律责任。

各种要求企业报告其环境表现压力的影响。本节主要对环境报告的各种类型进行描述,以此阐明影响环境报告的多种因素。

### 8.3.1 非自愿型报告

我们看到第6章中有以独立媒体披露和法庭调查为代表的不同形式的非自愿型报告。另外,非政府组织(NGO)的出版物,如地球之友2000年的报告——《资本的惩罚:英国保险公司和全球环境》(*Capital Punishment:UK Insurance Companies and the Global Environment*),为公司环境行为的公开披露提供了补充形式。

### 8.3.2 自我监管和自愿型报告

**主动的自我监管** 第4章讨论过的欧盟生态管理和审核计划(EMAS)与ISO 14001计划对环境报告进行了说明,报告中企业拥有完全的自主权力,可以自行决定是否报告和如何报告它的环境表现。这类计划鼓励企业接受环境政策,将环境管理体系纳入公司的战略运作中,并对其结果进行评估和汇报。两个计划的注册是自愿的,可见利害相关者的压力对刺激其接受这些方案具有关键作用。

**行业的自我监管** 特殊行业通过行业协会进行监督的方法被证明是一种有效的、非正式地管理其成员环境问题的方式。1985年加拿大化学品生产者协会(CCPA)建立的负责任的关怀计划(Responsible Care Program)是这种自我监督方式的最早范例之一。创新包括一组指导原则和六条管理惯例,这些都是成员必须遵守的。CCPA的年度报告发布了那些在减排和应对其他环境问题方面取得进步的成员。自1985年开始,全球39个国家的化学企业都采纳了负责任的关怀计划。除此之外,像石油、林业和采掘等行业也采纳了类似的自愿计划。组织内的有效制裁具有同它们在经营中力图避免的公共管制相似的效果。

**法律框架内的自我监管** 政府会经常建立一些规则框架,然后迫使公司披露那些政府认为公众有权知道的信息,而不是为此建立全面的法规和监管。在这种情况下,框架提供了详细的结构,公司根据该结构报告其环境表现,但必须这样做的压力来自同业中类似公司的行为(Ross 和 Rowan-Robinson,1997)。这种类型的自我监管在许多国家都能找到好的例子。在英国,《环境保护法》第34部分对那些涉及生产、管理、治疗、交通和废物处置的公司都设定了谨慎责任(Ross 和 Rowan-Robinson,1997)。在其他欧洲地区,像德国的蓝色天使生态标签计划这样的方案也可以被看作是产品环境报告的一个例子。

在美国,环境保护署的33/55计划倡议一些行业自愿减排17种有毒化学物品,1992年年底减排目标为33%(相对于1998年的水平),1995年该比率为

50%。50%的减排量在1994年提前完成了(EPA,1996)。在加拿大,加速减排和消除有毒物计划(Accelerated Reduction/Elimination of Toxics,ARET)要求企业在2000年年底自愿减少使用和不使用类似有毒物质。加拿大环境部每年报告该计划的机构和组织,以及部门的执行情况(www.ec.gc.da/aret/Default.htm)。还有一个自愿活动是加拿大在《气候变化公约》承诺温室气体减排量时发展起来的。自愿挑战和注册计划(Voluntary Challenge and Registry,VCR)要求公司和组织为减少温室气体排放量制订行动计划。每年的进展报告可以帮助公众了解所有参与者的承诺履行情况和取得的成绩(www.vcr-mvr.ca)。

**机要披露** 在一般法律框架和公共管制下,买卖双方、承包商和分包商、借贷双方、保险公司和投保人这样的商业关系中发展起来了一种不同但相关的信息披露形式。在这些情况下,环境信息需在合同协议中披露以免产生民事或刑事的环境责任风险。这样提供和使用环境信息是因为一些金融机构日益加强了对环境问题的监管,如第4章提到过的污染土地。大公司要求其供货商提高环境意识呈现出一种有趣的激励,于是供货商和分包商如实进行环境机要披露成为交易的条件(Corten等,1998)。

**非机要环境披露** 与自愿披露相关但形式截然不同的是一部分行业进行的非机要环境报告。这与机要披露和自愿报告都不一样,因为公司自己希望公开它们的环境表现,从而可以进行新闻发布、时事通讯、新闻稿以及各种形式的独立公司环境报告。

### 8.3.3 强制型报告

遵守环境法律或许是企业应对环境问题的最大动因。在这样的背景下,法律要求企业必须提供某种类型的环境信息。有些时候公司申请执照或经营许可证时必须提供环境方面的信息。还有一些情况下,环境保护机构会强制公司定期登记能反映其环境行为的活动。美国《有毒物质排放清单》(TRI)和加拿大《全国污染物排放清单》(NPRI)就是对污染进行强制注册的例子。

第6章提及的英国养老金披露规则是管制的另一种代表形式;它要求养老基金信托人在基金投资的选择、留利和变现中声明其对社会、环境和伦理的考量。2001年1月,德国绿党议员将社会披露规则纳入立法,改革了养老金披露机制。尽管立法还未通过,但新的养老金披露规则在未来的通过是必然的(Kahlenborn,2001)。

## 8.4 污染排放和转移注册

本节概括了已经施加于公司的最突出的监管规则,这些规则要求公司对污染物的排放与转移的细节进行解释并报告。

### 8.4.1 北美

**美国** 《有毒物质排放清单》是在 1986 年《超级基金修正和重新授权法》(SARA)中的第三章,即 1986 年《紧急规划和社区知情权法案》下批准通过的。受到该法案约束的公司(SIC 规则 20—39 下的制造类机构)起初要求根据属地每年对近 320 种有毒化学物质的当地排放和跨区转移进行报告。后来,又有 286 种化学物质被加入到清单中。员工少于 10 人的公司或排放量低于指定标准的公司都免于报告。联邦机构,还有那些能证明其信息专有而不便披露的公司也免于报告(Bowen 等,1995;Khanna 等,1998;Konar 和 Cohen,1997)。1989 年 6 月美国第一次向公众公布了《有毒物质排放清单》的排放数据。

尽管《有毒物质排放清单》数据是美国最全面的有关有毒物质排放与转移的信息来源,但批评人士称它在许多方面还不够充分。首先,没有根据污染物的毒性水平进行适当的调整。另外,没有覆盖所有的有毒化学物质,也不是所有的污染源都需要报告。对在生产中实际使用的有毒化学物的数量和对公司产品中所包含的有毒化学物含量都没有任何要求。因为缺少这些内容,公众便无从知道《有毒物质排放清单》数据是否可靠。由于报告不具有或几乎不具有强制性,因此无法对机构报告的准确度进行衡量(Schaltegger 和 Burritt,2000)。

**加拿大** 与美国的《有毒物质排放清单》类似,加拿大《全国污染物排放清单》(NPRI)在 1993 年《加拿大环境保护法案》(CEPA)下授权通过(www.ec.gc.ca/pdb/npri)。这是一项联邦创举,旨在收集关于 176 种特定物质的年度的、综合的国内数据,这些特定物质的数据包括向空气、水和土地中的排放量以及在处理和回收过程中的转移量。加拿大《全国污染物排放清单》受到了与《有毒物质排放清单》同样的批评和争议。

### 8.4.2 欧洲

**斯堪的纳维亚和荷兰** 丹麦是斯堪的纳维亚半岛第一个立法要求公开发布环境报告的国家(Rikhardsson,1999)。1996 年对环境产生重大影响的公司都要求发布"绿色账户"(green accounts)。荷兰通过立法,要求从 1999 财政年度开始发布环境报告(毕马威,1999)。在挪威和瑞典,新的《会计法案》要求所有的公司从 1999 年开始将其经营活动的环境影响和建议的补救措施都包括进年度财务报告。另外,挪威的海外企业与环境部签订了减排承诺,还就环境报告的标准达成了一致(毕马威,1999)。

**英国** 1991 年,当地球之友倡议对其《化学物质排放清单》(Chemical Release Inventory,CRI)进行改进时,英国的报告体系招致了非政府组织的批评(Taylor,1995)。为应对这样那样的压力,1994年英国首次强制对排放数据进行编辑,1999年重新命名为《污染清单》(Pollution Inventory,PI)。《污染清单》覆盖了英格兰和威尔士2 000家最大的加工工业流程中使用的150多种排放物。排放物根据其类型、所属部门和地区管辖被分类报告。

**欧盟** 在欧盟的《综合污染防治与控制》(Integrated Pollution Prevention Control,IPPC)的强制管辖下,成员国必须向欧洲委员会登记和报告排放数据。这意味着每个国家的政府都必须制定新的国内排放登记和报告体系管理规则来遵从《综合污染防治与控制》(毕马威,1999)。欧盟《污染物排放注册》(EU Pollution Emissions Registry,PER)是基于英国的《污染清单》(PI)和美国《有毒物质排放清单》(TRI)建立的,和它们一样,都是为了国民提高信息的透明度和可利用度。《污染物排放注册》在2001年首次发布,是根据前一年收集到的排放数据编辑而来的(Schaltegger和Burritt,2000)。

### 8.4.3 亚太

在澳大利亚,根据国家修订的《公司法》,公司有望提供一些与其遵守环境法规相关的业绩信息。另外,根据美国的《有毒物质排放清单》新制定的《国家污染清单》(National Pollution Inventory)要求工业企业对一组特定的化学品的排放量及库存量进行报告(毕马威,1999)。

## 8.5 会计和证券监管

另外一种类型的强制报告是由于证券监管和会计专业对风险和环境事宜的披露有一定要求而产生的。比方说,遵守《综合环境补偿与责任法》和《超级基金》这样的法规会对公司财务状况造成实质性影响,所以证券交易委员会(SEC)和基于一般会计准则(GAAP)的会计工作都确切说明了其专业范围内对公司潜在实质性环境责任进行披露的有关规定。

### 8.5.1 会计披露的要求

在美国、加拿大、挪威和瑞典都要求公司的年报或财务报表中包含环境信息(Skillius和Wennberg,1998)。在美国,财务会计标准委员会(Financial Accounting Standards Board,FASB)公告5(财务会计准则公告5,SFAS 5)对或有负债的会计处理提供了权威指导。该公告要求公司在可能发生损失时应增加或有负债并对损失进行"合理估计"(FASB,1975)。这样,在环境责任方面它传递出一个重要含义,例如,它可运用于污染土地的未来修复成本。不过,准则在运用中允许大量的管理自由裁量权,显然这样的变通在《超级基金》负债估计中也出现过(Campbell 等,1998)。财务会计标准委员会第 14 条解释(SFAS 14),即《环境责任的会计处理》(Accounting for Environmental Liabilities, FASB,1993)具体说明了或有负债的环境成分。其中,尽管有不确定性,但还是对未来新信息加入后的损失估计给予了进一步的指导(Barth 和 McNichols,1995;Repetto 和 Austin,2000;Kass 和 McCarroll,1997;Campbell 等,1998)。

因意识到未来土地修复成本可能对财务造成不利影响,加拿大特许会计师协会(CICA)在其 1990 年的手册中加入了这个可能性条款。在"资本资产"部分要求公司将未来因法律或公司政策规定可能要求而产生的搬迁和土地恢复的成本计入负债,且要求合理估算这些成本(Li 和 McConomy,1999)。如在自然资源部门中,法律要求公司在采掘结束后将土地和水资源恢复到最初的生产状态。在采掘行业,因土地修复是采掘作业后的必需步骤,所以毫无疑问会有成本的分担问题(Campbell 等,1998)。对该行业而言,可以假设再利用成本是确定的并且是可以被合理估计的,因为公司必须向地方政府提供土地终止使用计划和实施该计划的财务保证。Li 和 McConomy(1999)认为当投资者试图评价这些未来负债对资本市场的影响时,这类披露可以提供与估值相关的信息。

在欧盟,会计咨询论坛(Accounting Advisory Forum,AAF)出版的刊物《财务报告中的环境问题》(1995)称,需要披露哪些与财务报告有关的环境问题取决于这些问题对财务表现或当前财务状况产生的实质性影响程度(Skillius 和 Wennberg,1998)。

### 8.5.2 证券交易委员会

在美国,证券交易委员会(SEC)要求按照 10-K 表[①]对与环境相关的法律遵守情况、司法程序和责任进行披露(Skillius 和 Wennberg,1998;毕马威,1999;证券交易委员会,1993)。证券交易委员会要求对公司当前和未来经营产生实质性影响的环境和风险事宜进行披露,防止投资人被财务报告误导。不遵守证券交易委员会规则的公司将被起诉。在过去大多数案例中,被诉公司都同意进行全面的环境审计,然后向证券交易委员会报告审计结果(Kass 和 McCarroll,1997)。想通过美国证券市场融资的外国公司和有国外业务的美国证券发行公

---

① 10-K 表格:适用于美国上市公司。在每个财政年度后的 90 天之内(拥有 7 500 万美元资产的公司必须在 60 天之内),公司要向美国证券交易委员会递交 10-K 表格,内容包括公司历史、结构、股票状况及盈利等情况。

司都必须遵守证券交易委员会 S-K 规则①。披露的必要条件由证券交易委员会在《管理讨论和分析》对报告的要求中提出，要求报告的是：

> 实质性事件和管理的不确定性是指那些导致财务报告信息不是必然反映未来经营结果或未来财务状况的事件。（Repetto 和 Austin,2000）

总之，这些必要条件就是要求公司披露与财务有实质联系的环境成本、负债和未来风险。

显然，环境问题带来的不确定性，如污染土地的未来修复和气候变化对行业的影响，都是要求披露的内容，因为这种披露对投资者造成的是潜在的实质性影响。然而，至于什么构成了实质性，证券交易委员会的准则中没有特别提及环境这一因素。因此，批评人士认为证券交易委员会的规则对鼓励公司进行有关环境表现的信息披露作用甚微（EPA,2000）。另一项研究宣称，证券交易委员会没有强制性的披露法规（Repetto 和 Austin,2000），因而在特定部门中，公司会违反证券交易委员会规则而不进行环境风险的实质性披露。这项研究还进一步论证了过去 25 年中证券交易委员会处理过的 5 000 起行政诉讼案件，其中只有 3 起案件是基于不充分的环境披露而起诉的（Nicholls,2000b）。

第 6 章说明了分析结果存在差异是由于所使用的环境表现定义不同、数据来源、财务和环境表现评价标准以及分析方法不同。本章的研究进一步提供了这些环境报告信息在使用中存在以上不足的证据。下文将更加详细地考察研究中出现的一些问题，既有针对准备环境报告的公司的，也有针对信息使用者的。

## 8.6　制作者角度的环境报告

**数据采集**　目前对环境表现或环境改善程度尚未有确立的或一致的评价方法，也没有选择指标的统一标准，正如我们在第 4 章中所看到的。另外，虽然投资者和分析师对具体的环境信息提出了更多的需求，但报告机构对应包括哪些信息几乎一无所知（Corten 等,1998;Flur 等,1997）。

现在，有两大类型的指标可以用来衡量环境表现：
(1) 环境管理评价，包括守法性、环境管理体系和综合环境因素的战略决策。
(2) 经营性指标，旨在量化公司的环境表现。

指标包括了能源消费、材料使用、废弃物排放和环境事故。这些测量值可以是绝对数值（特定时间段内 $CO_2$ 的排放总量）、相对数值（单位产出的消费量），或两者的综合（每年单位产量 $CO_2$ 的排放总量）（Skillius 和 Wennberg,

---

① S-K 规则，即《非财务信息披露内容与格式条例》。

1998;可持续发展能力/联合国环境规划署,1999)。

**目标利益相关者** 因环境报告是公司与利益相关者进行交流的方式,所以显然这个报告的潜在受众千差万别,包括政府部门、股东、消费者、投资人和非政府组织。不同的利益相关者会对内容有不同的要求,这些要求既会影响公司环境报告(CER)的格式,也会影响其内容。当管理当局要求公司提供守法信息时,股东和投资者会对其违法和债务问题造成的财务影响更有兴趣。雇员、当地社区和客户可能对社会影响的定性方面更感兴趣,而环境非政府组织希望对其关注的生态问题有所回应(Azzone 等,1997;Döbelli,2001;FEE,1999;Schaltegger,1997;Tarna,2001)。

此外,公司认为利益相关者如何使用公司环境报告与他们实际如何使用之间并不一致。公司认为利益相关者主要是将公司环境报告当作消除疑虑的信息源和识别最佳行为方式的手段。然而,联合国环境规划署/可持续发展能力联合调查(1996b)显示利益相关者更重视评价、监督、筛选、比较以及公司与行业的标杆分析。实际上,当"公司将环境报告主要视为公共关系工具时,利益相关者使用公司环境报告更多的是为了根据环境表现数据对公司进行区别"(联合国环境规划署/可持续发展能力,1996b,x)。

当认识到利益相关者评价的重要性时,积极管理型公司发生了一个重大转变,为了提高公司环境报告的价值和可用度,它们开始从关键利益相关者那里寻求反馈。这样一来,公司获得了许多关于利益相关者需求和议程方面的有价值的深刻见解(联合国环境规划署/可持续发展能力,1996b)。

**报告需求** 除了数据收集和利益相关者对内容的要求外,公司环境报告的制作者还要面对一个令人生畏的问题,即应满足对公司环境报告的众多需求。表8.1列出了在不同监管水平和不同公司决策水平下对公司环境报告的大量要求。通过全球报告倡议组织(Global Reporting Initiative)(本章后文将讨论)这样的积极行动来努力"吻合"现有的报告要求以使公司环境报告更具意义和更易编制。

表8.1 财务对环境信息的一般需求

| 公司层面 | 治理层面 | | | | |
|---|---|---|---|---|---|
| | 地方 | 行政区划 | 全国 | 大陆 | 全球 |
| 产品 | • 产品标准 | • 加州汽车排放标准<br>• 绿色工艺政策 | | • 欧盟生态标签<br>• 欧盟化学标签<br>• OECD绿色工艺<br>• OECD化学计划 | • 森林管理委员会(FSC)<br>• ISO 14040 生命周期清单 |

(续表)

| 公司层面 | 治理层面 | | | | |
|---|---|---|---|---|---|
| | 地方 | 行政区划 | 全国 | 大陆 | 全球 |
| 项目 | • 地方环境行动计划<br>• CDM<br>• JI | | • EIA 的要求 | • EIA 对区域银行的要求<br>• ECE 惯例 | • CDM<br>• JI<br>• 世界银行指南 |
| 设施 | • PRTR 纳卡鲁和肯尼亚的分区 | • 州 DEP<br>• 环境监察<br>• 许可申请 | • 加拿大 NPRI<br>• 美国 TRI<br>• 英国 CRI<br>• 澳大利亚 NPI<br>• 印度尼西亚和菲律宾的评价体系<br>• 日本 PRTR | • EPER<br>• OECD/PRTR 手册<br>• EMAS(EEC) | |
| 公司 | | | • SEC<br>• 美国<br>• 丹麦绿色账户<br>• 瑞典<br>• 荷兰<br>• 哥伦比亚<br>• 京都目标 | • CEFIC<br>• CEFIC | • GRI<br>• WBCSD 生态—效益<br>• WRI-WBCSD<br>• 温室气体公约<br>• 蒙特利尔公约<br>• 联合国环境规划署金融创新 |

CDM—清洁发展机制
CEFIC—(欧洲)化工行业委员会
CRI—化学物质排放清单
DEP—环境保护部
ECE—欧洲经济委员会
EEC—欧洲经济共同体
EIA—环境影响评价
EMAS—生态管理和审核计划(1995)基于 EEC 条例 EEC 第 1836/93 号
EPER—欧洲污染物排放登记
FSC—森林管理委员会
GRI—全球报告倡议组织
NPI—全国污染物质排放清单
OECD—经济合作和发展组织
PRTR—污染物排放和转移制度
WRI-WBCSD—世界资源研究所—世界可持续发展商业委员会
资料来源:Irwin 和 Ranganathan(2000);White(2000)。

下文概括了已出现的与公司环境报告和此类信息的潜在使用者有关的问题。

## 8.7 使用者角度的环境报告

公开的环境报告尽管可以满足某些受众的要求,但对投资人而言却是格式多样、作用有限。如果呈现给投资分析人的信息不是很精确,那么严格的环境标准和评价方法就很难加以运用。而且,如果指标测度不具备精确性和一致性,那么很难通过商业案例显示其对投资分析的实质性影响。这些与公司环境报告使用有关的问题将在下面加以讨论。

**格式** 收集的环境数据和报告在质量和格式上的不同会造成投资者和分析人员对公司环境表现理解上的混乱。格式和数据的多样化使那些关注环境表现和不良环境记录给公司带来成本和负债的投资者感到困惑(Beets 和 Souther,1999;FEE,1999)。这还对投资者转让环境表现落后公司和行业的股票造成了障碍(Schaltegger,1997)。

**实质性** 从投资分析的历史看,环境相关事宜都属于非金融问题,因而给予它们较低的优先度。事实上,投资分析人员通常将外泄和事故后公司的声誉看作是管理较差的表现而非成本(Descano 和 Gentry,1998)。从积极角度看,公司良好的环境表现和优良管理被认为是"一回事",更为卓越的环境表现不会带来特殊的金钱收益(Waddock 和 Graves,1997)。因此,分析人员进行公司价值评估时,与传统财务估值因素相比环境因素的作用是有限的。

直到最近,主流投资圈内流行着这样一种观念,即环境充其量是一种负债。对环境风险造成的财务影响的观念限于守法和土地修复成本,而比如像污染防治和有效的资源使用这样的环境行为在评估过程中受到很有限的关注(Descano 和 Gentry,1998;Stillius 和 Wennberg,1998)。

目前,股权投资主流领域对环境和金融表现之间存在的联系仍有疑虑(Pritchard,2000)。分析人员几乎得不到关于公司环境行为的合理解释,公司也几乎不解释它们的环境战略,而这其实可以增加股东价值(见第2章)。假如核心的环境经营战略能够创造出市场机会和成本节约,就可向分析人员和客户证明环境表现如何对财务表现造成实质性的和积极的影响。否则,股权投资人不可能将环境信息纳入到财务分析中,因而低估了公司的环境战略决策(Beder,1999;Pritchard,2000;EPA,2000)。

实质性概念的运用是一件复杂的事情,因为这个概念的使用有赖于自然环境,以及事件大小。例如,吸收污染物的媒介(空气、水或土地)的能力大小会影响到对污染物排入这类媒介是否带来实质性影响这个问题的思考。还有,考虑到不同的利益相关者时,有些影响对一部分使用人是实质性的,而对其他人可能是非实质性的(FEE,2000)。因而,使用者的需要以及他们对这些信息的使用是决定相关性和实质性的重要因素。

许多已建立的论坛都证明了环境行为对投资会产生实质性影响。正如第4章所述,联合国金融机构环境创新组织每年都会调研环境对商业形势和经济发展的财务、市场和经济意义。其他像纽约社会证券分析师协会(New York Society of Security Analysts)和阿斯彭研究所这样的组织将来自所有领域(行业、政府、市场和倡议者团体)的领导者聚集在一起共同开发了一个扩展的股东价值模型,其中包括了环境问题的积极方面,从而说明积极的环境行为在未来表现、盈利性和增长方面扮演着重要的角色(Descano和Gentry,1998)。

**术语** 缺乏用于描述环境表现的基本通用语言,金融分析人员、环境管理者和环保倡议者使用不同的术语来描述关注的共同问题(Beloe,2000)。第6章的分析揭示出公司环境报告通常缺乏一致性,不同的公司使用不同的标准和尺度。目前,要想将环境问题整合到现有的有价证券评价法中,需要将环境问题转换为金融术语,但分析中缺少这样一种手段。环境尺度必须可用于沟通和交流,以便在金融领域内使用,像以吨计的排放物和废物应当转换为与金融有关的术语,这样便于企业内部及企业之间的比较(阿斯彭研究所,1998;Stillius和Wennberg,1998;EPA,2000)。

**数据采集** 从企业收集到的数据在质量上和完整性上各有不同,从来未能满足金融分析人员的需要。社会责任投资(SRI)分析师要求的大多数信息或是不公开的,或公开但没有一个容易比较的格式。在分析师判断正在审查的公司是否可以投资之前,他们经常被迫从各种渠道寻找那些既有金融术语也有环境术语的信息。此外,对金融分析人员而言,关于产品的环境属性的信息也不充分,公司在本国以外的活动也未被完全涵盖(www.irrc.org)。

一个有用的信息源就是公司本身。然而,公司报告的大部分属性取决于它们愿意披露什么信息。不同行业受到不同具体环境问题的影响,这就加剧了不利因素,从而影响其财务表现(EPA,2000)。如果分析人员在公司报告中找不到所要的可靠和综合的信息,他们可能就转而收集那些法律强制披露的公开信息。如在第6章中所看到的,与环境表现有关的有毒化学物质的排放、危险废物的管理或污染土地负债数据在美国都可用来评估公司的环境行为模式。尽管在欧洲总的监管机构的数据有限,但英国环境署的"污染日志"是一个有用的信息来源,其中有大量关于公司大气、水和土地排放物质的数据(Mason,1999)。

还可以从那些核心业务是研究和传播公司社会和环境表现的专业公司获得信息(见第6章)。类似投资责任研究中心(IRRC)、Öekom研究院伊诺万斯战略价值顾问这样的团体都可为研究人员分析特定的问题提供社会责任投资数据(可持续发展能力,2000)。

影响信息质量的另一个障碍来自研究的高成本(Beder,1999;Schaltegger,1997)和数据采集与筛选使用之间时间上的滞后性(Beets 和 Souther,1999)。然而就报告成本而言,Schaltegger(1997)认为,当强制报告降低了利益相关者得到数据的成本时,它也会降低数据的质量。

**可比性** 即便可以从公司获得环境数据,但行业间的数据不可比较的事实会造成更混乱的局面(Pritchard,1999;可持续发展能力,2000)。没有理由认为所有行业和企业的环境表现对其价值均会产生同样的影响。实际上,环境评估根据企业的风险暴露情况不同而有所不同。例如对造纸行业而言,设备寿命因与其排放量相关而成为重要变量,而在发电行业,能源来源的选择是首要的变量。一个行业甚或一个特定公司的非金融环境评价标准是特有的,这使得在行业内部与行业外部作比较是困难的(《经济学人》,2001c;Reed,1998;Stillius 和 Wennberg,1998)。

## 8.8 环境报告的改进

意识到新的需求对公司环境报告而言变得越来越重要之后,许多组织设计了重在改善环境基准、核查、业绩指标以及"全面成本核算和可持续力"的框架。下面列举了当前在这些领域中所做的广泛努力。

### 8.8.1 环境评价和基准

**世界资源研究所** 1995 年 Hammond 等人在可持续续发展背景下开发了一种系统方法,围绕压力、状态、反应三个方面对环境政策的效果进行评价。这个框架反映在 ISO 三种类型的环境表现指标中,分别名为经营指标、管理指标和环境状态指标。

在世界资源研究所(World Resources Institute,WRI)的这个模型中,状态指标表示来自人类活动的紧张或压力,而这种紧张或压力正在造成环境变化。压力指标是为了评价政策在跟踪环境协议、承诺和遵守问题方面的效果。反应指标估计了组织为改善环境行为所作的努力。表 8.2 对该框架进行了举例说明。

表 8.2 世界资源研究所的环境指标矩阵

| 问题 | 压力 | 状态 | 反应 |
| --- | --- | --- | --- |
| 气候变化 | 温室气体排放 | 浓度 | 能源强度,环境测度 |
| 臭氧损耗 | 卤化碳排放,生产 | 氯浓度,臭氧气柱 | 签署公约,投资/成本 |
| 富营养化 | 氮、磷在水、土壤中的排放 | 氮、磷、BOD 浓度 | 联系,投资/成本 |

(续表)

| 问题 | 压力 | 状态 | 反应 |
|---|---|---|---|
| 酸化 | $SO_x$、$NO_x$、$NH_3$排放 | 沉积,浓度 | 投资,签署协议 |
| 有毒物污染 | POC、重金属排放 | POC、重金属浓度 | 危险废物回收,投资/成本 |
| 城市环境质量 | VOC、$NO_x$、$SO_x$排放 | VOC、$NO_x$、$SO_x$浓度 | 经费开支,交通政策 |
| 生物多样性 | 土地保护,土地分割 | 与处女地比较物种的丰富性 | 保护地 |
| 废物 | 废物的产生——市政、工业农业 | 土壤/地表水质 | 收集比率,回收,投资/成本 |
| 水资源 | 需求/使用强度——居民/工业农业 | 需求/供给比率,质量 | 经费开支,水价,节约政策 |
| 森林资源 | 使用强度 | 区域退化,森林利用/可持续增长率 | 保护地,森林,可持续的伐木 |
| 渔业资源 | 鱼类捕捞 | 可持续的存量 | 配额 |
| 土壤退化 | 土地使用改变 | 做好土壤的损失 | 修复/保护 |
| 海洋/海岸地带 | 排放,石油泄漏,沉积物 | 水质 | 海岸地带的管理,海洋保护 |
| 环境指数 | 压力指数 | 状态指数 | 反应指数 |

BOD—生物需氧量
N—氮
$NO_x$——氧化氮和二氧化氮
P—磷
POC—完全氧化物
$SO_x$—二氧化硫
VOC—挥发性有机化合物
资料来源:Hammond 等(1995)。

1997年Ditz和Ranganathan对世界资源研究所的环境政策进行了扩展性研究,建立了一个专门追踪公司环境表现的框架。他们的框架在《评价》(*Measuring Up*)上有概述,主要强调了资源的有效使用、污染防治和产品的管理职责,并且还要求对环境表现进行四类评价:原材料使用、能源消费、非生产性产出和污染物排放。世界资源研究所的研究认为这类公司指标潜力的全部实现,只有当决策者利用它们既可以在内部推动资源使用效率和盈利率的提高,又可以向外部利益相关者如贷款人和保险公司报告环境改善情况时才会发生。

**国家环境和经济圆桌会议** 1997年,加拿大国家环境与经济圆桌会议(Canada's National Round Table on the Environment and the Economy, NRTEE)讨论了关于设计和实施一些有意义和稳健的指标的可行性,这些指标包括环境评价的三个生态—效益指标:能源强度、材料强度和污染扩散度。

## 8 环境报告与核查

能源强度这个指标检测的是单位产出(物理的、经营的、财务的)的所有能源消费(焦耳计)。这些指标的检测水平,无论是位置、产品、业务单位或公司总体,每一家公司都与其他公司不同(www.nrtee-trnee.ca/eco-efficiency)。

材料强度使用两个指标。第一个是产品中直接使用的材料总量与产品产出总量的比值,再用物理、经营和财务方面的术语加以评价。第二个材料指标包括了生产中直接和间接使用的物质,后者是使用材料但不是最终产品的一部分,如包装。

国家环境和经济圆桌会议在整个研究领域赢得了众多关注。大家发现,首先,材料强度指标与初次和二次加工工业比较相关,与采掘业(采矿)或服务业(如电信)不太相关。其次,产品构造变化导致的产品材料强度的改变不一定能反映一个工厂或公司材料强度的改善。但国家环境和经济圆桌会议觉得能源强度指标是一个广泛使用的生态—效益指标,因为能源不像材料,它是一种所有商业领域和所有国家的通用"货币"。

结合该计划的完成,2002年国家环境和经济圆桌会议出版了《生态—效益计算指标:行业工作手册》,以此帮助公司进行环境信息的核算和报告(www.nrtee-trnee.ca/eco-efficiency)。

**联合国/可持续发展能力项目**　为设计一种衡量环境表现的标准化工具,调查报告《紧密参与的利益相关者》(*Engaging Stakeholders*)(联合国/可持续发展能力,1996a)设立了环境表现的50个要素,分为5种类型,用作环境表现评价的基准(见表8.3)。

表8.3　联合国环境规划署报告评价群

| 5种报告类别 | | 50个报告成分 |
|---|---|---|
| I 管理政策和体系 | CEO声明 | 守法 |
| | 环境政策 | 研究和开发 |
| | 环境管理体系 | 规划和创新奖励 |
| | 管理责任 | 核查 |
| | 环境审计 | 报告政策 |
| | 目的和目标 | 公司背景 |
| II 投入/产出清单 | 投入 | 产出 |
| | 原料使用 | 废物 |
| | 能源消费 | 大气排放 |
| | 水的消耗 | 废水 |

(续表)

| 5 种报告类别 | | 50 个报告成分 |
|---|---|---|
| | | 噪音和异味 |
| | 过程管理 | 交通 |
| | 健康和安全 | |
| | 环境影响评价和风险管理 | 产品 |
| | 事故应急反应 | 生命周期设计 |
| | 土地污染、修复 | 包装 |
| | 栖息地 | 产品影响 |
| | | 产品管理 |
| III 财务 | 环境开支 | 环境成本核算 |
| | 负债 | 利益和机会 |
| | 经济工具 | 慈善捐款 |
| IV 利益相关者关系 | 雇员 | 消费者 |
| | 立法者和管制者 | 行业协会 |
| | 地方社区 | 环境团体 |
| | 投资方 | 科学和教育 |
| | 供应方 | 媒体 |
| V 可持续发展 | 全球环境 | 技术合作 |
| | 全球发展 | 全球标准 |

资料来源：联合国环境规划署/可持续发展能力(1996a)。

从这些指标中，可建立一个修正的五阶段排序模型来评价一个公司的环境改善记录(见图 8.2)。因为大多数公司都已通过报告的前两个基本阶段，图 8.2 只显示了阶段 3 到阶段 5，阶段 4 给出了进行修正的具体细节。

环境评级机构的快速扩张和公司之间环境表现比较的不断加强推动了对设立基准和基准设计的需要。与此同时，许多使用评级信息的分析人士也在公司价值决定中扮演着重要角色。环境表现和股东价值之间的联系在第 3 章已讨论过了。

### 8.8.2 环境表现的核查和报告

因不确定性和公司环境报告格式各异，许多作者认为报告不仅需要建立统一的标准格式，而且需要为标准化的第三方核查提供指导(Beets 和 Souther, 1999;Schaltegger,1997)。

# 8 环境报告与核查

| 阶段 3<br>20世纪90年代末<br>描述性报告 | 阶段 4<br>当前发展状况公司环境报告 | | | 阶段 5<br>可持续性报告 | | |
|---|---|---|---|---|---|---|
| | 4.1 数量 | 4.2 质量 | 4.3 可比性 | 公司三重底线责任 | 政府三重底线问责 | 市场三重底线可持续性 |
| 年度报告，与环境有关，但文字多，数字少 | 年度全面业绩数据（如TRI） | 清晰汇报与相关的重要影响和表现 | 外部核查 | 全面标准化的、当前的环境、财务和社会报告 | 最小的强制汇报框架 | 围绕三重底线进行的更大的公司披露压力 |
| | 政策和审核过程的清晰目标 | 将公司活动与关键环境问题和全球问题联系在一起 | 汇报与已知的（全球）标准相悖的行为 | 对全球和地区影响的真实、客观看法 | 通用的环境和社会会计方法与指标 | 需要详述的信息 |
| | 公司和现场报告 | 第三方核查 | 详细的财务信息 | 汇报世界各地存于全球经营标准的行为 | 强制性环境质量标准（EQS） | 使用公开信息进行所有的投资与消费决策 |
| | 资本、经营成本和储蓄信息 | 财务条款 | 首次使用审议的部门指标和基准 | 合理的游说 | 对公司不作为的重罚性措施 | 奖优罚劣 |
| | 与利益相关者的"双向"（被动反馈）沟通（如反馈表和市场调研） | 在线或磁盘信息条款 | 可用的打印和在线的时间序列 | 对社会和环境表现的内外部评价 | 环境和社会税收改革 | 在股东、消费者和公民的权利之间达到平衡 |
| 与利益相关者单向沟通 | | 与利益相关者的"多向"（主动的）对话（如圆桌会议和讨论小组） | 与所有国家的利益相关者的"多向"（主动的）对话 | "多向"利益相关者沟通的制度化 | 公开采购和投资的可持续性筛选 | 求之间达到平衡 |

图 8.2 环境报告阶段

资料来源：联合国环境规划署/可持续能力（1996a）。

有不同的术语来描述环境报告的第三方核查活动。国际标准化组织(ISO)用"审计"(auditing)来描述 ISO 14001 标准下对环境管理系统的核查。欧洲会计专家协会(FEE)是许多欧洲国家会计职业的代表性组织,它用"保证"(assurance)这个词来描述核查活动,而德国经济潜力研究所(IDW)用"保证"(attestation)来指代该项活动。还有国际会计师联合会(IFAC)下的国际审计实务委员会(IAPC)对不同程度承诺的核查进行了区分,对"保证"这种高水平的核查叫"审计",而对中等水平的核查叫"复核"(review)。虽然这些术语的使用有一些差异,但可根据具体目的进行相互转换。

许多倡议组织的确是为标准化环境报告的核查或保证服务而存在的。下文考察了一些会计类型的协会,特别是欧洲的,会在多大程度上应对这个问题。1995 年德国经济潜力研究所发布了一份关于环境报告独立保证条款的审计标准。1999 年国际审计实务委员会出版了它的保证标准草案,其中区分了不同种类的核查工作,还为环境报告的保证文件做好了准备。更进一步的是,欧洲会计专家协会为公司环境报告的保证条款制定工作准备了讨论文件(FEE,1999)。

当知道已经有许多环境报告指南被开发出来时,欧洲会计专家协会(2000)对会计行业中的许多假设进行了检查,这些假设都是环境报告的支撑。其中一个是前面讨论过的"实质性"。其他欧洲会计专家协会检查的假设包括:权责发生制会计原则的运用和"持续经营"假设(Adams 等,1999)。

**权责发生制会计** 财务报告中,实际运用权责发生制时允许在某一时期的财务报表中记录与此相关的销售、利润和收益的未来财务影响(Adams 等,1999;IASC,1994)。权责发生制是为告知财务报表使用者关于公司未来的义务和资源的状况。以长期合同为例,就是完成多少百分比可确认收入或利润(FEE,2000)。若是在环境报告中,权责发生制的运用意味着最终的环境负债要按照当前价值,即事件发生时进行报告。举一个例子,未来放射性废物处置必须一次性按照造成环境损害时没有贴现的当前价值进行处理,而并不单独记录放射性发生时每个时期的负债(Adams 等,1999;Schaltegger,1997)。

**持续经营假设** 欧洲会计专家协会在环境报告中检查的第二个会计假设是持续经营。这意味着公司既没有意图也没有需要进行清算或缩减经营规模(IASC,1994,41)。在多数情况下,认为企业在可预期的未来是可持续经营的,除非另有显示。因为环境的长期影响和环境立法的改变能对公司的财务健康产生重大影响,所以欧洲会计专家协会建议任何一个新的环境报告标准都需要建立反映公司是否有能力在未来筹集修复或清理资金的指标。与此相关的一个建议是要求那些在环境敏感领域经营的公司为已知的长期负债留出一些资金准备。欧洲会计专家协会建议这类资金准备可通过常规的保险产品或某种形式的环境债券来完成。事实上，Merkl 和 Robinson（1997）推荐在未来的环境负债管理中使用保险，既可应对未来成本的不确定性，还可以提供一个风险转移的结构型工具，它能将环境负债从公司的资产负债表中剔除掉。

对环境报告的制作者、使用者和核查者而言，权责发生制和持续经营假设都很重要，因为它们暗示了公司现在必须考虑未来的环境影响。

### 8.8.3 互联网上出现的环境报告

互联网是公司进行环境信息沟通的一种新型且至关重要的工具。互联网信息因即时、连续和多语种选择性正在转变利益相关者对公司环境信息披露的预期。在此预期下，利益相关者对环境表现的历史案例研究的兴趣不大，而对大公司关于环境问题的当前想法和未来战略计划更感兴趣。

大多数使用互联网报告的公司都提供 PDF 打印版格式的报告（Jones 和 Walton，1999；可持续发展能力/联合国环境规划署，1999）。许多情况下，母公司网站提供环境报告的直接链接，还在它们的网站上通过链接提供有关环境计划或产品的扩展性信息。例如，瑞银集团就提供燃料电池证书这种产品的更为详尽的细节，而并不在年度环境报告中进行描述（见 www.ubs.bestzertifikate.de/english/pdf/fuelcell，可在 www.ubs.com 找到）。

不仅公司在互联网上发布环境表现报告，而且投资公司也利用互联网来报告自己的环境或可持续发展基金业绩。例如，与世界自然基金会合作开发的瑞士绿色投资产品的财务状况就张贴在它的网站上（www.swissca.ch）。

此外，公众还可以通过使用互联网获得强制报告实施结果的信息。这些案例包括：印度尼西亚的 PROPER 环境报告倡议的实施结果（www.bapedal.go.id/info/proper/merah97/html）（Afsah 和 Ratunanda，1999），丹麦法定报告方案下的环境信息报告情况（www.pbuli-com.dk/GroenneRegnkaber/hside.htm）（Rikhardsson，1999），还有本章前面描述的加拿大 NPRI 和 ARET 数据。

1998 年早期美国环境保护署责令五个最大行业中的公司还要另外在网上进行信息披露，这五大行业为：石油、钢铁、金属、汽车和造纸。环境保护署设计了网上报告的格式，要求公司必须使用，包括设施级检视信息、守法记录、污染物排放、相邻社区的种族和收入档案（Beets 和 Souther，1999）。

尽管网站报告成本低廉、进入快速、便于更新，但批评人士称这将会造成信息分割，即进入互联网的信息和没有进入的信息。另外，Jones 和 Walton（1999）认为尽管因减少了印刷和传统报告发行而带来了成本的缩减，但为了发掘媒介的全面优势，公司用在管理时间和技术改进上的成本都会增加，两者的作用将相互抵消。

一些使用者发现纸质环境报告中的一些章节或重要图表会在在线版本中遗失。或者在某些时候,网上只提供完整报告的概要或节选。为此,许多公司重新生成了 PDF 格式的环境报告,这需要用专业软件如 Adobe Acrobat Reader 来浏览。这就使得报告保留了与纸质版本一样的设计和格式,同时公众使用时也更加方便(Jones 和 Walton,1999)。

### 8.8.4 全球报告倡议组织

本书从头到尾提到了许多从事环境和社会评价及报告相关问题的机构。表 8.4 总结了这些组织的某些特点,看它们是否既建议评价环境效应,又建议对其进行报告;指标是仅反映环境问题,还是对构成可持续发展所有要素进行评价,包括社会、经济以及环境要素。最近这些机构也开始关注第三方的核查。

表 8.4 自愿环境评价和报告机构的特征概况

| 机构 | 指标 | 报告 | 环境 | 社会 | 经济 | 推荐核查 | 发源地 | 适用领域 |
| --- | --- | --- | --- | --- | --- | --- | --- | --- |
| VfU | X | X | X | | | | 德国 | 商业 |
| EPI-Finance 2000 | X | | X | | | | 德国/瑞士 | 商业 |
| 弗吉 | X | X | X | | | X | 英国 | 商业 |
| 自然之道 | X | | X | X | | | 瑞典 | 非政府组织 |
| EMAS | X | X | X | | | X | 欧盟 | 政府间 |
| ISO 14031 | X | | X | | | | 瑞士 | 多方利益相关者 |
| WRI | X | | X | | | | 美国 | 非政府组织 |
| NRTEE | X | | X | | | | 加拿大 | 多方利益相关者 |
| 可持续发展能力/联合国环境规划署 | | X | X | X | | | 国际化 | 商业/政府间 |
| FEE | | | | X | | | 欧盟 | |
| GRI | X | X | X | X | X | | 国际化 | 多方利益相关者 |

资料来源:基于 Ranganathan 和 Willis(1999);FEE(2000)。

目前,在公司环境报告标准化方面最有权威的组织是全球报告倡议组织(Global Reporting Initiative,GRI),该组织在 1997 年由环境应对经济联盟(CE-RES——美国的非营利组织)、联合国环境规划署和其他几方共同创建。

全球报告倡议组织从事长期的、涉及多方利益关系的国际化事业,其使命是开发和宣传全球通用的可持续发展报告指南,以供对自身活动、产品和

服务的经济、环境和社会维度进行报告的组织自愿使用。(GRI,2000,1)

这个团体的核心使命就是通过对与多方利益相关者访谈来奠定全球统一的公司可持续发展"三重底线"报告的基础(环境和社会问题,以及经济指标)。该组织的具体目标是:将可持续发展报告的实践提升到财务报告水准,设计和推动全球使用标准化报告格式,以及"确保有一个永久有效的机构来支持这样的报告实践"(Ranganathan 和 Willis,1999,1)。

1999 年,全球报告倡议组织发布了《可持续发展报告指南》的一系列草案,来征求意见和进行初步试验。虽然这些指南没有对实际数据的收集提供支持,但要求每一份全球报告倡议组织报告都包括一些特定要素,如:

- CEO 声明。
- 公司概览,如规模、市场和产品类型。
- 关键指标概要。
- 愿景和战略。
- 公司政策、治理结构和管理体系。
- 业绩定性和定量方面的展示。

这些指南为了能广泛使用和反馈信息,在 2000 年和 2002 年进行了修订并重新发布。该事业的远大目标是建立一种模式,既可提供特定地区的详细信息,如《生态管理和审核计划》,还能应对像公司政策和战略这样的更宽泛的问题(www.globalreporting.org)。全球报告倡议组织指南的第一层次适用于所有组织,第二层次是关于特定行业的指南,是专门为化工、采矿和金融业等不同行业设计的。该计划的主要目标是应对本章前面提及的环境报告中出现的许多问题,通过最后的分析在报告者与使用者之间达成一致,将公司的环境和社会行为模式梳理清晰,便于不同时点公司之间的比较。

2002 年 4 月,全球报告倡议组织成为独立机构,总部设在阿姆斯特丹(Bayon,2002)。2002 年 3 月,已经有 110 多家公司使用该指南制定了可持续发展报告。至今倡议组织成功的标志就是指南被全世界所有地区的不同行业广泛使用(英国的航空和运输业,瑞典的家电业,印度的化工业,美国的汽车制造业和加拿大的采矿业)。有趣的是,全球报告倡议组织的方法还被 Stratos 等学者采用,他们在对公司可持续发展报告状况的评价中使用了该方法(2001)。

全球报告倡议组织的方法包括 10 个评价目录,不仅包括了领导力、利益相关者关系和三重底线指标,还包括对公司在上下游供货商和消费者中拓展其可持续发展领导力角色意愿的评价。该方法还考虑了公司在多大程度上认识到了经济、环境和社会之间的相互关系。

环境金融

## 艾伦·威利斯(Alan Willis)特邀评论

### 全球报告倡议组织———一个会计师的评论

一般认为全球投资界和资本市场使用的财务报表都是根据普遍接受的会计和披露准则制作的,通常指一般公认会计原则。这样,与使用者决策相关的财务信息应当是:可靠的、有意义的、可验证的,特别是在公司之间和不同时点都具有可比性。

但我们发现即便是在今天会计标准仍在不断增加和变化,以适应新出现的商业类型和比从前更加复杂的交易形式。而且,尚无一个单一的会计标准适用于全球所有国家的所有公司。相反,尽管目前正在努力加速全球的统一和协调,每个国家都还是有自己的一套会计和披露标准,适用于本国法律管辖区域内的商业经营,甚至包括跨国公司。在一个国家计算出的盈利数字与在另一个国家的会计准则下的计算结果差异之大即使不是令人担忧的,也是令人困惑的。

不必说,许多人认为财务报表从本质上不可能衡量和有效地表达公司履行可持续发展原则和环境关键指标方面的根本价值,不同的利益相关者希望追踪的环境表现指标并不相同。为了弥补这个局限,公司在不久之前开始尝试利用各种方式对外报告环境表现,但还没有形成一种可被普遍接受的评价和报告方式。事实上,对于应该评价和报告什么的问题全球仍未达成一致。

1997年,全球报告倡议组织出现了。这个受环境应对经济联盟(CERES)领导、由机构先行者和梦想家组成的波士顿地区的小团体决定设计一个全球通用的环境报告框架,所有的公司都可以用它来提供可比较的、相关的、可靠和可核实的信息——这对所有的利益相关者都是有价值的,也是可信赖的。四年后,这个雄心勃勃的想法取得了卓越的进步,但还有许多问题尚待解决。挑战的范围很快就从单纯的环境领域扩展到了社会和经济领域。在众多的外部利益相关者中存在着另外一个挑战,他们最关心的东西五花八门——例如一些群体对社会公平的兴趣超过了对生态完整性的兴趣,还有许多人仍纠缠于对可持续发展的整体性解释。还有一个风险,就是可持续发展报告可能提供过多的数据和指标,将其合在一处会变得数量庞大却毫无意义。

尽管有这些令人生畏的挑战,但对该事业的追求是有理由的,因为现在已经有信号明显表明转变发生了,即要想清晰而完整地理解公司业绩和前景就不能再单纯依赖财务报表。需要一个更为宽泛的、综合性的商业报告模式,财务报表仅是其中的一个部分。资本市场的使用者现在已开始寻找一种新的但可信的信息。比方说,Kaplan和Norton的平衡计分卡(*Balanced Score-*

card,1992)提供了一个宽泛模式的例子,该模式试图披露、评价和传达财务会计报告从未涉及过的有关经营业绩和价值创造方面的信息。即便是一份优秀的管理层讨论和分析报告也不可能提供利益相关者所需的全部信息,但它至少能为理解公司历史财务表现和未来前景提供更为全面的商业背景。环境和社会因素是这个背景中的一部分。

充分的调研是建立出众的环境和社会表现与公司长远价值创造之间清晰关系所必需的——或许涉及声誉和信用建设,或许涉及卓越的风险管理、效率和革新。无论是哪种情况,投资界寻找到关于这些其他方面业绩的稳健的、可靠的及相关的信息只是时间早晚的问题。伊诺万斯的分析方法,道·琼斯可持续发展指数以及前沿的伦理和社会投资基金都是推动这种需求不断增长的力量。当然,那些看到了利益相关者强大商业价值的公司已经开始转变向这些利益相关者提供报告的方式,使用更好、更有意义和更值得信赖的方式提供报告。

所有这些底线简单说来就是全球报告倡议组织渐渐成为一个全球的广泛组织,成为至今寻求国际公认框架的最有前途的解决方式,并且在这个框架下,公司使用"三重底线"向投资人和其他利益相关者进行报告。这虽然不是一个更宽泛和综合的商业报告的完整答案,但它的确是最基本的内容,单靠会计师不可能建立起来。2002年,全球报告倡议组织改制成为一个致力于这种特殊报告的独立机构,它的成功体现在全球报告倡议组织指南在至今短短4年的时间内已经被那些具有远见和决心的组织、学科和支持者广泛吸收、使用和发展。我希望会计师们能更多地加入并为这项事业作出贡献。

艾伦·威利斯是加拿大注册会计师协会(CICA)派驻全球报告倡议组织指导委员会的代表(1997—2002)和全球报告倡议组织核查工作组主席(1999—2002)。他还参加过1997年的环境和经济的生态—效益(加拿大)全国圆桌会议,及其2001年的工作手册。威利斯先生有许多公开发表的著作,包括与CICA合作出版的(2001)《环境表现:衡量和管理要点》。

# 8.9 结 论

环境评价和报告已取得了很大进展。那些与环境有非常明显和可见关系的公司,如资源类公司,倾向于制作环境报告。其他行业的公司,像连锁零售、交通、信息技术和休闲行业也正在制作可持续发展报告,因为显然它们对环境的影响变得更加重要。

然而要向前推动,还有许多问题需要解决。环境报告仍有一些随机味道。环境评价要变得有意义就必须包含更广泛的公司环境信息以满足不同股东的要求。这些评价包括那些对分析人员有意义的指标,即应对股票估值有用。投资公司为证明环境表现的实质性影响,必须获得最新的、可比较的、完整和相关的特定行业信息,然后才能向投资者证明环境表现对公司价值创造的贡献。最后,还需要对报告和经营战略决策进行更大的整合,并实现从公司发布信息的单向交流方式向与利益相关者进行更深入磋商协作的转变。

## 8.10 网　址

| | |
|---|---|
| 加速减少/消除有毒物质(ARET) | www.ec.gc.ca/aret/Default.htm |
| 公司注册 | www.corportate-register.com |
| 斯特托斯公司 | www.stratos-sts.com |

# 9 环境变化管理战略

## 9.1 引　言

　　到目前,本书分别讨论了金融业中的绝大多数子部门,还将之合并起来进行了讨论,因为它们面临一样共同的挑战(气候变化)并试图寻找一种通用方法(环境报告)。本章我们将整合从前在公司环境变化管理战略中得到的经验和教训。我们还将使用金融机构及其客户的案例。我们希望金融服务的提供者及其客户在它们共同面对的环境问题变得更加显而易见时可以进行更为紧密地合作。

　　在这样的背景下,那些受环境变化影响最为突出的公司,其战略的形成会受到环境变化多方面的影响。对一些公司而言,可利用的便宜和清洁的水越来越少成为首要问题;对其他一些公司而言,修复污染的城市用地,使其可以被重新利用可能会成为首要问题。对许多公司而言,气候变化的不确定性将占据环境评价的主导地位。无论是什么导致了对环境的关注,大多数公司——必然包括任何一家大型公司——都应该考虑"绿色家政"带来的潜在利益。减少能源和水的使用以及减少垃圾的产生——固体的、液体的和气体的——是每个公司的利益所在,因为这将节约经常性支出,提升公司的形象,并且可能改善雇员的健康状况和提高生产率。对自身内部运营的评价可能确定对环境管理培训的需求,还可能开辟一条新的雇佣政策之路,将那些拥有环境管理特殊才能的人吸纳进公司。例如,经营天气衍生品的公司发现雇气象学家并告诉他们如何进行交易比将一个交易员训练成一个知识渊博的气象学家要更加简单。在建立内部交易体系来减少问题气体如二氧化碳和甲烷的排放中还有许多机遇。

　　公司一旦可以更好地理解其内部的经营(并确定其底线),就能采取下一步措施去制作其相关进展的常规环境报告。这使得它可以向董事会和股东进行汇报,还可以让环境评价机构看到其活动,这些环境评价机构会向社会责任投资(SRI)界提供比较评估。对那些在环境方面成功的公司而言,这会降低公司的资本成本和保险费率,从而增加股东价值。

环境管理战略的前两个要素主要集中考察公司如何对其经营所在的实体环境造成影响。而那些前瞻性的公司还想监控周围世界实质性变化的途径。例如,全球变暖速度最新估计的数据是多少?二氧化硫减排(减少酸雨对环境的破坏)如预期那样加速了大气变暖吗?人口增长趋于持平时的人口数量的最新估计数据是多少,预计何时会达到持平?气候变化磋商情况如何,将对全球碳交易造成怎样的潜在影响?

开发哪些新的金融产品来应对环境问题?环境金融本身将如何发展?到什么程度,一家公司的环境战略可以通过可用的现成金融产品进行开发?到什么程度这家公司才能准备好投资于开发内部解决方案?这些解决方案能否通过市场化用于面对同样问题的其他公司?例如,BP石油已从减排中获利,并将其专业经验推广至其他石油和天然气公司(见 www.bpenergy.co.uk/products/consulting/index.html)。类似地,某些开发了对天气变化进行套期保值的天气衍生品市场的能源公司,将自己的气象部门转变为为其他公司进行衍生品交易的经纪部门。

这些在环境管理战略中都是小的因素。它们将为一些大型决策指明道路,比如与其他拥有互补技术的公司建立战略伙伴关系,或——进一步——与之合并,或将其收购。BP宣布它将践行低碳未来后很快就收购了阿莫科(Amoco),这可能并不是巧合,阿莫科拥有的能源中,天然气比石油所占比重高得多,而石油的单位产出含碳量更高。在很多时候,公司认为如果它们要保持盈利,那它们的基本业务属性需要有所变化。因而,许多目光远大的公司已经对自身进行了重新定位,它们不再是实物产品的生产者,而是服务的提供者。一些公司走得更远,将它们的业务重新定义为知识的提供者。

## 9.2 温室气体排放目标:原理、类型和方法

皮尤全球气候变化研究中心(the Pew Center on Global Climate Change)最近发布了公司温室气体减排目标的报告(Margolick 和 Russel,2001),该报告研究的是众多知名跨国公司制定温室气体减排目标背后的驱动因素。该报告研究了公司采纳目标、选择目标的理由,以及为达到目标所采取的方法和进展状况。基于这些案例研究,该报告还为其他考虑建立类似气候相关目标的公司提供指导。下面几个小节将对这类重要和即时的研究进行概括。

**采纳气候相关目标的理由** 有关公司为何决定采纳气候相关目标作为其

## 9 环境变化管理战略

总体环境战略的一部分,众多因素都发挥着重要作用。最大的驱动因素之一是预期进行的未来管制将会对经营产生严格的财务约束,特别是对于能源行业。公司因此有动力采取自愿行动来应对温室气体减排,向政策制定者证明应对气候变化的弹性方法的价值和有效性。因此,气候相关目标就成为更加努力管制风险管理的一部分并"处于管制曲线之前"。其他一些驱动因素与经济利益有关,因能源保护和能效提高会带来能源成本的下降和公司竞争地位的改善。

**目标分类** 公司决定采纳气候相关目标,必须首先决定采纳目标的类型和水平。为此,公司必须回答三个问题:目标适用于产品生命周期的哪一阶段?目标集中在温室气体减排,还是能源效率方面?目标使用绝对值表示,还是相对值?表 9.1 罗列了一些大公司根据这些问题所采纳的公开目标。

**表 9.1 大公司公布的目标**

| 公司 | 行业 | 目标描述 | 基年 | 设定区[1] | | | 目标关注点 | | 目标类型 | |
|---|---|---|---|---|---|---|---|---|---|---|
| | | | | 厂内 | 购买的电力 | 产品使用 | GHG | 能源 | 绝对值 | 相对值 |
| ABB | 电力生产和传送设备 | • 针对工厂的能效目标 | 年度 | * | * | | | * | | * |
| | | • GHG 每年减排 1%(1998—2005) | | * | * | | * | | * | |
| | | • 为每个产品建立环境产品声明 | | | | * | * | * | | * |
| 美国铝公司(Alcoa) | 铝业 | • 到 2010 年直接减排 GHG 25% | 1990 | * | | | * | | * | |
| BP | 石油 | • 到 2010 年减排 GHG 10% | 1990 | * | | | * | | * | |
| 德国电信(Deutsche Telekom) | 通信 | • 到 2000 年减少 15% 的能源使用 | 1995 | * | * | | | * | | * |
| 道氏(Dow) | 化学 | • 到 2005 年减少每十亿产量的能源使用 | 2000 | * | | | | * | | * |
| 杜邦(Du-Pont) | 化学 | • 到 2010 年减排 GHG 65% | 1990 | * | | | * | | * | |
| | | • 保持能源使用恒定 | | * | | | | * | * | |
| | | • 10% 来自可再生能源 | | | | * | | * | | * |
| 安特吉(Entergy) | 电力生产和天然气配送 | • 到 2005 年稳定 $CO_2$ 的排放 | 2000 | * | | | * | | * | |

(续表)

| 公司 | 行业 | 目标描述 | 基年 | 设定区[1] | | | 目标关注点 | | 目标类型 | |
|---|---|---|---|---|---|---|---|---|---|---|
| | | | | 厂内 | 购买的电力 | 产品使用 | GHG | 能源 | 绝对值 | 相对值 |
| 福特(Ford) | 汽车制造 | ● 到2005年提高25%的SUV车型燃料效率 | 2001 | | | * | | * | | * |
| | | ● 到2005年减少欧洲车GHG排放25% | | | | * | * | | | * |
| IBM | 计算机和半导体 | ● 每年提高能源效率4% | 年度 | * | | | | * | | * |
| | | ● 每年减少$CO_2$排放4% | 年度 | * | * | | * | | | * |
| | | ● 每年90%能源之星投诉模型化[2] | 年度 | | | * | * | | | * |
| | | ● 到2010年减排PFC 10% | 1995 | * | | | * | | * | |
| 安大略电力公司(Ontario Power Generation) | 电力生产 | ● 在2000年及以后稳定$CO_2$排放 | 1990 | * | | | * | | * | |
| 壳牌(Shell) | 石油 | ● 到2002年减排GHG 10% | 1990 | * | | | * | | * | |
| | | ● 满足全球业务单元的能源目标/吨产量 | 年度 | * | | | | * | | * |
| 横贯亚博达(TransAlta) | 电力生产和营销 | ● 到2000年恢复到1990年GHG的排放水平 | 1990 | * | | * | * | | * | |
| | | ● 到2021年实现加拿大业务中GHG的零排放 | 1990 | * | | | * | | * | |
| 芝加哥气候交易所参与者 | 所有温室气体的排放者和潜在封存者(如农业、林业) | ● 到2002年GHG减排量低于1999年排放水平的2% | 1999 | * | | | * | | | * |
| | | ● 2002年后实现每年GHG减排量降低1% | | | | * | | | | |

[1] 生产周期中设定的目标。
[2] 能源之星(Energy Star)是美国环保署和美国能源部联合发起的一个计划。

资料来源：Margolick 和 Russel (2001)。

公司减排目标的规模既与适用目标的产品生命周期有关,又与一般经营情景设定的基准有关。例如,在电力设备生命周期中绝大多数的能源消耗是在产品使用中,而非产品制造中。这就影响了像 ABB 和 IBM 这样的企业,它们设定的目标除厂内排放目标外,还与产品使用有关。相比而言,电力生产的排放主要来自其化石燃料的燃烧,而非产品使用。因此,电力生产商和天然气配送商安特吉公司(Entergy)将稳定内部经营产生的二氧化碳排放设定为目标。

在能效和温室气体(GHG)排放之间进行目标选择主要取决于成本—效益考虑。例如对安特吉公司而言,最优的成本—效益减排方式就是转变其燃料组合。所以温室气体减排目标就是它的最优选择。相比之下,制造业公司直接使用相对较少的燃料即可。它们将目标锁定在能效而非温室气体排放上似乎是有道理的,因为它们几乎不可能控制所使用的电力中的碳成分。另外,它们还能根据其能效目标实现成本节约。

**方法和进展** 不同公司实践其减排行动计划有不同的战略。如能源公司 ABB 依赖全球超过 500 名可持续发展官的保证,通过其环境管理系统来实现总体目标。相比而言,IBM 的目标是由覆盖了公司全球经营领域的一个指挥中心来管理的,尽管能源管理是分散化的。安特吉公司内部设立了 500 万美元的 $CO_2$ 减排基金来资助减排项目。评估融资方案时不仅要看其未来减排的潜力,而且还要其对实现公司其他目标的潜力,如区域招聘和减轻贫困。

大多数大公司已开始在更大的可持续发展框架下对温室气体排放和能源使用进行管理,但实际目标的采纳还需要有其他一些目标实现方式的配合。因而许多公司正在转向一些类似内部交易和为目标实现进行碳补偿的方案。内部碳交易涉及公司各业务部门的碳减排活动,这样可以以最小总成本来实现公司目标。下面对横贯亚博达公司(TransAlta)的案例研究就是一个例子。值得一提的还有壳牌排放许可交易系统(Shell Tradable Emissions Permits System,SETPS)——在 2000 年为温室气体排放建立的一个自愿限额交易系统。在这个案例中,许可额度相当于 1998 年温室气体排放的 98%,将之分配给发达国家中特定的经营部门,这些部门负责公司总体排放的 30%。这个计划允许许可证交易,因为在壳牌大型自主核心业务之间以及不同国家的经营部门之间减排成本都存在巨大差异。它促进了公司对目标实现成本和行动的理解,还让不同部门获得了一些在未来进行许可证交易的经验。壳牌的行动计划还包括将"影子价格"当作一个最基本的投资战略,用来分析一定规模项目的潜在资本支出,每吨 $CO_2$ 价格在 5 美元到 20 美元,以此估计项目可否接受。

能源密集型行业,已进行了燃料和能效的优化选择,它们可能倾向于将公司外部减排投资作为一种补偿形式。例如安大略电力公司(Ontario Power Generation，OPG)已选择通过投资外部减排这种补偿形式实现了温室气体排放稳定的目标。2000年,安大略电力公司从北美和全球其他地方购买碳补偿信用额度,实现了80%的减排目标。通过内部能效方案实现了另外20%的减排目标。

皮尤中心关于就这些减排创新与公众沟通的发现在第8章公司环境报告的讨论中尤为有用。皮尤中心的研究说明许多大公司已在常规的年度报告中增加了环境报告的内容。另外,许多公司都信奉三重底线(环境、经济和社会)并对它们采取的行动进行报告,这些行动不仅会改善环境和经济,还有对社会的改善。将温室气体排放与社会背景相结合,壳牌建立了一个气候变化咨询小组,该小组包括来自不同地方社区的代表,以此支持阿萨巴斯卡油砂项目中的温室气体管理和计划,因为壳牌在其中拥有部分股权。在BP,内部沟通已成为告知和让雇员进行减排的重要标志性手段。BP发起创建了一个最佳实践网站,将成功创举进行公布,便于全公司进行复制。

## 9.3　绿色家政

绿色家政作为公共关系的实践早已启动,但它可能很快成为一个重要的商业领域。在某些情况下,它已成为对社会未来环境进行长期评估的主要推动力量,而不只是对公司自身进行评价。下文横贯亚博达(这是一家位于加拿大阿尔伯塔省的电力工业公司)的案例研究就说明了转型能走多远。

**案例研究:横贯亚博达公司**

横贯亚博达公司是一家加拿大电业公司,拥有热电厂和水电厂,还有电力配送系统。横贯业博达是加拿大最大的一家由投资方拥有的电力公用事业公司。它的三个燃煤电厂占横贯亚博达电力生产的95%,还有13个水电站。公司从一个位于亚博达的传统地方电力公司转变为一家在安大略、新西兰、澳大利亚和美国的跨国运营商。

与横贯亚博达公用事业服务公司有直接和间接关系的接近200万人,考虑到它的行业国产化比率,算是国际化水平较低的公司。同时,横贯亚博达是加拿大第二大温室气体排放源。与这种排放相关的风险促使横贯亚博达积极通过内部排放交易体系和内部碳税这样的计划集成$CO_2$的减排战略。横贯亚博达最初进行的$CO_2$减排努力大多集中于内部方案,如将生产中使用的燃料从煤转变为天然气和可再生能源,该项目的回收期不到5年。

在加拿大,自愿挑战和注册计划(VCR)建立于1995年,该计划鼓励组织自愿限制温室气体的排放。但在此之前横贯亚博达就已采取行动,旨在应对气候变化的挑战。1992年早期,横贯亚博达确立了自己的$CO_2$排放基准线,并将2000年生产经营部门温室气体的排放恢复到1990年的水平设为目标。这种清晰可测的目标与里约会议确立的目标相类似,并有助于对横贯亚博达公司的可持续发展承诺进行操作。最近,公司倡议到2024年实现温室气体零排放(www.transalta.com)。

1993年,横贯亚博达在它的三个电厂中引入了内部交易体系。这种努力背后的动因是双重的:首先,高度认识到与排放有关的环境成本;其次,已经理解这类外部方案是如何发挥作用的。为执行该方案,每个电厂对其排放的每吨$CO_2$缴纳2美元。为了降低成本,厂里鼓励员工在公司的其他部门,如输配单位,确认那些内部无效率且可用于补偿的方案。

除了交易计划外,横贯亚博达在1993年还引入了内部碳税。与交易计划一样,碳税的目标也是提高生产部门对排放环境成本的认识。一开始税收设定在每吨$CO_2$接近20美元,但几年后调整到每吨2美元,这反映了横贯亚博达为补偿方案支付的价格。尽管碳税始终都没有与真实货币挂钩,但它可用于是否进行资本支出的讨论。因此可将同一回报率的项目用碳税进行排序,并可将生产经营部门的所有项目进行比较和排序,让其在预算约束内竞争(Thompson,1998)。

横贯亚博达一直在凭借自身的努力减排温室气体,它还是加拿大政府在1995年建立的自愿挑战和注册计划(VCR)的早期推动者,这个计划主要是鼓励温室气体的自愿减排。彭比纳适度发展研究所(Pembina Institute for Appropriate Development)认为横贯亚博达提交给VCR的行动计划是加拿大最好的行动计划之一(彭比纳,1998)。

还有几个关键问题对横贯亚博达公司未来的减排战略有重要影响。第一个是加拿大对电力行业取消管制对横贯亚博达公司购买可再生能源产生影响。此外,管制的取消还为电力行业提供了更富弹性的空间,使其将资源运用到那些它们认为成本—效益最佳的减排中。同时,管制的取消也让电力行业处于更加透明的竞争态势中,因资本投资承担了市场压力,会导致对可行项目回报率更加严苛的要求。

因为成本可调整的项目变得十分稀缺,横贯亚博达的减排组合中包括了其他类型的项目,如可再生能源的购买、热电联产设施、补偿性项目。加拿大其他省份管制的取消使横贯亚博达公司可以在这些地区开展经营活动。例如在安大略省,横贯亚博达公司经营着三家热电联产的电厂,比传统燃煤电厂更为有效且$CO_2$排放更少。这些独立电厂为当地提供250兆瓦特电力并满足其热能需求。

## 环境金融

1997年，横贯亚博达的报告称23%的$CO_2$减排归因于内部效率的提升。90%内部效率的提高是因为热电厂能源节约和传输环节效率的改善，而10%是因为其购买的可再生能源。横贯亚博达公司在《小型电力研究和发展法案》（阿尔伯塔省，加拿大）下以法定价格签约购买了风、有机物和小水电等能源。

横贯亚博达公司预计的增长对公司减排造成了压力，使公司更加注重国内和国际补偿型项目的确认和融资。这类项目的净减排量减轻了财务负担，否则这会限制其在变化的电力市场中的经营战略。因为许多成本—效益型项目都已完成，如热力一篮子改善项目，横贯亚博达公司开始考察和投资一些国内外的补偿型项目。横贯亚博达公司参与的各种项目包括：

- 萨斯喀彻温省土壤优化项目鼓励农民采用低干预播种技术，这可以减少耕种，缩短夏季休耕，恢复土壤有机性，否则会增加土壤中碳的含量（据估计可减少120万立方吨$CO_2$的净排放）。
- 埃德蒙顿堆肥中心是为将埃德蒙顿市的垃圾和污泥变成可以使用的堆肥（减排的$CO_2$为24万立方吨）。
- 横贯亚博达公司燃煤电厂出来的灰渣可出售给混凝土生产商加以利用，用混凝土代替水泥，就可以节省水泥生产所需的部分能源。出售11.5万立方吨灰渣可减少超过2.1万立方吨的$CO_2$排放（混凝土生产中能源使用的排放）。
- 位于印度古吉拉特邦的印度发展项目优化牛奶生产，同时减少奶牛消化过程中产生的甲烷数量。横贯亚博达公司估计它可以从该项目中得到温室气体减排量为3 000万立方吨$CO_2$，相当于今后30年的排放量。
- 2000年6月，横贯亚博达公司宣布了它的第一笔横跨大西洋的二氧化碳减排交易，交易对手是德国电力公司汉堡电力公司。24 000吨的交易额由纽约的国家资源公司作为中间人安排交易，这相当于近3 000辆汽车每年的排放量（www.transalta.com）。

横贯亚博达公司预期会更多地依赖补偿型项目，因为内部项目成本越来越高。实际上，公司为了增加可供选择的潜在项目而发布了一份倡议（www.transalta.com）。然而附加性[①]和补充性[②]这样的问题依然存在，如同项目"可信的"的定义和可接受性问题一样。选择多样的补偿项目混合可减少风险，但补偿项目的类型应设定在特定种类上（Thompson,1998）。

---

[①] 《京都议定书》第12.5(c)款将核准的减排定义为："减排是附加的，即没有核准项目的话减排就不存在。"——作者注

[②] 补充性是指一些受减排限制的国家希望通过国际补偿来履行义务。这种限制确保了每个国家在从他国购买项目之前都承担减排二氧化碳的责任。——作者注

## 9.4 环境报告

正如对绿色家政的一个简单承诺可以改变一个公司的发展进程,环境报告的一个简单承诺也同样可以。这并不是说这两个活动都简单易行,而是使公司致力于这两项事业是很好理解的。报告通常会揭示出一些未预期的信息并可能提供不容置疑的机遇,因而验证了一句古老的管理格言:"无法测量的东西不可控。"英国公用事业公司韦塞克斯水务(Wessex Water)的抱负就是成为"一家真正可持续发展的水务公司",这被认为不合常规(Howes,2001)。在这种情况下,这意味着它"必须明确公司在哪些方面受环境影响,必须确定恰当的'可持续发展'目标或要达到的标准,还需为公司确定最佳的成本—收益方式来消除'可持续发展差距'"(Howes,2001)。

**案例研究:韦塞克斯水务**

韦塞克斯水务是英国一家最近私有化的区域供水和污水处理公用事业公司,它认为自己会逐渐成为一家能源密集型的公司,因为它致力于在未来从事与今天一样的服务。公司对能源需要的增长主要归因于要做大量新的工作来遵守日益提高的监管标准。尽管能源需求增长了,公司还是希望从严重依赖化石燃料能源的公司转变为一家更多从可再生资源获取能源的公司。

为了满足当前和未来的目标,减少对化石燃料的依赖,韦塞克斯从许多工艺中寻找其他可替代燃料来源,例如从污水处理和有机污泥的热干燥过程得到燃料。它已从可再生资源中获得了一些能源,如沼气和水力发电。公司还开始使用循环期短的作物,如矮柳和象草,作为小型热电厂(CHP)"碳中和"的燃料来源。

当意识到甲烷是一种比 $CO_2$ 更强的温室气体时,韦塞克斯使用从废水处理中收集到的大量有机污泥进行发电。然而,要确保最大量地收集到甲烷就必须进行大量投资。为确保其环境计划在各层次决策中得到理解和运用,它开发了一套带有工程师使用软件的"绿色指南",工程师必须尽可能早地在规划和决策阶段对排放和其他环境成本进行评估(Scott,2000)。

与其他应对可持续性的决策一样,韦塞克斯还有两套相互独立的报告形式用来与它的利益相关者进行环境信息方面的沟通。第一个是《追求平衡》(*Striking a Balance*)(韦塞克斯水务,2000),采用了可持续管理系统样板项目"西格玛"的格式。这个项目是由包括未来论坛(Forum for the Future)在内的一些利益相关者发起的,想找到一个能将现有管理系统的精确性与强调可持续性

# 环境金融

概念的基本原则结合起来的过程。在尝试中,未来论坛使用了5个公司"资本块"术语对商业经营的各个方面进行了定义:环境、客户、雇员、基础设施和财务。《追求平衡》从这个角度对公司的所有资产进行了审视,并对每个项下所取得的进步和未来面临的挑战进行了报告。例如,韦塞克斯得知其能源消费将来会增加时就表示它将削减使用化石燃料的目标,到2005年将有20%的能源来自可再生资源,而到2020年将到达50%。在它的运送活动中也有类似的设计。

《追求平衡》进一步在环境报告中计算了韦塞克斯水务公司经营中排放的二氧化碳或类似物质。为此,要计算来自生产和原材料运输中,以及公司使用中间产品的排放数据。最后,报告要践行它的标题——平衡,来检查公司开支和收益在公司及其外部利益相关者之间是否达到了平衡(韦塞克斯水务,2000)。

为"绿化"其会计核算,韦塞克斯发布了一套环境外部核算账户,加上常规的财务报告成为它的年度账户概览,名为《开发你的水源》(韦塞克斯水务,2001)(见表9.2)。在这里出现的货币数据是为了将环境信息与公司环境和经济业绩的改善联系起来。

**表9.2 韦塞克斯水务环境核算(到2001年3月31日)**

| 环境影响 | 排放量（立方吨） | 减排目标（立方吨） | 单位成本 英镑/立方吨（相关地区） | 千英镑 |
|---|---|---|---|---|
| **对大气的影响** | | | | |
| **直接能源** | | | | |
| 电力消费19 510万千瓦小时 | | | | |
|    $CO_2$ | 86 235 | 51 741 | | |
|    $NO_x$(NO和$NO_2$) | 234 | 140 | | |
|    $SO_2$ | 488 | 293 | | |
|    总量(规避成本) | | | | 1 950 |
| 天然气消费1 107万千瓦小时 | | | | |
|    $CO_2$ | 2 103 | 1 262 | 6 | 8 |
| 柴油1 891万千瓦小时 | | | | |
|    只有$CO_2$ | 4 728 | 2 837 | 6 | 17 |
| **甲烷排放** | | | | |
| 估计4 340立方吨用$CO_2e$(GWP 21) | 91 140 | 54 684 | 6 | 328 |
| **道路交通** | | | | |
| 公司车辆(汽油和柴油)230万公里 | | | | |
|    $CO_2$ | 403 | 241 | 6 | 2 |

(续表)

| 环境影响 | 排放量<br>(立方吨) | 减排目标<br>(立方吨) | 单位成本<br>英镑/立方吨<br>(相关地区) | 千英镑 |
|---|---|---|---|---|
| $NO_X$、$HC_s$和PM | 1 | <1 | 14 000 | 8 |
| 商业车辆(汽油和柴油)1 320万公里 | | | | |
| $CO_2$ | 3 918 | 2 381 | 6 | 14 |
| $NO_X$、$HC_s$和PM | 30.5 | 17 | 2 400—14 000 | 323 |
| 私人车辆商用公里220万公里 | | | | |
| $CO_2$ | 438 | 263 | 6 | 2 |
| $NO_X$、$HC_s$和PM | 4 | <1 | 7 200—14 000 | 26 |
| 通勤610万公里 | | | | |
| $CO_2$ | 1 856 | 1 114 | 6 | 7 |
| $NO_X$、$HC_s$和PM | 12 | 7 | 7 200—14 000 | 73 |
| 承包141万公里 | | | | |
| $CO_2$ | 2 500 | 1 500 | 6 | 9 |
| $NO_X$、$HC_s$和PM | 37 | 17 | 7 200—14 000 | 28 |
| **对水源的影响** | | | | |
| 截取:优先地可供替代水源供给 | | | | 5 170 |
| **对土地的影响** | | | | |
| 被污染的土地 | | | | 120 |
| 绕行 | | | | 2 |
| **可持续发展总成本** | | | | 8 341 |
| **每比财务核算税后利润** | | | | 72 000 |
| **环境可持续发展利润** | | | | 63 659 |

$NO_X$——一氧化氮和二氧化氮。
$HC_s$——碳氢化合物。
PM——微粒物。
资料来源:改编自韦塞克斯水务(2001);Howes(2001)。

遵循联合国建议的环境成本调整评估程序,韦塞克斯水务基于规避和恢复成本估计了它的环境影响。该成本估计中最重要的部分是开发其他的水源供给点,这些地方目前都很容易受到破坏。另一项主要成本和避免与能源消费有一定联系的每吨温室气体排放相关。

这个方法首先估计了韦塞克斯水务避免这种影响所付出的代价,或者如果不可避免地要采取这种行动,对环境造成损害的恢复成本是多少。降低60%化石燃料发电产生的排放所花费的成本等于就地开发可再生能源供应的成本,如从第三方购买能源。购买和安装用于隔离运输中二氧化碳排放的碳氢化合物和微粒技术的相关成本经常用来估计公路交通的减排。从积极一面看,韦塞克斯水务有补偿性的津贴和储蓄金,主要是免除了气候变化税收和使用减碳技术对车辆进行翻新得到的退税(Howes,2001)。

通过使环境和财务表现评价之间的关系更加清晰可见,韦塞克斯水务帮助决策者降低了成本和经营风险,同时增加了股东价值。到了金融分析师和其他利益相关者需要更多的披露和报告来了解与财务相关的环境数据的时候了,这有助于他们分辨表现的好坏。

## 9.5 全球监管

全球化非常重要的一个方面是现在经济中越来越多的部门受到了全球问题的影响,包括人口、政治和经济的变化,还有环境的变化。对一些公司而言,这并不是什么新的形势。事实上,对再保险公司而言,全球化对它们业务的多样化有着非常重要的贡献。当然,如果巨灾变得更加频繁和广泛,那么这个战略可能会得到适得其反的结果。正是这样的危险令全球监管成为再保险经营中绝对必要的组成部分。许多大型再保险公司支持大量最新信息的公开发布,让它们的客户和公众了解巨灾的性质,特别是自然灾害,无论是否存在巨大的保险损失。在这类信息的提供方面,没有一家公司比慕尼黑再保险做得更多了。

**案例研究:慕尼黑再保险**

慕尼黑再保险成立于1880年,是全球最大的再保险公司,紧随其后的是瑞士再保险公司。这两家公司比那些排名最接近它们的竞争者[①]都要大得多。慕尼黑再保险集团(包括原保险业务)在2000年的保费收入超过了300亿欧元(慕尼黑再保险,2001a)。它为150个国家的5 000多家保险公司提供再保险。旗下管理的资产超过1 430亿欧元。

自1973年以来,它一直支持地球科学集团(Geoscience Research Group)出版年度巨灾概览,这个集团包括地理学家、地球物理学家、地质学家、气象学家和水文学家,他们自1994年开始考察全世界发生的自然灾害(慕尼黑再保险,2001b)。1999年,公司出版了该概览的千年特别版,提供了"过去100年,尽可

---

[①] 被美国再保险协会引用的标准普尔的名单在网上可找到:www.reinsurance.org/download/Int-PreRank.pdf。——作者注

# 9 环境变化管理战略

能是过去1000年中重大的自然灾害证据,展示出全世界不同地区全部极端自然事件及其破坏性影响的完整景图"(慕尼黑再保险,1999,5)。

这些影响的趋势非常明显。好消息是在较富裕的工业化国家中自然灾难造成的生命损失在下降。坏消息是经济和保险损失已经急剧上升(见图5.1和表9.3)。问题是:为什么?一个重要线索是造成10亿美元或更大的损失的21个事件中有19件是极端天气事件,而根据地球科学集团的总裁格尔哈特·贝尔兹(Gerhard Berz)的说法,极端天气事件"几乎一定,至少部分与化石燃料燃烧有关"(慕尼黑再保险,2001c,16)。该集团谨慎地指出经济和保险损失的增加不单是因为极端天气事件发生频率的增加。还有其他一些重要原因,包括人口的增长;城市人口集中度提高;更多的财富所导致的世界许多地区保险密度提高;还有人们自愿选择像冲积平原和海岸这些风暴多发地区居住的倾向。

### 表9.3 美国过去几十年损失比较(10亿美元,2000年价值)

|  | 1950—1959年 | 1960—1969年 | 1970—1979年 | 1980—1989年 | 1990—1999年 | 1991—2000年 |
|---|---|---|---|---|---|---|
| 损失数字 | 20 | 27 | 47 | 63 | 89 | 84 |
| 经济损失 | $40.7 | $73.1 | $131.5 | $204.2 | $629.2 | $591.0 |
| 保险损失 | 未知 | $7.0 | $12.0 | $25.5 | $118.8 | $104.4 |

资料来源:慕尼黑再保险(2001b,15)。

厄恩斯特·冯·魏茨察克(Ernst von Weizsäcker)博士[①]在慕尼黑再保险公司的出版物《展望:今天的想法,明天的世界》中写了一篇文章,标题为"金融服务和环境",他写道:

> 如果我们想阻止加速的气候变化和稳定当前$CO_2$的浓度,我们每年必须减少全球至少一半的排放……而且,如果我们想还给自然它所需要的空间,从而阻止动植物物种的大量消失(目前一天消失的物种达到50种),还必须大量减少水和土壤这样原料的使用。

他提到公司对其经营进行了环境审计并且继续制订计划来减少这种影响。他还建议公司可利用投资来支持那些环境友好的公司并避免投资那些"严重依赖可耗竭资源"的公司(慕尼黑再保险,2001c,10—11)。公司似乎遵循了冯·魏茨察克的建议。在2000年年报中,它承诺要明确以环境标准指导与客户的关系并对投资进行影响:

> 我们的工作重心是继续努力确保与客户之间的密切沟通,以慕尼黑再

---

[①] 魏茨察克博士是德国议会的议员,伍珀塔尔气候、环境和能源研究所的创始主席,《第四元素》(*Factor Four*)的合作作者。——作者注

保险积累的专业经验寻找最佳的损失预防措施,并对环境有利……

环境保护和可持续发展相关标准连同安全性、盈利性和流动性的经典原则将在我们的投资决策中扮演重要角色。我们将加强该领域中资产管理的研究。(慕尼黑再保险,2001a,78)

## 9.6 气候变化方案

除金融管制放松之外,国家和地方政府进行了许多气候变化方面的创新,这可能会对金融业客户的财务能力产生潜在影响,特别是对电力厂商和能源密集型行业。《京都议定书》为不同管辖区域的碳交易方案提供了基础。下面简单概括了自议定书出现以来的 $CO_2$ 交易创新,既有管制下的交易,也有私人部门内部的交易。

### 9.6.1 国家碳减排创新

**丹麦** 2001 年 1 月,丹麦在它的《$CO_2$ 配额法案》下为电力行业引入了全球第一个有约束力的温室气体排放交易方案。该方案包括 9 家厂商,占该国电力生产 90% 的份额。这是一个直接的总量管制与交易体系,总量从 2000 年的 2 300 万立方吨 $CO_2$ 下降到 2003 年的 2 000 万立方吨 $CO_2$。不遵守的每吨罚款 40 丹麦克朗(约 5—6 美元),但对遵守者就不再给津贴了。仅对电力厂商实施该方案有两个合理性解释:第一,该部门是丹麦唯一一个没有征收碳税,也没有进行能效评估的温室气体排放部门;第二,丹麦电力部门对斯堪的纳维亚其他国家化石燃料发电出口增长迅猛(Helme,2001;Rosenzweig 等,2002;E. Thomas,2001)。

**英国** 2001 年 4 月,英国引入气候变化税(Climate Change Levy, CCL),对商用能源征税。2002 年 4 月,英国创建了全国排放交易体系(ETS),在规模和复杂性上都是空前的,这有助于实现全国的温室气体减排目标计划。与丹麦只包括了 9 家电力公司的温室气体市场相比,英国的全国排放交易体系覆盖了除交通和家用取暖之外的所有终端用户,而不仅是电力生产部门(从而保护了煤炭业)。公司可通过下面的方式参与英国的排放交易体系:

- 签署绝对减排目标($CO_2$ 当量/年),公司在 2002—2006 年的减排绝对数量要低于 1998—2002 年的均值。
- 签署相对于产量(基于能源效率)的相对减排目标。
- 与政府签署气候变化协议(CCA)
- 开发基于英国的特别和自愿减排项目,将产生的减排信用额度出售给那些有绝对和相对目标的部门。

（www.defra.gov.uk/environment/climatechange/tradeing/index.htm；Biello，2002a）

通过与政府签署气候变化协议，许多公司用减少80%的气候变化税（CCL）来换取可接受的能源使用目标。这样，这些公司会自动加入全国排放交易体系（Nicholls，2002b）。否则协议签订者当年将没有资格获得气候变化税削减。

有34家未能将其所有温室气体排放纳入到CCL协议中的公司，它们获得了2.15亿英镑的拍卖减排基金的财务激励。不遵守规则将失去获得年度财务激励的资格（Rosenzweig等，2002；Rosewell，2001）。使用多重激励方式既能强化英国体系，又能减少其复杂性，根据当前的计划目标，这将持续到2006年（Helme，2001）。

**欧盟** 为确保《京都议定书》所有成员国都能有一个合适的交易方案，欧洲委员会（EC）于2001年发布了一项指令，建立一个欧盟（EU）范围的排放交易体系。这是一个两阶段计划。第一阶段从2005年到2007年，允许成员国获得交易体系相关经验；第二阶段与《京都议定书》的第一承诺期一致。一开始，倡议只包括$CO_2$排放交易且包括所有行业（电力、钢铁、炼油、水泥、纸浆和造纸）。第一期对违反者的惩罚为超过一吨罚款50欧元以上或是前一协议时期$CO_2$当量平均价格的两倍。在2008—2012年间，罚款上涨至超过一吨罚款100欧元以上或是$CO_2$当量的平均市场价格的两倍（http://europa.eu.int/comn./environment/climate/home_en.htm；Rosenzweig等，2002）。

丹麦、英国和欧盟是国内排放交易的先行者，其他国家也表明了它们发展类似国内交易的意图。非欧盟成员国瑞士发布了执行二氧化碳法的指令，可以预见可能在2004年会引入国内排放交易体系（Jassen和Springer，2001）。荷兰引入了全国的气候变化战略，计划在2004—2005年建立总量管制与交易体系，但还要等欧盟交易方案在2005年生效后才能决定（Mathias，2002b）。

**现存体系的兼容性** 在缺乏一个清晰的国际交易框架时，这些国家交易体系的发展会造成一些混乱，因为每个国家的方案都有可能引入一些与其他国家方案不相融的特性。表9.4比较了丹麦、英国和欧盟排放交易体系的某些特征。

表 9.4  丹麦、英国和欧盟排放交易方案的比较

| 特征 | 丹麦 | 英国 | 欧盟 |
| --- | --- | --- | --- |
| 自愿/强制 | 强制的 | 自愿的 | 强制的 |
| 履约期 | 2001—2003 年 | 直接参与者:2002—2006 年<br>达成协议者:2002—2010 年 | 2005—2007 年 |
| 涉及的气体 | $CO_2$ | 只有 $CO_2$ 或所有 6 种温室气体(公司选择组合) | 开始为 $CO_2$ |
| 部门 | 只有电力生产 | 工业部门,不包括电力行业 | 工业和能源部门,不包括化学部门 |
| 目标 | 绝对值 | 绝对值和相对值 | 绝对值 |
| 财务激励 | 无 | 为直接参与者提供拍卖基金为协议者提供 CCL 折扣 | 不可预测 |
| 经济惩罚 | 40 丹麦克朗/每吨(5—6 美元) | 取消激励支付和 CCL 折扣 | (2005—2007 年)50 欧元/吨或 2 倍配额平均价格<br>(2008—2012 年)100 欧元/吨或 2 倍配额平均价格 |

资料来源:摘自 Rosenzweig 等(2002,表 3,34)。

比如,英国和丹麦的体系涵盖的是不同气体和不同经济部门,以及不同的津贴和信用方法的组合。这些差异看似会成为这些国家的公司进行交易的壁垒。而 2002 年英国壳牌和丹麦电力公司艾尔桑(Elsam)之间却达成了一项排放权互换协议。尽管双方都没有披露交易条件,但壳牌表示它需要丹麦的配额以便与丹麦产能相匹配,而艾尔桑也解释说该项互换为公司建立了一个长期组合而不仅是满足丹麦的减排方案,也就是说,要到 2006 年而非 2003 年(Nicholls,2002d;Rosenzweig 等,2002)。

但当时,这些国家的方案中没有一个与欧盟交易方案完全适应。英国的体系和欧洲委员会的提议之间存在许多关键性差异,这引起了英国方案适应欧盟规则的争论。第一个差异是英国方案是自愿性的而欧盟交易体系是强制性的。另外,欧盟不允许实行补贴,如英国政府对潜在 ETS 参与者给予的激励。另一个差异是英国方案明确剔除了电力和热力生产,反而包括了电力消费者,而欧盟的方案包括以上所有。最后,英国的守约机制不像欧盟的方案采取事先制定的强制性经济惩罚,而是取消对其的激励给付和气候变化税的折让。这些缺乏兼容性的机制被一些人认为是从国际交易体系中获得经济利益和成本节约机会的重要障碍(Helme,2001;Rosenzweig 等,2002)。

另一个困境因丹麦政府关注欧盟提出的"责任分担"协议而产生,该协议的目的是将欧盟 8% 的减排总量在其成员国之间进行分配。丹麦认为如果基年设在 1990 年的水平,它将无法达到指定目标,因为该年它的排放量异乎寻常地低

(Goodfellow,2002)。

**加拿大** 其他国家和地区也开始建立国家和区域层面,以及私人部门内部的交易排放机制。在加拿大,自愿挑战和注册计划(VCR)是现在政府/行业减排温室气体的创举,而加拿大国家环境与经济圆桌会议(NRTEE)研究的是建立全国交易体系的可能性。另外,温室气体减排交易试点(Greenhouse Gas Emissions Reduction Trading Pilot,GERT)提供了加拿大西部地区的基线保护计划,而在私人部门公司之间的交易可通过类似安大略地区的减排试点计划(Pilot Emissions Reduction Program,PERP)进行。

**美国** 尽管美国不愿意批准《京都议定书》,但东北部的两个州,新罕布什尔和马萨诸塞已提出了 $CO_2$ 排放上限。马萨诸塞对管辖范围的 6 个在营的化石燃料电厂设置了 $CO_2$ 排放限额。2001 年 4 月,该州建立了两个限制条件:第一,6 家电厂到 2002 年 10 月 1 日 $CO_2$ 的绝对排放量必须比 1997—1999 年平均排放基准减少 10%;第二,它们在 2006 年 10 月 1 日 $CO_2$ 的相对排放必须达到 1 800 磅 $CO_2$/兆瓦小时。要达到此要求可以通过内部措施,如燃料的替换(煤换为天然气)或通过从减排项目中购买抵补额来实现,不过对后者进行管理的规则还未建立起来(Chartier 和 Powers,2002;Rosenzweig 等,2002)。

在新罕布什尔,$CO_2$ 排放上限是根据本州的《清洁电力法案》建立的,主要运用于在本州经营的电厂。该法案允许排放权交易,以帮助公司达到 $CO_2$ 减排目标,到 2006 年 12 月减排量必须低于 1990 年的水平(Biello,2002b)。

### 9.6.2 政府/私人部门的气候变化创新

**ERUPT 和 CERUPT** 荷兰政府减排单位采购招标计划(Emission Reduction Unit Procurement Tender,ERUPT)是为了帮助荷兰完成全国性的减排义务,可购买弹性机制下的减排单位(ERU),该机制建立在附件 B 国家的联合履约项目规则上。政府还建立了第二个计划,核准的减排单位采购招标计划(Certified Emission Reduction Unit Procurement Tender,CERUPT),目的类似,是为了购买清洁发展机制(CDM)之类的项目产生的减排额(Rosenzweig 等,2002)。

因而 ERUPT 运行的碳采购战略类似于世界银行原型碳基金(PCF,第 4 章描述过),投资者可以直接购买碳信用,而不必投资那些产生碳信用的能效和可再生能源项目。在荷兰政府减排单位采购招标计划下,与该计划有关的独立银行为项目提供融资。与世界银行原型碳基金(PCF)一样,从事该工作的人员分工有所侧重,基金经理开发和组织有商业利益的项目,而荷兰政府或世界银行这样的领导机构主要检查和审核减排量能否兑换部分或全部的可交易的碳信用(Bürer,2001)。

**GHG友好型/GHG免费抵补基金** 2000年,澳大利亚联邦政府发起建立了一个GHG友好型/GHG免费抵补基金计划,该计划为碳中和产品提供支持和认证,这些产品的GHG排放可以通过可再生能源和能效项目以及使用垃圾填埋地甲烷发电来抵补。BP是第一家致力于该项事业的公司,它制定了清洁燃料战略,使用极值为98的高值燃料来抵消排放。一家澳大利亚能源公司和在澳大利亚经营的跨国运输企业会在不久的将来宣布加入(Bürer,2001)。

### 9.6.3 私人部门的创新

**芝加哥气候交易所(CCX)** 尽管温室气体交易在美国联邦这个层面上几乎无甚进展,但在芝加哥气候交易所(CCX)这样的私人创新组织中有却有所发展(见专栏7.6)。该交易所由芝加哥地区环境金融产品组织(Chicago-based Environmental Financial Production)领导,并由私人部门提供资助,如乔伊斯基金,通过西北大学凯洛格管理学院提供。这个创新组织是自愿温室气体减排试点计划的代表,主要针对美国中西部有减排目标和抵补项目的地区。有40多家实体企业,包括杜邦、福特、国际纸业和威斯康星能源公司将要加入该计划。它的目标是设计和实施一个自愿性试点市场,首先在中西部的7个州,然后再推广至全美乃至全球(www.chicagoclimatex.com)。

**温室气体排放管理组织(GEMCo)** 在加拿大,温室气体排放管理组织代表了电力生产商,是一个私人的联合创新组织,主要确认和开发碳补偿项目的减排信用交易和温室气体管理方法。温室气体排放管理组织支持它的成员确认和取得自己要用的减排量和抵补额,还建立了一个正规的减排信用认证商业机制(www.gemco.org)。

## 9.7 天气创新产品

本书中的大部分都是为满足环境要求进行的新产品开发,从污染土地清理成本超出上限的保单到碳交易。创新充满了障碍,包括缺乏撮合潜在买卖双方的信息和经验,缺乏对环境产品市场化的政府监管,缺乏合适的数据,还涉及时机和成本。这些都是环境金融领域新产品开发面临的共同问题。在本章关于建立环境变化管理战略方面,我们将列举三种应对气候变化的产品创新的例子:巨灾的风险转移、不利天气的风险转移以及污染物减排信用交易。

风险证券化具有调动资本市场力量的潜力,通过扩展再保险能力以及为重大自然灾害和中度或极端天气事件提供套期保值工具来实现。为此,自然灾害和天气风险被打包成为可以在资本市场上买卖的标准化金融产品。本节概括了已开发出的一些工具的特性,这些工具都具备面对自然灾害和与天气相关的问题的能力。图 9.1 确认了通过套期保值工具对投资人、保险人和公司风险进行证券化的模式。

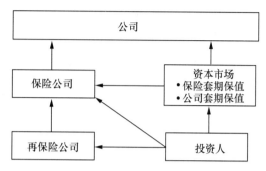

**图 9.1　市场与衍生品关系**

资料来源:基于 Doherty (1997)。

在传统保险业内,保险人和再保险人都是从投资人手中进行融资的。保险公司在其经营范围内为客户提供保险并通过购买再保险对超额潜在损失进行套期保值。尽管通过这种结构安排增加了资金流,从而增强了经营能力,但还有其他一些分散风险和增强能力的方法,可以通过让投资人购买资本市场提供的巨灾或天气产品(债券、期权和互换)来分担一定风险。这类产品能为保险公司或直接为像能源公司这样的企业提供套期保值。下文讨论了当前投资人可以利用的巨灾和天气套期保值产品的功能。

### 9.7.1　巨灾债券和互换

面临美国东海岸飓风和加州地震这样的巨灾风险的保险公司都在积极为这些区域风险寻找再保险。然而,那些已将风险集中在相关区域或危险的再保险公司不可能还想再承担这两个方面的任何风险了。这就需要保险公司为资本市场提供机会,通过新的金融产品,如巨灾债券和互换来提供"合成"的再保险形式。这些将再保险合同转化成证券的金融工具的回报与投资者持有的资产组合中传统资产的回报不相关(Canter 和 Cole, 1997; Canter 等, 1996)。另外,回报率由自然灾害事件造成的损失模式独立决定,所以证券化产品可以为任何投资组合带来多样化效用。

**巨灾债券**　典型的巨灾债券是为飓风这样的自然灾害提供的保险。该交易涉及三方:分保人、投资人和向投资人发行债券的特殊目的壳公司。图 9.2 描述了各方是如何相互作用的。

发行人与分保人签订一份再保险合同,与此同时向投资人发行巨灾债券。

**图 9.2 巨灾债券支付结构**

资料来源：基于瑞士再保险(1999,5)。

壳公司在这个支付结构中是独立信托人，位于离岸地区，如开曼群岛或百慕大，拥有再保险人的资格。它唯一的目标就是将再保险的风险转化为可投资的证券。

投资人提供的资金存在一个信托账户中，可获得伦敦同业市场拆借利率（LIBOR）。债券利息包括存款的投资收益，还有分保人为保险支付的保金（瑞士再保险，1999b，2001b）。巨灾债券通常回报更高，因为投资人需要溢价来补偿投资流动性的缺乏。从资本投资角度看，这种债券有些是"保本的"，投资者只会损失利息。其他一些债券是"本金有风险的"，本金回报与特定巨灾事件有关，要看此时赔付资金的占比，还与事件的严重程度有关，这样本金和利息都有可能发生损失（Mathias，2002a）。

如果在规定时间内约定事件没有发生的话，本金连带最后的债券利息都将退还给投资人。但如果巨灾发生，导致的损失超过债券规定地区和时期内的数量（触发点），那么巨灾债券发行人将向分包人支付筹集的债券基金，包括投资的利息、部分本金，或两者都包括（Canter 和 Cole，1997；瑞士再保险，1999b，2001b）。

两种巨灾债券的发行说明不同类型的债券适用于不同风险承受能力的投资人。第一个例子是1997年由一家得州保险公司USAA发行的两类债券，这两类债券都与LIBOR挂钩。USAA的A-1债券发行了1.64亿美元，为LIBOR加282点的基准利率。这些债券的利息有风险，但本金是有保障的。相比之下，USAA的A-2债券发行了3亿美元，提供的利率为LIBOR加575点。对于这些高回报的债券，其本金完全处于风险之下。如果1997年6月15日至12月31日美国东海岸发生飓风，那么就会引发这些债券的违约，结果会导致USAA产生超过10亿美元的索赔。

第二个例子是包括地震在内的三种类型的巨灾债券，这是由1997年瑞士再保险引入市场的。瑞士再保险公司的这些债券不同于USAA发行的债券，其触发点被编入了财产权索赔服务公司（Property Claims Services，PCS）出版的全行业风险测算目录中。这三种债券在目录中有不同的违约触发数量（Jones，1999）。

**巨灾互换** 还有一种将巨灾风险证券化的方式，就是互换交易。在这类交易中,一系列预先确定的分保人固定利率支付额与一系列对手方浮动利率支付额互换(见图9.3)。浮动利率支付额取决于保单指定的巨灾事件发生的具体规定。分保人可以与对手方直接进行交易或利用金融中介交易。互换比巨灾债券的结构更简单,履约成本更低廉。它不像债券,不会占用特殊目标壳公司的资金,但需要更广泛的信用风险评估(瑞士再保险,1999b,2001b)。

**图9.3 巨灾互换支付结构**

资料来源:基于瑞士再保险(1999,6)。

### 9.7.2 天气衍生品

巨灾债券市场的演进是基于对(再)保险行业更大能力的需要,鉴于此,天气衍生品市场直接从石油和天然气期权/期货市场的演化而来,因为天气变化是导致能源需求波动的重要因素。对能源部门管制的放松在天气衍生品交易的发展中也扮演着重要角色,因为一旦价格和数量波动由纳税人承担,那也就成为能源生产和使用者的责任(Ertel,2001)。

衍生品被定义为"其价值来自股票、债券、货币或商品这样原生资产价值的金融合约"(瑞士再保险,2001,8)。天气期权和互换是在世界市场上每日进行交易的衍生产品,其原生产品与全球金融和能源公司的能源交易平台的商品有关。与巨灾债券市场相比,天气衍生品市场是持续、动态和不稳定的。表9.5总结了巨灾债券和天气衍生品的不同特性。

**表9.5 巨灾债券和天气衍生品的不同特性**

| 特性 | 巨灾债券 | 天气衍生品 |
| --- | --- | --- |
| 触发点 | 巨灾事件 | 气温、降水 |
| 交易 | 静态 | 动态 |
| 金融工具 | 证券 | 产品 |
| 时期 | 一个事件 | 一段时间 |
| 交易者 | 保险公司 | 金融和能源公司 |

**天气工具** 影响能源公司的最典型天气就是暖冬和凉夏,这个时候供暖/制冷所需电力会较少。为此,可使用天气合约对这类非正常的季节性天气造成的损失进行套期保值,两家公司可以达成金融协议允许一家公司将其天气风险转移给另外一家。天气衍生品涉及的各方对气温临界值("执行价格"),以及

每单位天气指数的价值("点价格")金额达成一致,这取决于合约期限和所使用的指数。气温、降水、风力、降雪和水流都出现在天气条件中并成为这些衍生品的发生背景。对于气温合约而言,大多数使用的数据来自美国。最近,降水、风力、降雪和水流的天气衍生品从水力发电厂获得资金以助其进行价格和数量风险管理。表9.6描述了许多体现这些不同天气风险的指数。日温值是每日平均气温($t_{av}$)与合约约定基准气温($t_{normal}$)的差值,基准气温一般设定为华氏65°。如果日均温为华氏55°,那么当天就有10个($t_{normal} - t_{av}$)日低温值(HDD)。另一方面,10个日高温值(CDD)是指日均温为华氏75°($t_{av} - t_{normal}$)。根据这样的指数定义,日高温值和日低温值都是正值(McIntyre,2000)。

表9.6 套期保值使用的日指数

| 日指数 | 描述 |
| --- | --- |
| $T_{min}, t_{max}, t_{av}$ | 最低、最高和平均气温 |
| HDD | 日低温值 = $t_{normal} - t_{av}$ |
| CDD | 日高温值 = $t_{av} - t_{normal}$ |
| EDD | 能源温值 = HDD + CDD |
| GDD | 生长温值 = 50—86华氏度之间的日温值 |
| VDD | 变化温值 = 基准温度非65华氏度以外的HDD或CDD |
| 降水 | 降雨量英寸 |
| 积雪场 | 雪量英寸 |
| 使用定义 | 使用以上产品组合的定制指数 |

资料来源:Ellisthorpe和Putnam(2000)。

专栏9.1描述的是萨克拉门托市政公共部(SMUD)和堪萨斯贸易公司阿奎拉(Aquila)在2000年基于降水互换合约的典型交易案例。

**专栏9.1 基于降水的互换产品**

> 萨克拉门托市政公共部(SMUD)为了防止其电力受到降水量少的影响而签订了天气合约。贸易公司阿奎拉同意在降水量低于公用事业部水电站水流时向萨克拉门托市政公共部支付每年最高2 000万美元,而萨克拉门托市政公共部在潮湿年份也向阿奎拉贸易公司支付相同金额。尽管基于降水的产品只代表了总体天气市场的一小部分,但预期该领域的增长将更多来自农业公司和电力厂商,因为农场主都想极力确保农作物的收成免受旱灾之扰(Saunderson,2001a)。

天气市场内最常交易的三类产品是天气类看涨期权、看跌期权和互换。每份合约中买卖双方都要对合约期限、合约中使用的天气指数($W$),天气指数的临界值(执行价格 $S$)和每单位天气指数的价格(点价格 $k$)达成一致。开始时,寻求天气套期保值的公司要预先给卖方支付一笔权利金。在看涨期权到期时,卖方向买方支付金额为实际的天气指数价格($W$)与预先商定的执行价格($S$)之差,乘以合约的点数($k$),即 $P=k(W-S)$。看涨期权中,若低于执行价格的话,就不需进行支付了。看跌期权和看涨期权一样,只是在天气指数($W$)小于执行价格($S$)($W<S$)时,卖方向买方进行支付。在看跌期权情况下,支付金额可以用 $P=k(S-W)$ 来表示,并且当高于执行价格的话,就不需进行支付了。

与之相比,天气互换是一个公司卖出看涨期权与另一个公司卖出看跌期权的组合。天气互换不需要预先支付权利金,且执行价格是看涨期权和看跌期权双方共同确立的。在合约期末,一方根据实际温度向另一方进行支付(Ellisthorpe 和 Putnam,2000;Zeng,2000)。

许多公司还设计出既使用巨灾债券又使用天气衍生品的产品,后者在下面加以描述。兴业银行保险衍生品公司(法国)和韦莱巨灾管理公司(百慕大)这些公司都在开发包括巨灾债券和天气保值产品在内的新型基金。主要投资人是那些缺乏用于考察和比较这两种气候相关产品的互补性和区别的资源和专业知识的保险公司和养老基金。

**天气市场** 电力作为一种重要商品,从整体上看,它拥有与一般商品非同一般的一些特点。首先,电力为满足消费必须持续生产。同时,这种能源交易产业的生产和消费即使是瞬时的不平衡也会令其受到损害。过量供给会造成电力超载而过量需求会导致限电或灯火管制。无法预期的天气模式可能会对这种供需预期的精确平衡造成灾难性影响。

另外,生产技术的不同也使能源管理进一步复杂化了。高固定成本和低运营成本的发电厂可以更好地提供持续的"基本负荷"电量,而其他一些低资本成本/运营比率的电厂更适合于对供给电量进行增量调节或尽快入网以满足高峰时期的电力需求(Brennan,2001)。

能源生产和公用事业公司对天气风险显示出不同的敏感性并且都面临不确定性,它们使用天气看涨和看跌期权或互换对未预期到的供需情况进行套期保值。为了对天气风险进行评估和定价,这些公司必须明确下面所列的几点(Ellisthorpe 和 Putnam,2000;Zeng,2000)。

- 受天气情况影响的经营指数(收入、利润、销售额)。
- 与经营风险契合最佳的天气指数(气温、降水、降雪、水流)。
- 天气风险的属性。
- 所需合约类型(看涨期权、看跌期权或互换)。
- 临界值(执行价格)。

- 单位天气指数的支付价格(点价格)。
- 支付的权利金。

能源交易中的天气产品可作为获得未来需求量信息的一种工具。例如,电厂的特点是资本密集型的,同样,也依赖于气温和产能。当平均气温升高至超过65华氏度时,制冷空调的使用就会增加,而当平均温度低于65华氏度时,取暖将增加对电力的需求。任何一种情形超出了电力供应能力,电厂都必须在即期市场上购买电力以满足峰期需求。在此情况下,天气给付期权可以用来为即期市场电力购买融资。类似地,电力公司还可以为其相反情况下的经济损失进行套期保值操作,比如夏季低温对电力需求小,总需求电量就低,价格不可能特别高,从而给电力公司造成损失。此时,运营成本可以通过购买最高气温看跌期权进行套期保值,如果最高温没有超过执行水平($t_{max} - t_{strike}$),该期权的成本就是当季一开始支付的固定费用。

某些电厂和天然气经销商想对因暖冬造成的销量下降从而导致收益低于预期的部分进行套期保值。公司可以通过使用日低温(HDD)衍生品对其销售量进行套期,买入问题时期的日低温看跌期权(cumHDD)或卖出一份累积日低温(cumHDD)互换合约。表9.7提供了使用这两种工具进行天气套期保值的简单案例,假设公司的正常收入(1亿美元)因暖冬天气而发生变化,每单位的HDD为6万美元(点价格)。

**表9.7 使用累积HDD看跌期权和互换的天气套期** （百万美元）

| 冬季的类型 | 累积HDD($W$) | ($S-W$) | 支付金额($P$)[3] | 未套期的收入 | 套期的收入 |
|---|---|---|---|---|---|
| **累积HDD看跌期权** | | | | | |
| 温暖 | 3 800 | 200 | 12 | 88 | 100 |
| 正常 | 4 000[2] | 0 | 0 | 100[1] | 100 |
| 寒冷 | 4 200 | −200 | 0 | 112 | 112 |
| **累积HDD互换** | | | | | |
| 温暖 | 3 800 | 200 | 12 | 88 | 100 |
| 正常 | 4 000[2] | 0 | 0 | 100[1] | 100 |
| 寒冷 | 4 200 | −200 | −12 | 112 | 100 |

[1] 正常收入。
[2] 执行价格。
[3] 支付金额 = ($S-W$) × 点价格 \$60 000/HDD。
资料来源:摘自 Ellisthorpe 和 Putnam (2000)。

季节性每日气温用累计值(cumHDD)表示时,卖出期权在温暖的冬季对公司是一种保护,同时公司还保留了在寒冷冬天里得到销售量和收益增加的权利。然而,公司选择互换的话,如果碰上寒冷的冬季,那么就向对方给付。因此,互换这个产品,是将金融风险对冲了,而与气温无关(Ellisthorpe 和 Putnam,

2000;Millette,2001)。

两家具有相反天气风险的日本公司进行互换交易为这类衍生品提供了一个很好的说明。东京电力公司(Tepco)经历着一个不同寻常的炎热夏季,对其电力需求增加了,它将其中的一部分天气风险与东京天然气公司(Togas)进行了互换,后者在同样的极端天气情况下经历着对燃气热水和中央取暖需求的下降。2001年,这两家公司签署了8月1日至9月30日的互换协议。在达成的协议中,东京电力公司在东京平均气温超过26.5摄氏度时向东京天然气公司进行支付,如果气温低于25摄氏度时则相反,支付上限为7亿日元。当时平均气温在24.5摄氏度,东京电力公司在此次互换交易中得到了3.2亿日元的支付(Nicholls,2002)。

其他好几桩交易对基于不同天气合约的不同指数的使用进行了说明。艾克希亚欧洲能源公司(Axia Energy Europe)是电力公司安特吉和科赫石油天然气集团公司(Koch)合并后成立的一个子公司。这家公司为种植玉米的农场主们提供降雨量保护以免遭受可能的旱灾(Saunderson,2001b)。另一方面,对冬季温暖的担忧促使加拿大雪地摩托车制造企业庞巴迪公司(Bombardier Inc.)创建了基于降雪量的互换协议(Millette,2001)。在日本,渡轮运营商、滑雪胜地和主题公园等各类组织都通过衍生品市场进行保护以免受不利天气导致的收入下滑影响。事实上,广岛银行(Hiroshima Bank)为那些制造咽喉含片的公司创造了一种与湿度相关的衍生产品,用它为在湿度较大期间的销售疲软提供保护(《经济学人》,2002;Nicholls,2002c)。

**案例研究:高盛**

使用资本市场进行融资风险管理中最有趣的事情之一就是投资银行进入了再保险行业的领地。高盛这家投资银行有着涉足各类风险产品的历史,1999年创建了箭牌再保险公司(Arrow Re),最近与美国国际集团(AIG)和丘博保险集团(Chubb Insurance)联合建立了世界联合保险集团(AWS)。这两个公司都是建立在百慕大的保险与再保险公司,但其设立目的不同。高盛认为涉足世界联合是一个数额较少的被动型投资,既作为直接投资将其包含在客户的投资组合之中,又可将其作为高盛资本伙伴2000(GSCP 2000)这样的投资基金的一部分。GSCP 2000的基金管理者是世界联合,世界联合主要经营传统财产和意外保险业务,这些业务受自然巨灾风险影响甚微。

不过,箭牌再保险是高盛的全资子公司,它将投资银行的产品工具箱进行了扩展,为解决与自然巨灾相关的风险提供解决方案。箭牌再保险作为"转换者"的角色进行保险和再保险的承保,或为客户提供金融合约,然后通过再保险

## 环境金融

或以巨灾债券和期权形式的资产证券化合约对承担的这类风险进行套期保值。巨灾债券的发行是将不同风险爱好者进行了打包。较为保守的部分就只有利息的风险,而风险较大的部分,提供的收益就较高,在巨灾来临时其利息和部分的本金都会遭遇风险。根据百慕大的法律,对客户的资金要求和对其套期保值的要求可以相抵,因而方便了这类风险的转移。

高盛在天气市场中是投资银行界的领袖,它既是中间商,也是交易商。天气期货市场流动性的增加使能源公司愿意为受天气影响的收入进行套期,这推动高盛在2001年建立了专门的天气衍生品交易平台,成为第一家进入天气衍生市场的投资银行。天气交易平台建在与能源平台毗邻的商品群中,主要集中于为美国西北部的能源公司提供与气温相关的合约。

高盛涉足天气衍生品带来了许多桩风险转移的大宗生意,包括第一个,也是至今唯一一个天气相关债券的出现,这是该投资银行1999年为科赫能源集团能源贸易公司设计的。互换和期权通过债券的市场化,让私人投资者替代再保险公司、对冲基金和养老基金,筹集资金5 000万美元(Kirby,2001a;Millette,2001)。

最近,高盛创造出一揽子期权为大型能源公司提供市场化的天气保障。这种数量对冲组合命名为"水银冬季天气期权组合",主要将美国大部分的天气风险转移给了欧洲投资人。这种结构性天气组合中投资人向需要进行天气保障的购买者出售五份日低温值看跌期权,每份合约都在2001/2002到2003/2004的三个连续冬季中的"季节风险期间"。每份期权的每个期间对投资人的支付上限是1 000万美元。这项交易的总风险承担能力在天气市场中是1 500万美元(Nicholls,2001e)。期权买方包括电力和公用事业交易平台、再保险公司和巨灾债券及其他专业自然灾害基金经理,包括对冲基金。这个组合被认为是"能力再造"事业,它为天气市场注入了一股可持续的流动性(Nicholls,2001a)。高盛的这项服务也可以帮助其客户——那些希望购买天气保护的人——对套期保值产品进行思考。

最近,该银行开始与寻求天气保障的大型娱乐集团进行谈判。根据高盛风险管理集团的副主席迈克尔·米利特(Michael Millette)的看法,有许多其他多样但小型的非能源交易都使用气温、降水或降雪作为测度工具。例如,英国的小酒馆持有许多高度公开的气温合约,为凉爽的夏季进行套期保值,因为凉夏意味着几乎没有人到访小酒馆。另外,酒吧和餐厅连锁企业康妮和巴罗(Cornery & Barrow)也对恶劣天气进行套期保值,因为那会使顾客打消了在户外露台放松的念头。

## 9.8 污染物减排信用交易

在前面关于天气市场的介绍中,我们看到一些交易是由决定对天气风险进行套期保值的公司直接推动发展起来的,如能源供应和建筑业公司。市场的发展还受到管制结构变化这样的间接推动,如美国对能源部门管制的放松,英国关于非化石燃料义务的强制的指令。污染物减排信用交易更多地是受管制的直接推动。污染物减排目标是由政府当局强制规定并对信用额进行认证。这些信用额交易的增长受到以可能的更低成本来完成减排义务需要的驱动。

这种方式的成功范例就是1999年引入的美国环境保护署(EPA)的酸雨计划,1995—2000年第一阶段二氧化硫强制减排锁定在263家最大的污染企业(Cooper,2000e)。该计划完成了50%的减排目标,但只用了环保署估计成本的五分之一。

> 美国二氧化硫的排污许可交易的成功为使用市场化手段解决全球变暖问题提供了重要支持。该计划是此类最大的成功市场。酸雨剧减且成本比预期低许多……证据有力地支持了可将二氧化硫市场要素运用于碳交易中的说法。与此同时,这些关键要素确保了环境的完整性、低成本、有效交易和正确的价格发现。它们包括:排放管理和违规惩罚的清晰规则,畅通无阻的交易,完全可取代的交易工具,公私合作以使价格透明。(Sandor,2000)

在美国,还建立了一个氮氧化物($NO_x$)减排的类似市场。氮氧化物是低空臭氧形成的前驱物质,"会刺激咽喉和肺部,加重慢性的肺和心脏疾病,过敏和哮喘,对儿童和老年人特别有害"(Chartier,2000)。

并不是说取得这些成果毫无障碍。市场的演化进程在不同支持者庭审案件的风起云涌中进行,包括环保署、各个州的政府和公用事业公司自身。但最终这个成功的结果被广泛认可了,并且——就像理查德·桑德尔指出的(上文引用)——它证明是可以这样做的。安大略省也建立了一个类似的计划(DeMarco,2001)。

其他一些污染物减排市场还在发展中,尤其是美国。例如,有一个基于流域富养物质减排的交易区域,包括密歇根、爱达荷、宾夕法尼亚、马里兰和弗吉尼亚州的溪流和湖泊(Faeth和Greenhalgh,2001)。1972年的《清洁水源法》要求对其关注的不同污染物每日最大负载量进行强制减排。买卖双方的供求信息张贴在世界资源研究所的网站(www.nutrientnet.org)上并进行撮合(见专栏9.2)。交易至今都集中在氮和磷上,显然比$SO_2$和$NO_x$市场规模要小。但是值得讨论的是,鉴于工业化国家和发展中国家水系健康状态不佳,成功一样关键。这个市场应该包括点源(包括工业和加工厂)和非点源(包括农业和城市径

流)。"交易可包括市民、灌溉地区、农民、废水处理厂、食品加工厂和畜牧业经营。"(世界资源研究所,2001)

**专栏9.2　NutrientNet网站上张贴的供需信息示例**

---

**卡拉马祖河流域内的含磷物的购买要约**

你还可以浏览一下出售要约。要选择其他类型的要约,请访问要约选择页。若要张贴要约,请访问张贴页。

详情:给出你要约的更多信息。

回应:你可以竞价或对要约提问。

编辑/删除:你可以对要约进行编辑或删除。

| 数量 | 价格 | 提交人 | 发布日 | 结束日 | 活动 |
|---|---|---|---|---|---|
| 1 000信用额 | $3.00 | Barker | 2001.11.8 | 2001.11.12 | 详情……<br>回应……<br>编辑/删除…… |
| 3 000信用额 | $10.00 | Riter | 2001.11.11 | 2001.11.19 | 详情……<br>回应……<br>编辑/删除…… |
| 1 000信用额 | $6.00 | Jones | 2001.11.12 | 2001.11.12 | 详情……<br>回应……<br>编辑/删除…… |

资料来源:世界资源研究所(www.nutrientnet.org)。

---

## 9.9　结　论

　　毫无疑问,要达到环境质量标准的话,一种恰当的管制模式可以创造一个比原有命令—控制方法成本更低的市场。理解恰当的管制和市场潜力之间的相互作用是一家公司可以成功参与这些创新的关键。

　　没有一家大公司,也几乎没有小公司可以忽视环境挑战,无论这种挑战是增加了原材料供应和废物处理的成本,还是从本质上改变了企业。正确的环境战略高度依赖于公司特殊的经营环境。大多数公司都想将本章明确提出的所有要素都包括在内——绿色家政、环境报告、全球监管和发掘改善环境新产品的机会。不是很多公司都需要像慕尼黑再保险那样对全球环境进行监管。大多数相关信息是公开可用的(特别是万维网上)或者通过行业协会可以取得。像石油和天然气公司(如横贯亚博达公司)或水务公司(如韦塞克斯水务)这样深度参与到环境实践中的公司并不太多。不是所有的公司都认为需要对冲不利天气。但许多公司都需要了解自己在环境变化中的角色,需要了解环境变化如何影响它们的经营和利润。它们可能发现自己需要做出一些改变。

决策经常是一个时点选择问题,特别是在天气产品交易或污染物减排信用交易这类完全新式的业务中。商业基础设施和市场工具的创建需要金钱和精力。对环境金融的理解需要一种新的思考方式。还要求政府继续前行以实现确定的目标,但政府的决心并不为人所知。还有其他一些严峻的挑战,如经济下滑或大量的安全问题,如全球恐怖主义可能会让它们受到干扰。它们可能无法被重选上,而且新政府可能会选择不同的进程。

即使有这么多的不确定,一些公司还是开始向新的领域进发了,因为它们相信环境的变化——特别是气候变化——需要全然不同的方式让我们居住的星球处于它们可掌控的中心。《京都议定书》尚未被批准,但已经有颇具活力的碳交易市场了。虽然工业垃圾和普遍贫困都威胁着我们的水供应,但跨国公司已开始在全球的每一个地方进行水供应和处理了。这些公司将优异纳入它们的核心价值,带来了具有竞争性的产品,并取得了可以接受的市场份额。

## 9.10 网　　址

| | |
|---|---|
| 黑色翡翠集团 | www.balckemerald.com |
| 加拿大自愿挑战和注册 | www.vcrmvr.ca/vcr=002.cfm |
| 芝加哥气候交易所(CCX) | www.chicagoclimatex.com |
| 欧盟排放交易体系 | http://europa.eu.int/comm./environment/climate/home_en.htm |
| 欧盟气候变化创新委员会 | http://europa.eu.int/comm./environment/climate/home_en.htm |
| 温室气体排放管理组织(GEMCo) | www.gemco.org. |
| 慕尼黑再保险 | www.munichre.com |
| 荷兰排放交易体系 | www.minvrom.nl/minvrom/pagina.html |
| 彭比纳研究所 | www.pembina.org |
| 横贯亚博达公司 | www.transalta.com |
| 英国排放交易体系 | www.defra.gov.uk/environment/climatechage/trading/index.htm |
| 自愿挑战和注册(VCR) | www.vcr-mvr.ca |
| 韦塞克斯水务 | www.wessexwater.co.uk |
| 世界资源研究所富养交易网络 | www.nutrientnet.org |

# 10 展　　望

## 10.1　引　言

越来越多的人开始理解环境变化对社会各个领域都是一个严峻的挑战,包括商业领域。我们面对的问题并非环境主义者头脑发热而虚构的故事。它们都是实实在在的问题,需要许许多多的国家以及每个国家各个领域和社会层面进行前所未有的合作。然而,大多数国家的政府都十分不愿与我们这个星球的变化相妥协。通常,表示出关注并不必然能制定出适宜的政策和进行恰当的管理。同时,那些具有前瞻性的公司和组织都已经开始为预期到的、即将面临的经营条件的变化做好了准备。这些经营条件包括对可再生资源(水、土壤、森林和渔业)不当使用产生的与日俱增的压力、污染的土地和变化的气候。

## 10.2　商业和环境变化:最新动态

关于这种特别的环境变化管理的最新消息是现在这种变化的规模已是全球性的,并且一些变化在任何生物的生命周期中都是不可逆转的。全球范围的环境变化包括气候变化和伴随而来的大量不确定性注入到我们日常生活中。只是在最近,风险因素的巨大意义才渗入到商业领域人们的头脑中。

在未来50年中,气候变化将成为推动经济变化的最为重要的力量之一,这一点变得越来越明显。在公司——甚而全行业——无法做出必要调整时,股东价值将受到极大的损失。但更大的公司价值可能由后碳时代的公司和技术创造出来。(Hunt和Casamento,2001)

## 10 展望

这表明环境变化的两面性:既有严重的下滑,也有同样吸引人的上升。这两个方面直到最近都一直被广泛忽略。例如,基于化石燃料的污染性作业在未来几十年内必将发生重大改变且代价高昂,然而,基于可再生能源和燃料的电力供应将比现在的系统更加分散,因而可减少区域性运行的中断。不受干扰的电力供应变得普遍,而非仅是高科技公司可用的奢侈品。

在更宽泛的领域内,我们需要重新审视那些将我们带到目前状态的20世纪的许多假设。例如,一个仍很普遍的假设是经济和环境保护政策带来的是一场零和博弈,并且污染是企业在追求利润中不可避免的副产品。简单地坚持这些假设,企业必然反对任何新的环境管制,比如否认任何严肃的健康影响或认为管制将使得它们与国外竞争者相比处于劣势。政府执行机构或许该对超级基金这样的彻底立法做出回应,它花费了大量的资金,环境改善却相对较小。

尚属幼稚的环境金融领域的出现清晰地说明了监管、生产和贸易本质上的互补性。只有在正确监管的框架下,环境才将开始与经济一同向前发展。通过政府和商业间的对话建立起来的框架通常被叫做"设计好的市场"。旧的观念认为市场在某种程度上是从混沌中自发形成的,这个观念正被一个更清晰的理解取代,即市场是应开发更多可持续的生产和交换方式的要求而来。许多工业国家的减排市场就是被设计出来的,并且"内部机制兼容性"也已提上了议事日程(Nicholls,2001f,2001g,2001h)。这样的活动为环境管理建立了一个有趣的新范例。

## 10.3 新范例

新范例建立在对这样一个事实的认识基础之上,那就是我们所面对的主要环境挑战是长期且必须立即关注的。科学家们已经意识到了危险,但商业界因担心管控方式会造成许多企业盈利的减少和无法开展某些活动而对其进行抵抗。我们想利用市场向后碳时代缓和过渡的想法只能缓慢出现。一些实验失败了。环境主义者表示质疑,特别是因为 $CO_2$ 排放量比《京都议定书》1990年基准减少是中东欧共产主义经济的崩溃所致,假设它们能出售这些减排量。这一关于俄罗斯和乌克兰的"夸夸其谈"就被认为是后退者溜回老路的一个典型漏洞。清洁发展机制被一些环境主义者认为仅是允许让工业化国家继续以往行为的一个翻版,认为减排信用交易与发放污染许可证几乎没有太多差别。

这些态度正在逐渐改变。像BP和皇家荷兰壳牌这样的大型化石燃料公司认为政府间气候变化专门委员会(IPCC)的科学观念是正确的,从而好好地审视了自己的未来之路。它们发现什么都不做将会立刻导致恐慌,因为随之而来的严格立法会毁掉它们企业。这类风险是巨大的。它们不可能忽视。在 1997 年和 1998 年它们分别离开了反《京都议定书》的全球气候联盟。它们开始认真投资可再生能源。与此同时，首次大规模减排交易机制（针对 $SO_2$ 和 $NO_x$）在美国带来了令人惊喜的成果（Sandor，2000）。甚至该计划的支持者都十分惊奇于排放量减少得如此之快且市场减排信用的成本如此之低。突然间有些事情变得清晰了，市场可以做这个工作，只要有一个正确的激励结构和进行排放信用交易的自由。

碳减排将比 $SO_2$ 和 $NO_x$ 的减排更加困难，因为它必须在全球范围内实施才会有效，不可避免地要比区域性计划更加复杂。但至少我们现在知道一个设计良好的市场能够发挥作用。

一个悖论是放松管制和市场主导的环境方案都要求更多的政府投入，而非更少。政府可能不再从事航空和银行业，不再生产石油和天然气、制造钢铁、提供电力，甚至不再供水。但需要政府设定政策目标并对其现在不再经营的部门采取新型的管理方法，为此政府必须向公众提供透明化的保证。我们发现了一个与气候变化和其他环境挑战寻求市场化帮助类似的情况。例如，在减排交易中，政府必须设定减排目标，开发减排认证的协议，并建立减排信用的交易规则。本书通篇都可以看到这种管理的重要意义，从加州要求零排放汽车到英国的可再生义务。

从这些经历中得到的一个简单教训就是政府和企业必须在这个问题上共同努力。ICF 咨询报告的观点：

> 政府需要制定国内政策来满足减排目标。温室气体排放公司将面临一种新的商业风险和机遇。
>
> 预期到《京都议定书》会得到批准，一些公司已经开始采取行动。领先企业正在边干边学，同时还在对其内部碳成本进行更加精确的估计。更多的人认识到温室气体的排放具有显著的金融价值。温室气体排放需要像管理公司资产负债表中的战略资产或负债那样进行管理。自 1997 年以来，进行交易的减排额超过了 1 亿立方吨 $CO_2$ 当量。

（引自 ICF 咨询报告，可见 www.emissionstrategies.com/template.cfm? NavMenuID=9）

## 10.4 数据质量

在环境金融领域，天气风险的规避业务与减排交易一同出现，都被认为是巨大商机（见第 9 章）。这种新举措突然增加了对精确为合约定价所需的可靠数据的需求。正如前面提到的，数据质量越差，合约价格中必须增加的不确定风险溢价就越大,市场成长也会越慢——或许根本就不会有增长(Harry,2001)。提供可靠数据显然是政府的重要职责,几乎没有私人机构有权利或有能力承担这个角色——除非是与政府签署合约可以这样做。很明显需要更好更多的可用数据,无论如何,我们都需要对气候变化进行监控。欧洲这种情况比北美更加复杂,因为国家间在报告实践上存在差异(Dawes,2001;Jewson 和Whitehead,2001)。以前强调使用水文数据来预测天气。随着天气衍生品贸易的出现,目前迫切需要确保所收集的数据质量,以便寻找支持市场的概率分布。某些天气特征比其他的更易测,例如气温相对易于处理,而降水和风因其更大的暂时性和空间变动都有度量问题(Etkin,2001)。

本书另外一个已明确的重要数据质量问题就是缺乏一个标准的报告程序来评价公司的环境表现。尽管已经取得了一些进步,但缺少一个可以被广泛接受的标准,这抑制了社会责任投资市场中环境部分的发展。

## 10.5 领导力

商界很难接受环境问题会对其财富构成严重威胁这样的事实。对环境的关注被认为是对少数人群的关注,危机发生后政府会对其投入暂时的关注。甚至在政府考虑采取重大环境举措时,估计还有商业说客试图劝说他们不要这样做或者至少对其降温。例如,加州政府在 1990 年就要实行汽车零排放,最终延迟到 2003 年才开始真正执行,且在此期间每两年都要进行一次评议。在最后一次评议(2001 年 1 月)中,工业领域的说客反对这项措施。但其仍继续执行。

20 世纪 90 年代期间,观念开始发生转变。曾形成的两大相对势力——一极是环境非政府组织,另一极是商界,公众和政府居于之间——的局面变弱了。变化的发生不是因为环境运动的巨大压力及其逻辑,环境运动与其他任何个体一样是为自身利益服务的。变化的出现是因为许多商界成员评估了他们掌握的数据并得出了结论,认为所讨论的一些环境问题是正确的,需要采取一些行动。改变需要领导力。下面是许多具备这类关键能力的人物的例子。

杰尔哈特·贝尔兹(Gerhard Berz,科隆大学气象和地球物理学博士)是慕尼黑再保险公司地球科学研究部的主任,这个部门在第 5 章介绍过。该部门为全球知晓极端事件造成的经济和保险损失的趋势方面起到了关键作用。这个由科学家们组成的部门代表了保险领域内非同一般的资源保证。贝尔兹博士和他的团队公开出版了他们的研究结果(Berz,1998,1993,1996,1999;Berz 和Conrad,1994;Berz 和 Loster,2001)。贝尔兹博士和他的团队的任务是对损失趋势进行解读并估计在不远的将来我们可能发生的状况,并非杞人忧天。这样一来,至少有助于人们设计前进的方向。在波恩举行的联合国气候变化框架公约第 6 届大会(COP 6)第 2 次会议的演讲(2001 年 7 月)中,贝尔兹博士和来自慕尼黑再保险公司的同事托马斯·罗斯特(Thomas Loster)说:

> 如果最可能的温室气体预测都实现了,现在的问题将会被放大数倍。许多大气活动的改变将会使热浪、干旱、丛林大火、雹暴、洪水,还可能有热带和温带气旋,以及世界许多地区的风暴潮等的发生频率和严重程度剧增。有理由相信那些具有特殊破坏力的热带气旋因为气温的上升将向那些它们过去从未光顾过的地区进发。同样,温带风暴,也被称为冬季风暴,将更加频繁地深入到大陆,因为缺乏降雪将会减弱东欧上空冷高压的屏障效应。(Berz 和 Loster,2001,1)

从所有这些中,他们推出一个简单的结论:"如果留给子孙后代一个气候失衡的星球,我们简直无法对其负责。"(Berz 和 Loster,2001,2)。

另外一个保险界的重要人物是将气候变化科学知识引入公众论坛的英国商联保险集团(CGNU)一般保险发展部的现已退休的前总裁安德鲁·德拉古莱奇(Andrew Dlugolecki)博士。他是第一个将对气候变化的关注引入其家乡英国保险业的人,那是由于 1987 年的冬季暴风雪,当时还伴随着飓风,24 小时内造成了 10 亿英镑的保险损失。作为英国气候变化影响评价小组的少数商界成员之一(大多数成员来自大学或政府),在该小组向政府提交的报告《英国气候变化的潜在影响》(Parry 等,1991)中,他负责金融部门的部分。他又继续做了政府间气候变化专门委员会(IPCC)第二工作组的报告《影响、适应和脆弱性》(Waston 等,1996)。他将这些议题带回了英国金融服务业,这些议题出现在几个报告中,有《天气变化模式对财产保险的影响》(Dlugolecki,1994)、《英国天气变化潜在影响的政府评价》(Dlugolecki,1996b)和《气候、变化和保险》(Dlugolecki 等,2001)。在海牙举行的 COP 6 上,他提出警告,自然灾害指数式的上升会导致全球经济的崩溃,并且《京都议定书》的目标仅仅是"战术上的"(Dlugolecki,2000)。

他提倡采用"紧缩与趋同"方案作为控制气候变化的最优长期框架,并强调投资者在可持续发展经济中扮演的重要角色(Mansley 和 Dlugolecki,2001)。

他在早期的报告中解释了气候变化是如何严重影响保险体系的:

> 真正的威胁可能来自极端事件的集聚爆发,这可能耗尽再保险的保护作用并将大量后续事件传递回一级保险市场。(Dlugolecki,1996b)

德拉古莱奇博士最近从英国商联保险集团(CGNU)退休后成为东安格利亚大学气候研究部气候变化和保险组的访问学者。他还是碳披露项目和廷德尔

## 10 展望

(Tyndall)气候变化研究中心的主任。

杰里米·莱格特(Jeremy Leggett)是《碳战争》(1999)的作者,开始在伦敦帝国理工大学的皇家矿院担任石油地质学家。但1988年北美旱灾和同年多伦多的大气变化会议使他意识到自己在所看到的化石燃料燃烧和全球变暖风险之间不可避免的冲突中站在了错误的一方。他离开了帝国理工,成为国际绿色和平组织气候运动小组的科学主任(1990—1994年),他还担任该组织太阳能创新项目的主任(1995—1996年)。作为一名地质学家和石油业顾问,他有着非同寻常的地位,特别是在非政府组织中为了公众利益积极奋斗而享受的不可匹敌的声誉。在里约热内卢地球峰会(1992年)后不久,他意识到《气候变化框架公约》自身推动进程缓慢,它需要的是"一个全新的动力"。他看到全球气候联盟(见专栏7.1)仅代表了特定的商业领域:

> 化石燃料、汽车和在某种程度上的化学品。它们不是渔业、农业、旅游业、水业、滑雪业、医药业的呼声——全世界所有行业若不尽其所能降低强化了的温室效应风险,都必将失利。它们一定不是金融业,或最特殊的保险业的呼声。(Leggett,1999,100)

鉴于保险业的持续失利,他将其看作是商业领域内最有潜力的联盟(Leggett,1990,1993,1995)。

> 我决定在后里约热内卢时代重新将我的努力放在金融服务行业。若我们要打破碳排放的围墙,那就需要罗列出它们所需的帮助……保险公司,还有银行和养老基金,都是化石燃料肆意挥霍的主要资金资助者,在债市上,也在股市中。(Leggett,1999,100)

他在1996年离开了绿色和平组织并成为一家名为阳光世纪(Solar Century)的太阳能公司的总裁。那一年他当选为英国工业太阳能专门工作组(UK Industry Solar Taskforce)的主席。

到20世纪90年代中期,联合国《气候变化框架公约》(COP)进程中《京都议定书》的核准已成为不进则退的痛苦过程。虽然一些银行和保险公司都签署了联合国环境规划署的《金融创新》文件,但几乎没有几家公开宣布撤出化石燃料的投资。"绿色投资"仍被认为是有点不切实际的而非资产管理人愿意或能够支持的主流方式。不过,尽管气候议题缺少明显进展,大型石油公司BP和皇家荷兰壳牌当时还是对公司战略进行了全新布局。这在约翰·布朗尼(John Browne)担任BP总裁时突然变得更为清晰,1997年5月他在母校斯坦福大学演讲期间作了一个公告(见专栏7.2)。他承认气候变化过程有许多的不确定性,但也有不可否认的风险。每一项决策都应在不确定与风险之间求得平衡。就

其公司而言,他说:

> 考虑气候变化政策维度的时刻并不是要到温室气体与气候变化两者之间的关系有了确切的结论,而是在这种可能性无法被忽视并被我们所处的这个社会严肃对待之时。我们 BP 就是这样做的。(Browne,1997)

四年后,他确认:

> 我们必须承认我们所处的工业社会面临的一个根本挑战——关于环境……IPCC 和其他组织进行的严肃科学研究都认为这些风险是真实的,忽略这些风险的能源公司是愚蠢的——特别是当我们那么多的客户都认为这些风险真正存在的时候。(Browne,2001)

公众对气候变化的反应过程和预期一样是复杂和困难重重的,而且离结束仍路途遥远。不同政府的成员都显示出了领导力,但几乎没人能详细描绘出一个稳定进程来应对所有其他可能闯入他们决策过程中的不可预期的事件。私人部门也面临同样的难题,对环境质量的承诺似乎常常是为那些非常紧急和需要立即解决的问题作出的。重要的是许多公司都采取了一种比法律或公关需要更为公开的姿态,为了显示出一种改变。这不是"漂绿"。这是重要的战略重组。一家大型化石燃料公司在这条道路上出局,这在十年前是无法想象的。

## 10.6 环境变化:从挑战到机遇

在前文引用过的布朗尼勋爵的最近演讲中,他向公司管理层做了一个非同寻常的评论:

> 放弃幻想你能预测未来是非常自由的时刻。

他然后继续讲道:

> 你们所有的人能做的就是让自己有能力应对生命中唯一可以确定的事情——那就是不确定。创造这样的能力就是战略的目标。我们的战略出发点就是我们所处的这个世界。我们看到的世界是一个充满成长和机会的世界。(Browne,2001)

他指出自由的核心就是接受一个观念,当前有创造力的公司应将自身看作是服务的提供者,而不是商品的售卖者。即便我们为了放缓全球变暖的速度而逐步淘汰化石燃料的使用,人们也将一直需要能源。即使产品线必须被取代,人们仍然需要能源。这就是服务的范例,我们在本书一开始就指出了。

如果我们承认世界面临重大的环境挑战,且私人部门都能积极主动地应对

## 10 展望

这些挑战——而不是与政府规定进行无望取胜的对抗——那么人类社会就能利用所有的力量来应对这场挑战。这与直到 20 世纪 90 年代早期依然存在的状况截然不同。直到那时,大量的精力和努力都因建立在各种过时假设上的利益之争而被消耗。我们前面引用过前总统克林顿的话:

> 再没有什么比每个人都受控于一种不再真实的巨大理念更危险的了。你为了推动经济增长、构建中产阶层、为了国家富强而不得不向大气中排放更多的温室气体,这种做法曾经是真的。但不再是真的了。

不过,尽管先锋人物愿意为世界经济描绘出新的未来,但许多人和公司都仍然——用克林顿的话说——受这种已不再真实的想法控制。他们仍在使用旧的武器进行旧的战役——他们诉诸律师们。一个《超级基金》的案件,就有 208 家法律公司受雇(Miller,1997)。是公司,不是律师。这类情况就是对资源的巨大浪费。

在本书中,我们的注意力集中在私人部门,并考察了公司在提高环境质量而非威胁环境进程中的机会。然而,显然并不只需要私人部门进行改变。我们已经注意到一个新的情况,就是需要有政府的更为积极的承诺,在环境变化中制定出适宜的政策和规则。非常清楚的是,放松管制和私有化政策都意味着政府在所有层面对商业经营方式,及其对环境和人类健康的影响进行管理的承诺。

类似地,也需要发展环境非政府组织的改进。仅仅靠对抗不可能产生出一个更美好的世界。进步的非政府组织还正在学习与商界的合作,而不是简单抵制它们的产品。过去的一个世纪中,我们看到了大量的"生态战士",但新世纪可能应该属于"生态卫士"。即便原来的倡议者决定为更大利益而同心协力,仍会存在一些严峻问题。例如,建立一种可转移环境和气候变化风险的负担机制面临重大的挑战。有极端天气事件相关的巨灾风险,还有给商业带来不利影响的天气相关风险。各种类型的不利天气状况发生的概率随气候变化而变化,这将为天气衍生品的初期交易带来挑战。正如在本章前面部分所指出的,本领域内的一个重要支撑是来自更高质量和更具可比性的天气数据。

具有巨大潜力的碳交易市场将造成新的挑战。同样,帮助就在身边:

> 比方说,可以想到保险业可为排放交易提供保单并将有助于其成功。

(Berz 和 Loster,2001)

虽然能源部门面临着最大的挑战——被迫放弃化石燃料——但它仍提供了许多的创新机会。将会有更加多样的能源来源,终端使用者在放松管制的市场里会有更多的选择。我们甚至可以达到一种让能源供应商之间展开真正竞争的状态——这样就不再需要设定类似2000年夏季加州混乱的能源市场中那种价格上限了。以前在大的区域垄断中,无论是私人的还是公共的,消费者都没有选择。未来的部分能源体系将依赖于可再生资源产生的氢、太阳能、风能和其他可再生能源。电力将是分布式的,而非集中式。能源体系将以渐进方式演进,因而要鼓励进行实验性设计。

这种方法可能将被运用到其他基础设施和生产体系中,如水供应和处理。对某些行业而言,大规模生产的传统优势将得到运用,如水处理可通过燃烧其处理过程本身产生的生物固体来获得电力供应。我们可能看到大型和小型系统同时存在,相互补充,就如我们在自然界看到的那样。一个管理咨询人员认为实验式的渐进主义可能是这个新世纪中领导者的标签,而且这些领导者将"以小型的实验来代替大的转型"(Chowdury 等,2000)。

## 10.7 环境学习曲线:成功的重新定义

从前面20世纪70年代的石棉问题中得到的最大教训就是否认是无用的。那些妨碍诉讼的公司同样都走向了破产。在考虑化石燃料的未来时,我们今天也有一个类似的观点。正如约翰·布朗尼所说:

> 显然公司应对环境问题这样的挑战可以采取的唯一方式就是提供解决方案。我们不可能否认或者伪称空气质量和全球变暖不是真的。(Browne,2001)

特定问题的解决需要更高质量的信息,这些信息可以在采取不同解决方案的倡议者之间共享。在过去50年里产生的许多环境问题令社会感到震惊,因为几乎没有人得到过相关的信息。有时——如在石棉案例中——那些掌握这类信息的人决定隐瞒,因为担心披露的后果。碳循环的基本算法——碳从化石燃料和生物质燃烧中排放到大气中,然后回到土地和海洋的实际数量——直到20世纪70年代末期和80年代早期都不被人知晓。50年代的一个会议上科学家们观察到从土壤中排放出的二氧化碳比被海洋吸收的要多。所以他们就想剩余部分去哪里了?对大气中二氧化碳浓度的测量始于1957年设在夏威夷的一个测量站;花了几年时间科学界才接受了其累计的趋势。杰里米·莱格特还说:

> 令人惭愧的是我直到80年代中期才知道碳数字的算法——尽管我拥有牛津大学古海洋学博士的学位……我不清楚现在大气中的碳那么少,而化石燃料层中储存的碳那么多。(Leggett,1992,62)

## 10 展望

知识和好的数据是提高环境管理质量的前提。

从最近事件中得到的另外一个大的教训是良好的监管也是拥有更美好未来的一个必要组成部分。监管不力——像《超级基金》一开始的运用——坏处多于好处。但私人领域的环境先行者们需要来自政府的保证,以确认其做法的正确性。通常这可以得到监管者的保证,但会要求先行者们所追求的目标在适当时候推广至该领域的其他部分。时机很关键。许多环境问题都很急迫;但设立一个不现实的时间表是毫无帮助的。二氧化硫和氮氧化物市场的成功部分归功于监管者采用了恰当的时间表。

不是每一个人都相信我们为管理环境负债而需要范式转变。我们可能必须等待,到飓风带扩展一些,或许到纽约和洛杉矶就够了,或许要到伦敦被100亿英镑的洪水压垮。真切地希望这样的事情不必要发生,也希望民意可以快速在先行者之后聚合起来。我们在大约500年前就观察到并得出结论:

> 在天气晴好的时候不考虑暴风雨是人类的通病。
>
> ——尼古拉·马基雅维利(Nicclolo Machiavelli),《君主论》(1513)

# 附 录 A

联合国环境规划署《金融机构关于环境和可持续发展的声明》

联合国环境规划署《金融机构关于环境和可持续发展的声明》签约方名单

联合国环境规划署《保险业环境承诺声明》

联合国环境规划署《保险业环境承诺声明》现状

## 联合国环境规划署《金融机构关于环境和可持续发展的声明》

（1997年5月修订版）

我们,金融服务业的成员,意识到为了平衡我们与后代的利益,需要可持续发展,而其取决于经济和社会发展同环境保护之间的积极相互作用。我们进一步意识到,可持续发展是政府、商业界和个人的共同责任。我们致力于在市场机制框架内为了共同的环境目标同这些部门进行合作。

**1 对可持续发展的承诺**

1.1 我们认为可持续发展是健全的商业管理的一个基本方面。

1.2 我们相信实现可持续发展的最佳途径是在一个有经济有效的规章和经济工具的合适框架内允许市场力量运行。各国政府能在建立和实行长期的共同环境优先权和价值观等事项上发挥领导作用。

1.3 我们认为金融服务部门应能配合其他的经济部门作为可持续发展的重要推动者。

1.4 我们确认可持续发展是各公司的一项承诺,也是我们各公司忠实履行公民义务的一部分。

## 2　环境管理和金融机构

2.1　我们赞同环境管理上的防范性处理办法,这种办法力图采取预先措施,避免可能的环境恶化情况。

2.2　我们承诺遵从适用于我们的业务和商业服务的地区、国家和国际环境法规。我们要争取将环境因素的考量纳入我们在所有市场上的业务、资产管理和其他商业决策之中。

2.3　我们认为确认环境风险并将之量化,应是国内和国际业务上风险评估和管理的正常程序中的一环。关于我们的顾客,我们认为遵守对他们适用的环境法规、使用正确的环境做法是证实有效公司管理的重要因素。

2.4　我们将努力采用最好的环境管理方法,包括提高能源效率、合理回收,以及减少废弃物排量。我们将设法与遵循相似的高环境标准的商业伙伴、供应商及分包商建立商业关系。

2.5　我们打算定期改善我们的措施,以便纳入环境管理的有关发展。我们鼓励金融界在这些相关领域进行研究。

2.6　我们认识到有必要定期地进行内部环境评审,对照环境目标衡量我们的活动。

2.7　我们鼓励金融服务业开发促进环境保护的产品和服务。

## 3　公众意识和交流

3.1　我们建议金融机构应拟订并发表它们的环境政策声明,并定期报告它们采取了什么措施促进它们对环境因素的考量与业务的结合。

3.2　我们将酌情同顾客共享资料,以便他们能够加强其本身规避环境风险的能力,促进可持续发展。

3.3　我们将在涉及环境事务方面同利益相关者(包括股东、雇员、顾客、政府和公众)建立公开性的对话。

3.4　我们请求联合国环境规划署在其能力范围内提供与可持续发展有关的资料,以协助金融业推广本声明书的原则和目标。

3.5　我们鼓励其他金融机构支持本声明书。我们承诺同它们分享我们的经验和知识,以便推行最良好的实践。

3.6　我们将定期同联合国环境规划署合作,审查本声明书的执行成效,并酌情予以修订。

我们,该声明的签字方,赞成上述声明书所列出的原则,愿努力确保我们的政策和商业活动能加强对环境和可持续发展的考量。

# 联合国环境规划署《金融机构关于环境和可持续发展的声明》签约方名单

（2001年10月）

Abbey National plc.，英国
Algemene Spaarbank voor Nederland，荷兰
Arab Bank，PLC，约旦

Balkanbank Ltd.，保加利亚
Banca Catalana S. A.，西班牙
Banca Internacinal d'Andorra-Banca Mora，安道尔共和国
Banca Monte dei Paschi di Siena S. p. A. 意大利
Banco BHIF，智利
Banco Bilbao Vizcaya S. A.，西班牙
Banco Bilbao Vizcaya(Portugal)S. A.，葡萄牙
Banco Continental，秘鲁
Banco del Comercio S. A.，西班牙
Banco do Estado de São Paulo SA，巴西
Banco Frances，阿根廷
Banco Ganadero，哥伦比亚
Banco Nacional de Angola，安哥拉
Banco Nacional de Desenvolvimento Economico e Social，巴西
Banco Portuges do Atlantico SA，葡萄牙
Banco Provincial，委内瑞拉
Banesto, Banco Espagnol de Credito，西班牙
Bank Austria，奥地利
Bank Depozytowo-Kredytowy S. A.，波兰
Bank für Tirol und Vorarlberg Aktiengesellschaft，奥地利
Bank Gdanski S. A.，波兰
Bankhaus Bauer AG，德国
Bankhaus Carl Spängler & Co. Aktiengesellschaft，奥地利
Bankhaus C. L. Seeliger，德国
Bankhaus Max Flessa & Co.，德国

Bankhaus Neelmeyer AG,德国

Bank Ochrony Srodowiska,波兰

Bank of Baroda,印度

Bank of Cyprus,塞浦路斯

Bank of Handlowy W. Warszawie SA,波兰

Bank of Ireland Group,爱尔兰

Bank of Montreal,加拿大

Bank of Philippine Islands,菲律宾

Bank Polska Kasa Opieki S.A.,波兰

Bank Przemystowo-Handlowy S.A.,波兰

Bank Rozwoju Eksportu S.A.,波兰

Bank Sarasin & Cie,瑞士

Bank Slakski S.A.,波兰

Bank Zachodni S.A.,波兰

Bankverein Werther AG,德国

Banky Fampandrosoana ny Varotra,马达加斯加

Banque Cantonale de Genève,瑞士

Banque Populaire du Haut-Rhin,法国

Barclays Group PLC,英国

Basellandschaftliche Kantonalbank,瑞士

Bayerische Handelsbank AG,德国

Bayerische Hypo-und Vereinsbank AG,德国[①]

Bayerische Landesbank Girozentrale,德国

BBV Brazil,巴西

BBV Privanza Banco S.A.,西班牙

BBV Probursa,墨西哥

BBV Puerto Rico,波多黎各

Beneficial Bank AG,德国

Bezirkssparkasse Heidelberg,德国

BfG Bank AG,德国

BMCE Bank,摩洛哥

B. Metzler seel. Sohn & Co. KgaA,德国

---

① 德国 Bayerische Hypotheken-und Wechselbank 与德国 Bayerische Vereinsbank AG 合并(1998年)。

Budapest Bank RT., 匈牙利

Caisse des Depots France 法国
Caixa Cataluyna, 西班牙
Canadian Imperial Bank of Commerce, 加拿大
Central Hispano, 西班牙
Citigroup, 美国①
Commercial Bank of Greece, 希腊
Commerzbank AG, 德国
Community Captial Bank, 美国
Conrad Hinrich Donner Bank AG, 德国
Co-operative Bank, Manchester, 英国
Corporación Andina de Fomento, 委内瑞拉
Credit Andorra, 安道尔共和国
Credit Local de France, 法国
Credit Suisse Group, 瑞士
Creditanstalt-Bankverein, 奥地利
CreditoItaliano, 意大利

DEG-German Investment and Development Company, 德国
Degussa BankGmbH, 德国
Delbrück & Co., Privatbankiers, 德国
Den Danske Bank, A/S, 丹麦
Den Norske Bank, ASA, 挪威
Deutsche Ausgleichsbank, 德国
Deutsche Bank AG, 德国
Deutsche Bank Saar, 德国
Deutsche Pfandbrief-und Hypothekenbank AG, 德国
Deutsche Postbank AG, 德国
Development Bank of Japan, 日本
Development Bank of the Philippines, 菲律宾
DG Bank, 德国

---

① Salomon Inc. 于 1997 年正式签署了该声明，随后美国 Citigroup 在 2000 年签署了声明。

# 附录 A

Dresdner Bank AG，德国

EBI Capital Group LLP，美国
Econatsbank，俄罗斯联邦
Ekobanken-Din Medlemsbank，瑞典
EPS Fiance Ltd.，瑞士
Eurohypo AG, europäische Hypothekenbank der Deutschen Bank，德国
Export Bank of Africa Ltd.，肯尼亚
Export Development Corporation，加拿大

Finanzia, Banca de Credito S.A.，西班牙
FMO，荷兰
Friends Ivory & Sime Trust Company，美国
Friends Provident Life Office，英国
Fürstlich Castellische Bank, Credit-Casse，德国

Global Business Bank，菲律宾
Good Bankers Co. Ltd.，日本

Hamburgische Landesbank Girozentrale，德国
Hesse Newman Bank (BNL Group)，德国
HKB Hypotheken-und Kommunalkredit Bank，德国
HSBC Holdings Plc，英国

Innovest Strategic Value Advisors Inc.，美国
Investitionsbank des Landes Brandenburg，德国
Istituto Nazionale di Credito Agrario S.p.A.，意大利

JAK-Jord, Arbete, Kapital，瑞典

Kansallis-Osake-Pankki，芬兰
Kenya Commercial Bank Group，肯尼亚
Kreditanstalt für Wiederaufbau，德国
Kreditna banka Maribor d.d.，斯洛文尼亚

Kreissparkasse Düsseldorf, 德国
Kreissparkasse Göppingen, 德国

Land Bank of the Philippines, 菲律宾
Landesbank Baden-Württemberg, 德国①
Landesbank Schleswig-Holstein Girozentrale, 德国
LandsbankiIslands, 冰岛
LBS Badische Landesbausparkasse, 德国
Lloyds TBS Bank, 英国
Luzerner Kantonalbank, 瑞士

Merck Finck & Co., 德国
Metropolitan Bank and Trust Company, 菲律宾
M.M. Warburg & Co., 德国

National Bank of Kuwait SAK, 科威特
National Fund for Environmental Protection and Water Mangement, 波兰
Natioanl Savings and Commerical Bank Ltd., 匈牙利
NatWest Group, 英国
Nikko Asset Management Co. Ltd. 日本
Nikko Securities Co. Ltd., 日本

Österreinchische Investitionskredit Aktiengesellschaft, 奥地利
Österreinchische Kommunalkredit Aktiengesellschaft, 奥地利

Philippine Bank of Communications(PB Com), 菲律宾
Planters Development Bank, 菲律宾
Ploski Bank Inwestycyjny S.A., 波兰
Pomorski Bank Kredytowy S.A., 波兰
Powszechna Kasa Oszczednosci-Bank Panstwowy, 波兰
Powszechny Bank Gospodarczy S.A. w todzi, 波兰
Powszechny Bank Kredytowy S.A., 波兰

---

① 德国 Südwestdeutsche Landesbank Girozentrale 与德国 Landesgirokasse Bank 及 Landeskreditbank 合并(1998年)。

Prudential plc., 英国

Quelle Bank AG, 德国

Rabobank, 荷兰
Raiffeisen Zentralbank Austria AG, 奥地利
Republic National Bank, 美国
Rizal Commercial Banking Corporation, 菲律宾
Romanian Commercial Bank SA, 罗马尼亚
Royal Bank of Canada, 加拿大
Royal Bank of Scotland PLC, 英国

Sal. Oppenheim Jr. & Cie, 德国
SchmidtBank KGaA, 德国
Schröder Münchmeyer Hengst AG, 德国
Schwäbische Bank AG, 德国
Scotia Bank(Bank of Nova Scotia), 加拿大
Service Bank GmbH & Co. KG, 德国
Shiga Bank, 日本
Skandinaviska Enskilda Banken, 瑞典
Sparkasse Leichlingen, 德国
Stadtsparkasse Staufen, 德国
Stadtsparkasse Hannover, 德国
Stadtsparkasse München, 德国
Sparkasse Wuppertal, 德国
Sustainable Assent Management, 瑞士
Svenska Handelsbanken, 瑞典
Swedbank AB, 瑞典①

Thai Investment and Securities Co. Ltd, 泰国
Toronto-Dominion Bank, 加拿大
Triodos Bank, 荷兰

---

① 瑞典 Föreningsbanken 与瑞典 SparbankenSverige AB 合并(1997年)。

UBS AG,瑞士①
Uganda Commercial Bank,乌干达
UmweltBank AG,德国
Unibank,丹麦
Vereins-und Westbank AG,德国
Volksbank Siegen—Netphen eG,德国

Westpac Banking Corporation,澳大利亚
Woorlwich PLC,英国
Zürcher Kantonalbank ,瑞士

**附属成员**
Coopers & Lybrand,英国
Ecosecurities,英国

# 联合国环境规划署《保险业环保承诺的声明》

**前言**

保险业认识到,经济发展要与人类福祉和健康环境共容。若忽略了此种关系,将会增加社会、环境和财务成本风险。我们这个行业与政府、个人和组织协作,在管理和减少环境风险中发挥着重要作用。我们承诺在减少污染,有效利用资源和气候变化等关键问题上将共同努力。我们竭力寻找现实的、可持续的解决方案。

**1　可持续发展的一般原则**

1.1　我们认为,可持续发展是完善商业管理的一个基本方面,这里的可持续发展是指在满足目前需要的同时,又不损害后代满足自身需要的能力。

1.2　我们认为,实现可持续发展的最佳途径是允许市场在一个成本效益合算的监管机制下运行。各国政府在制定并实施长期、共同环境优先权和价值观等事项上发挥领导作用。

1.3　我们认为,一个强大的、积极的保险业通过与其他经济部门和消费者的互动对可持续发展起到了重要作用。

1.4　我们认为,保险业在理解不确定性,识别、量化和应对风险方面的现有技能和技术是管理环境问题的核心优势。

---

①　瑞士联合银行与瑞典银行合并(1998年)。

1.5 我们认可预防原则,不可能完全充分地量化所关注的某些问题,也确实不可能协调纯财务方面的所有影响。需要研究如何减少不确定性,但不可能完全消除。

## 2　环境管理

2.1 我们将加强对核心业务环境风险的关注。这些业务包括风险管理、损失预防、产品设计、理赔和资产管理。

2.2 我们致力于以一种关注环境的态度对内部经营和所控的实物资产进行管理。

2.3 我们会定期检讨我们的管理行为,在我们的规划、营销、员工沟通和培训以及我们的其他核心活动中融合相关的环境管理。

2.4 我们鼓励相关问题的研究。环境问题的应对会有不同的效益和成本。我们鼓励研究,以确认创新和有效率的解决方案。

2.5 我们支持那些促进环境友好的保险产品和服务,如损失预防和合同条款、条件这样的措施。在满足安全性和盈利性的同时,我们将把环境方面的考虑包括在资产管理中。

2.6 我们将定期进行内部环境评审,将寻求建立可衡量的环境目标和标准。

2.7 我们将遵守所有适用于地方,国家和国际的环保法规。此外,我们将努力开发和采用最佳的环境管理做法。我们将支持我们的客户,合作伙伴和供应商做同样的事情。

## 3　公众意识和沟通

3.1 在铭记商业秘密的前提下,我们致力于与我们的利益相关者,包括客户、中介机构、股东、员工和监管机构分享有关信息。这样将提高社会应对环境挑战的能力。

3.2 通过与政府当局和其他机构对话,为创建一个更有效的可持续发展框架作出贡献。

3.3 我们将与联合国环境规划署携手以推进本声明的原则和目标,并期待环境规划署的积极支持。

3.4 我们将鼓励其他保险机构来支持本声明。我们致力于与它们分享我们的经验和知识,以推广最佳的做法。

3.5 我们会积极向公众传达我们的环保行为,定期回顾本声明的执行,我们希望所有签约方取得实质性进展。

**指导委员会**

Gerneral Accident，珀斯，英国

Gerling-Konzern Globale，科隆，德国

NPI，伦敦，英国

Swiss Re，苏黎士，瑞士

Sumitomo Marine & Fire，东京，日本

Storebrand，奥斯陆，挪威

United Nations Envionment Programme，日内瓦，瑞士

# 联合国环境规划署《保险业环保承诺的声明》现状

(2001年10月；星号表示与联合国环境规划署联合发起保险业环境倡议的成员)

1. Aachener Rückversicherung(merged with Employers Re)，德国
2. Aachener und Münchener Versicherung，德国
3. ACE Insurance，日本①
4. Achmea Group，荷兰
5. AEGIS Insurance Company Ltd.，南非
6. Bangkok Insruance Public Company Limited，泰国
7. Basler Versicherungs Gesellschaft，瑞士
8. Bayerische Beamten Versicherung AG，德国
9. CGU plc.，英国②
10. City Insurance Company，俄罗斯
11. Co-operative Insruance Society Ltd.，英国
12. Copenhagen Re，丹麦③
13. Daiichi Mutual Fire and Marine Insurance Company，日本
14. Delvag Luftfahrtvrsicherungs AG，德国
15. Dominion of Canada General Insurance Company，加拿大
16. Elvia Versicherungen，瑞士
17. Emplyers Reinsurance Corporation，美国
18. Energogarant Ltd.，俄罗斯

---

① 日本 ACE Insurance，以前名为 CIGNA 保险公司，1999年10月1日更名。

② General Accident Fire and Life Assurance Corporation 1998年6月与 Commerial Union 合并。

③ 丹麦 Coperhagen Re，以前名为 Alm. Brand，1999年10月1日更名。

19. Folksam, 瑞典
20. La Fondiaria Assicurazioni S. p. A., 意大利
21. Gegenseitigkeit Versicherung Oldenburg, 德国*
22. Generali Assicurazioni Generali S. p. A., 意大利*
23. Gerling Konzern, 德国*
24. Grupo Fortuna SA, 阿根廷
25. Helveita Patria Versicherungen, 瑞士*
26. HSB Group, Inc., 美国*
27. Hyundai Marine and Fire Insurance Co. Ltd., 韩国
28. Imperio S. A., 葡萄牙
29. Independent Insurance Company Ltd., 英国*
30. Industrial Insurance Company, 俄罗斯
31. Interpolis, 荷兰
32. Iron Trades Insurance Group, 英国
33. Istituto Nazinale delle Assicurazioni, 意大利
34. JI Accident & Fire Insurance Co. Ltd., 日本
35. KPA AB, 瑞典*
36. Landesschadenhilfe Versicherung VaG, 德国
37. Legal and General Group Plc., 英国*
38. Lider Insurance Company, 俄罗斯
39. Mannheimer Versicherungen, 德国
40. MAPFRE Mutualidad de Seguros y Reaseguros a Prima Fija's, 西班牙
41. Mitsui Sumitomo Insurance Co. Ltd., 日本[①]
42. Muenchener Rückversicherungs Gesellschaft (Munich Re), 德国*
43. MUSINI, Sociedad Mutua de Seguros y Reaseguros a Prima Fija, 西班牙
44. National Corporation of Tanzania Ltd., 坦桑尼亚
45. National Insurance, 新西兰
46. NPI, 英国[②]
47. Nürnberger Allgemeine Versicherung, 德国*
48. Oeco Capital Lebensversicherung AG, 德国[③]

---

[①] 日本 Mitsui Marine & Fire Insurance Co. Ltd. 2001 年 10 月 1 日与 Sumitomo Marine & Fire Insurance Co. 合并。
[②] NPI 是澳大利亚 AMP Group 的一部分(1999 年)。
[③] Oeco Capital Lebensversicherung AG 现在是德国 Colonia Insurance 的一部分。

49. Overseas Union Insurance Limited，新加坡
50. Pool Español de Riesgos Medioambientales，西班牙
51. QBE Insurance Group Ltd.，澳大利亚
52. Renenanstalt/Swiss Life，瑞士*
53. Rheinland Versicherungen，德国*
54. Riunione Adriatica di Sicurata，意大利*
55. Rosno Insurance Company，俄罗斯
56. R&V Versicherungsgruppe，德国
57. Sampo Group，芬兰
58. Schweizerische Mobiliar，瑞士
59. Sibrosso Insurance Co.，俄罗斯
60. Skandia Insurance Company Ltd.，瑞典
61. SOGAZ Co. Ltd. 俄罗斯
62. SOREMA，法国
63. Sovereign Assurance，新西兰
64. Spasskiye Vorota Insurance Group，俄罗斯
65. SPP Forsakringsbolaget，瑞典
66. Strorebrand，挪威*
67. Stuttgarter Allgemeine Verscherung，德国
68. Stuttgarter Lebensversicherung AG，德国
69. Sumitomo Marine & Fire Insurance Co. (Europe) Ltd.，英国
70. Sumitomo Marine & Pool Insurance，印度尼西亚
71. Sumitomo Property & Casualty Insurance Co. (Hong Kong) Ltd.，中国香港
72. Swiss Reinsurance Company，瑞士*
73. Swiss Union General Insurance Company，瑞士
74. Tokio Marine & Fire Insurance Co. Ltd.，日本
75. Trygg Hansa，瑞典*
76. Vaudoise Générale Compagnie d'Assurances，瑞士
77. VereinteVersicherung AG，德国
78. Victoria Verscherungen，德国*
79. VJV Vloksfürsorge Jupiter Allg. Verscherungs AG，奥地利
80. Vloksfürsorge Holding AG，德国

81. WASA Försäkring，瑞典①
82. Wiener Städtische Allgemeine，奥地利
83. Winterhur Versicherungen，瑞士*
84. Württembergische Versicherung AG，德国*
85. Yasuda Fire and Marine Insurance Co. Ltd.，日本*
86. Zurich Insurance Company，瑞士*

## 附属成员

1. Aon Group，英国
2. Barlow Lyde & Gilbert，英国
3. DaimlerChrysler-debis Assekuranz Makler GmbH，德国
4. NatWest Insurance Services，英国
5. Skogbrand Insurnce Company，挪威

---

① WASA 与瑞典 LänsförsäkringarMiljö 合并（1998 年夏）。

# 附 录 B

## General Motors (GM)

**Rating:** A — Average sustainability performer.

### Key Issues for Management

**Product Risk:** Above average emphasis on large, low-milage vehicles increases regulatory and market risks from climate change concerns.
**Reputational Risk:** Opposition to California ZEV law weakens efforts to position as sustainable company.
**Developing Country Risk:** Above average developing country exposure increases image and economic risks.

### Current profile of company in public domain

### Assessment

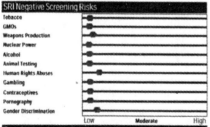

### SRI Negative Screening Risks

- Tobacco
- GMOs
- Weapons Production
- Nuclear Power
- Alcohol
- Animal Testing
- Human Rights Abuses
- Gambling
- Contraceptives
- Pornography
- Gender Discrimination

(Low — Moderate — High)

### Overview

**General Motors Corporation** designs, manufactures and markets vehicles in North America under the nameplates Chevrolet, Pontiac, GMC, Oldsmobile, Buick, Cadillac and Saturn and vehicles outside North America under the name plates Opel, Vauxhall, Holden, Isuzu, Saab, Chevrolet, GMC and Cadillac. Other services include vehicle financing, fleet leasing, residential and commercial mortgage services and vehicle and homeowners insurance. GM has operations in the U.S., Europe, Canada, Mexico, Australia, and Brazil. In 1999, GM sales were $176 billion. Automotive products accounted for 80% of 1999 revenues, and financing and insurance operations, 12%. GM has 388,000 employees worldwide, including 81,000 in Europe, 23,000 in Latin America, and 10,000 in Asia Pacific. In 1999, GM endorsed sustainability as its corporate vision.

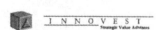

INNOVEST
Strategic Value Advisors
New York: 1-212-421-2000   Toronto: 1-905-707-0876
London: 011-44-1225-312-051   www.innovestgroup.com

## SustainableValue'21™

**Industrial Sector:** Automotive    1-Mar-2001

### Strategy and Management

**Strategy:** Driven partly by pressure from customers and more proactive competitors, GM incorporated the concept of sustainability into its corporate vision in 1999. Its strategy focuses on sustainable mobility, supply chain management, community involvement, philanthropy, H&S and product safety. GM has endorsed the Sullivan Principles and is a signatory of the CERES principles and a WBCSD member. GM sustainability reporting follows the GRI guidelines. **Corporate Governance:** GM has a Public Policy Committee of the Board of Directors which oversees its social commitment worldwide. The General Motors Foundation's Chairman serves as VP of Corporate Relations and Diversity. No known shareholder resolutions involving social/ethical factors.

### Stakeholder Capital

**Stakeholders:** As part of its sustainability efforts, GM is working with groups including BSR, CERES, GRI, Habitat for Humanity, WRI, and other research institutes. **Community:** GM has a Community Impact Strategy Team to identify internal and external community issues and reputational risks. Projects include volunteer efforts with charities and local communities. **Philanthropy:** Charitable contributions amounted to $68 million in 1999. GM has implemented an electronic pledge process to allow employee payroll deduction contributions in the US. GM ranked No. 2 on the list of "Top 50 Givers" of Worth Magazine.

### Human Capital Development

Employee and workplace policies of GM, such as its "Employee Enthusiasm Strategy", are intended to improve employee morale, foster employee development and maximize corporate performance. Its policies are about average relative to competitors. H&S: GM has had a global health and safety initiative in place since 1995. Globally, GM has improved its recordables rate by 63% and its lost workday rate by 78% since 1995. Intellectual Capital: In 1997, GM established the GM University, a global network of education and training to help employees improve their skills. Diversity: GM's employment decisions are based solely on candidates' qualifications. No explicit diversity requirements. A sexual harassment lawsuit filed by a former employee was dismissed on appeal in June 2000.

### International

GM is the largest U.S. exporter of cars and trucks, with activities in 190 countries and manufacturing and assembly operations in 30 countries. GM has 25,000 employees in Latin America, Africa and the Mid-East, and 10,000 in Asia Pacific. With substantial operations in developing countries, the company's exposure is high in risk areas including corporate image, regulatory and regional economic. Human rights: As a signatory of the Sullivan Principles, GM has committed to support human rights and to encourage equal opportunity at all levels of employment, including racial and gender diversity, and to train and advance disadvantaged workers for technical, supervisory and management opportunities.

### Products and Services

**Product Safety:** The company was the first automotive manufacturer to develop and announce a retrofit trunk anti-entrapment system for children. In March 2000, GM received the National Highway Traffic Safety Administration (NHTSA) Award for Public Service. **Negatives:** GM's overall fuel economy is the 3rd worst among 14 global auto manufacturers, partly because of its significant exposure via SUVs. GM is also the only car company to sue California for its Zero Emission Vehicle mandate. These issues will negatively impact GM's efforts to position itself as a sustainable company.

### Supply Chain

Given the breadth and depth of GM's supply chain, the company has significant potential to positively or negatively impact sustainability issues. Recognizing the frequent synergies between improved sustainability and financial performance, GM assists its suppliers in implementing new technology, increasing product quality, reducing costs, and improving environmental and social performance. Relative to competitors, the proactivity of GM's supplier policies in areas including compliance, labor and sustainability are about average.

## 附录 B

**Innovest** Strategic Value Advisors

| GM | Sustainability^Plus Rating: | A | AVERAGE SUSTAINABILITY |
|----|------------------------------|---|-------------------------|
|    | Sector: Automotive           |   | PERFORMANCE             |

*Sustainability issues, such as those addressed in this report, are having a growing impact on corporate financial performance due to factors including globalization and increasing regulations. Innovest's SustainableValue'21™ ratings (ranging from AAA to CCC) identify sustainability risks, management quality and profit opportunity differentials typically not identified by traditional equity analysts. As a result, SustainableValue'21™ ratings indicate a company's ability to effectively address complex management challenges and succeed in the longer-term.*

### Key Issues for Investors

**Product Risk:** Above average emphasis on large, low-mileage vehicles increases regulatory and market risks.
**Image Risk:** Opposition to California ZEV law weakens efforts to position as sustainable company.
**Dev. Country Risk:** Above average developing country exposure increases image and economic risks.
**Supply Chain Risk:** Average proactivity on implementing sustainability requirements in supply chain yields limited image and regulatory risks.

### Financial Performance (change in stock price):

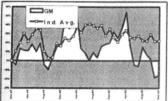

### Relative Social Performance:

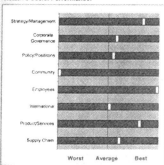

### SustainableValue'21 Rating:

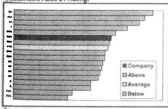

This report is for information purposes and should not be considered a solicitation to buy any security. Neither Innovest Strategic Value Advisors nor any other party guarantees its accuracy or makes warranties regarding results from its usage. Redistribution is prohibited without written permission. Copyright © 2000.

### Overview
General Motors Corporation designs, manufactures and markets vehicles in North America under the nameplates Chevrolet, Pontiac, GMC, Oldsmobile, Buick, Cadillac and Saturn and vehicles outside North America under the name plates Opel, Vauxhall, Holden, Isuzu, Saab, Chevrolet, GMC and Cadillac. Other services include vehicle financing, fleet leasing, residential and commercial mortgage services and vehicle and homeowners insurance. GM has operations in the US, Europe, Canada, Mexico, Australia, and Brazil. In 1999, GM sales were $176 billion. Automotive products accounted for 88% of 1999 revenues, and financing and insurance operations, 12%. GM has 388,000 employees worldwide, including 81,000 in Europe, 23,000 in Latin America, and 10,000 in Asia Pacific. In 1999, GM endorsed sustainability as its corporate vision.

### Sustainability Strategy & Management
**Strategy:** Driven partly by pressure from customers and more proactive competitors, GM incorporated the concept of sustainability into its corporate vision in 1999. Its strategy focuses on sustainable mobility, supply chain, community involvement, philanthropy, H&S and product safety. GM has endorsed the Sullivan Principles and is a signatory of the CERES principles and a WBCSD member. GM sustainability reporting follows the GRI guidelines. **Corporate Governance:** GM has a Public Policy Committee of the Board of Directors which oversees its social commitment worldwide. The General Motors Foundation's Chairman serves as VP of Corporate Relations and Diversity. No known shareholder resolutions involving social/ethical factors.

### Stakeholder Capital
**Stakeholders:** As part of its sustainability efforts, GM is working with groups including BSR, CERES, GRI, Habitat for Humanity, WRI, and other research institutes. **Community:** GM has a Community Impact Strategy Team to identify internal and external community issues and reputational risks. Projects include volunteer efforts with charities and local communities. **Philanthropy:** Charitable contributions amounted to $68 million in 1999. GM has implemented an electronic pledge process to allow employee payroll deduction contributions in the US. GM ranked No. 2 on the list of "Top 50 Givers" of Worth Magazine.

### Human Capital Development
**Employee** and workplace policies of GM, such as its "Employee Enthusiasm Strategy", are intended to improve employee morale, foster employee development and maximize corporate performance. Its policies are about average relative to competitors. **H&S:** GM has had a global health and safety initiative in place since 1995. Globally, GM has improved its recordables rate by 63% and its lost workday rate by 78% since 1995. **Intellectual Capital:** In 1997, GM established the GM University, a global network of education and training to help employees improve their skills. **Diversity:** GM's employment decisions are based solely candidates' qualifications. No diversity requirements.

### International
GM is the largest U.S. exporter of cars and trucks, with activities in 190 countries and manufacturing and assembly operations in 30 countries. GM has 25,000 employees in Latin America, Africa and the Mid-East, and 10,000 in Asia Pacific. With substantial operations in developing countries, the company's exposure is high in risk areas including corporate image, regulatory and regional economic. Human rights: As a signatory of the Sullivan Principles, GM has committed to support human rights and to encourage equal opportunity at all levels of employment, including racial and gender diversity, and to train and advance disadvantaged workers for technical, supervisory and management opportunities.

### Products / Services
**Product Safety:** With a relatively low mileage fleet and an emphasis on building larger vehicles, GM has higher exposure to involvement in highway fatalities and resulting damage to corporate image. The company was the first automotive manufacturer to develop and announce a retrofit trunk anti-entrapment system for children. In March 2000, GM received the National Highway Traffic Safety Administration (NHTSA) Award for Public Service. Environmental compatibility: GM is the only car company to sue the State of California for its Zero Emission Vehicle mandate. This issue will likely negatively impact GM's efforts to position itself as a sustainable company.

### Supply Chain
Given the breath and depth of GM's supply chain, the company has significant potential to positively or negatively impact sustainability issues. Recognizing the frequent synergies between improved sustainability and financial performance, GM assists its suppliers in implementing new technology, increasing product quality, reducing costs, and improving environmental and social performance. Relative to competitors, the proactiveness of GM's supplier policies in areas including compliance, labor and sustainability are about average.

### SRI Screens - Involvement Risk Level

| Alcoholic Beverages: | 0 | Abortifacients: | 0 |
|----------------------|---|------------------|---|
| Firearms:            | 0 | Contraceptives:  | 0 |
| Nuclear Power:       | 0 | Animal testing:  | 0 |
| Tobacco:             | 0 | Gambling:        | 0 |
| Weapons Production:  | 0 | Other:           | 0 |
| Embryo cloning:      | 0 | Other:           | 0 |
| GMOs:                | 0 | Other:           | 0 |

The screening issues displayed above are provided for information purposes only, and do not represent endorsement nor rejection by Innovest on any of the listed items. Innovest SustainableValue'21 score does not reflect the moral content of these items, but estimates the market and reputational risks represented by these issues.

**Innovest** New York: (212) 421-2000 London: +44 (0) 20 7868 1714 Toronto: (905) 707-0876 www.innovestgroup.com

环境金融

## STMicroelectronics

**Innovest** Strategic Value Advisors

SGS | EcoValue '21 Rating: (AAA-CCC) | AAA | OUT-PERFORM
Sector: Semiconductor

March-01

As a strong proxy for management quality, environmental performance (eco-efficiency) consistently correlates well with stock price performance. Innovest's EcoValue 21™ environmental ratings (ranging from AAA to CCC) identify environmental risks, management quality and profit opportunity differentials typically not identified by traditional equity analysis. As a result, EcoValue 21™ ratings uncover hidden value potential for investors.

### Rating Implication:
ST Microelectronics received a rating of AAA, ranking 1 out of 14 Semiconductor companies in this sector. As a result, we project that the company will out-perform the sector going forward. ST Microelectronics has below average risk, above average environmental management capacity, and above average engagement in environmentally-favorable businesses.

### Overview:
STMicroelectronics is a global independent semiconductor company that designs, develops, manufactures and markets a broad range of semiconductor integrated circuits and discrete devices. These are used in a variety of microelectronic applications, including telecommunications and computer systems, automotive and consumer products, and industrial automation and control systems. It is the world's eighth largest semiconductor manufacturer. Other products include analog and mixed signal integrated circuits, video decoder chips and special integrated circuits. Net revenues in 1999 were US $ 5056.3, up from $ 4247 M in 1998. 1999 revenues were divided by application into: automotive, 11%; computer, 24%; consumer electronics, 22%; industrial, 16%; and telecommunications 27%. Geographically, net revenues were divided into: Europe, 36%; N. America, 23%; Asia/Pacific, 33%; Japan, 5%; remainder, 3%. ST has 17 primary manufacturing sites located worldwide, including Italy, France, USA, Singapore, Morocco, Malta, Malaysia and China.

### Financial Performance (change in stock price):

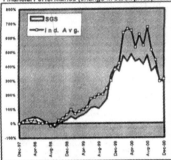

### Environmental Strategy & Management:
ST's environmental system is implemented through the Total Quality Management initiative. ST is strongly committed to achieving and reporting environmental performance. Its comprehensive approach covers the gamut of environmental issues: progressive management, risks, measurement, business opportunities, and an LCA/closed loop approach. ST established a "Decalogue" in 1995 announcing measurable targets to be reached by decades end. A new Decalogue edition has been issued for 1999 with aggressive new goals. The CEO heads the Corporate Environmental Steering Committee. ST plans to be a zero CO2 equivalent emission company by 2010 and recognizes that eco-efficient companies stand to be more profitable and attractive to investors. ST is a member of the WBCSD, the World Semiconductor Council Task Force, and the European Electronic Components Manufacturers Association (EECA) task force.

### Risk Factors:
ST continues to reduce toxics and chemical use, reducing the likelihood of contamination and total pollution amounts. There appears to be significant reductions in fluoride, phosphates, and suspended solids in water releases. The cumulated consumption of the most production-relevant chemicals has decreased from 4.9 tons/(million dollars of production value) in 1998 to 4.2 tons/$M in 1999. 98% of the water draw-down reduction goal was met in 1999; new plans are to reduce water draw down by 5%/year. ST's use of recycled paper improved to 98% in 1999 while paper use reduced by 40% from 1994 to 1999. ST's estimates energy cost savings of 18 GWh and almost US $ 900 M from 1994 to 2010. States no investment in energy conservation has taken longer than 3 years to recover and there is a greater focus on using alternative / renewable energy sources to address Kyoto agreement and CO2.

### Relative Environmental Performance:

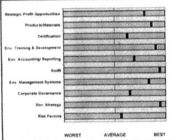

### Eco-Efficiency Initiatives:
ST views waste as a threat to the environment but also a source of revenue. ST plans to reduce amount of landfilled waste by 5% below total company waste in 2005, and plans to reuse or recycle manufacturing and packing waste by 95% by end 2005. Landfill waste has decreased 3X from 1994 to 1999. Presently, total reused and recycled packing waste is at about 85%. However, some countries express little interest from recyclers for some of the materials ST collects. 98% of paper used by ST is recycled paper. Promotes its waste materials for other industries. Gold plated wafers are sent to precious metals recovery. ST employs LCI (life cycle inventory) for facilities in response to some customers, as well as providing product compositions to customers for DfE initiatives. 87% of its major suppliers are ISO 14001 certified and all are encouraged to adopt ST's EMS.

### Strategic Profit Opportunities:
ST recognizes that a variety of environmentally-oriented products are based on their semiconductor products. Environmental investments were 2% of total investments in 1999, up from 1.8% in 1998. ST's large European client base should be more receptive to environmental promotions, but actual green business opportunities and engagement will depend on outside industries recognizing the environmental contribution of ST's products. Many of ST's chips are used in applications and products that improve energy efficiency (e.g., for electronic fuel injection, reduced power consumption, etc.). ST notes that its wastes can be used by other industries, but insufficient details are available to assess the success of such initiatives.

### EcoVALUE'21 Rating:

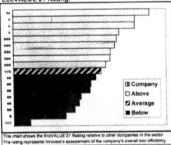

■ Company
□ Above
▨ Average
■ Below

This chart shows the EcoVALUE'21 Rating relative to other companies in the sector. The rating represents Innovest's assessment of the company's overall eco-efficiency.

| SGS | 1995 | 1996 | 1997 | 1998 | 1999 |
|---|---|---|---|---|---|
| Sales | $3,521 | $4,023 | $3,862 | $4,429 | $4,814 |
| Net Income | $527 | $612 | $397 | $431 | $522 |
| Working Capital | $684 | $733 | $724 | $1,596 | $2,101 |
| Long Term Debt | $201 | $193 | $358 | $753 | $1,350 |
| Common Equity | $2,664 | $3,231 | $3,322 | $4,066 | $4,570 |
| R.O.E | 28.3% | 24.4% | 14.0% | 12.0% | 14.8% |
| Recent Price | High- 52 Wk. -Low | | EPS | | P/E MRQ |
| $47.03 | $64.93 | $36.04 | $0.96 | | 33.8 |
| Dividend | Div Yield | Book Val/ Share | Mkt Value ($m) | | Price/ Book |
| $0.27 | 0.5% | $4.94 | $47,240 | | 10.3 |

Innovest New York: (212) 421-2000 London: +44 (0) 20 7868 1714 Toronto: (905) 707-0876 www.innovestgroup.com

240

# 附 录 C

**附件 1　国家**

| 京都议定书签约国 | |
|---|---|
| 澳大利亚 | 列支敦士登 |
| 奥地利 | 立陶宛* |
| 比利时 | 卢森堡 |
| 保加利亚* | 摩纳哥 |
| 加拿大 | 荷兰 |
| 克罗地亚* | 新西兰 |
| 捷克共和国* | 挪威 |
| 丹麦 | 波兰* |
| 爱沙尼亚* | 葡萄牙 |
| 欧洲共同体 | 罗马尼亚* |
| 芬兰 | 俄罗斯联邦* |
| 法国 | 斯洛伐克 |
| 德国 | 斯洛维尼亚 |
| 希腊 | 西班牙 |
| 匈牙利* | 瑞典 |
| 冰岛 | 瑞士 |
| 爱尔兰 | 乌克兰* |
| 意大利 | 英国 |
| 日本 | 美国 |
| 拉脱维亚* | |

注:星号表示"处于向市场经济转型过程"的国家允许"有一定程度弹性地履行义务"(《京都议定书》第3.5条和第3.6条)。

资料来源:Grubb 等(1999,284,301)。

# 缩 略 语

| | |
|---|---|
| ABI | 英国保险协会 |
| ACBE | 商业与环境政府顾问委员会(英国) |
| AsrIA | 亚洲可持续与负责任投资协会 |
| ATM | 自动售货机 |
| BASE | 可持续能源(UNEP)巴塞尔办事处 |
| CDM | 清洁发展机制 |
| CEP | 经济优先发展委员会 |
| CEPA | 加拿大环境保护法(加拿大,1998) |
| CERCLA | 综合环境补偿与责任法(美国,1976) |
| CGL | 一般商业责任险 |
| DJSGI | 道·琼斯可持续发展指数 |
| DSI 400 | 多米尼400社会指数 |
| EBRD | 欧洲复兴与开发银行 |
| ECI | 环境条件指标 |
| EEER | 能效和减排基金 |
| EIRIS | 伦理投资研究服务 |
| EMAS | 生态管理和审核计划(欧共体) |
| EMS | 环境管理体系 |
| EP | 坏境表现 |
| EPI | 环境表现指标 |
| FEE | 欧洲会计专家协会 |
| FII | 金融机构环境和可持续发展创新组织(联合国环境规划署) |
| FP | 财务表现 |
| FTSE | 富时国际(指数) |
| GCL | 一般综合责任(保单) |
| GHG | 温室气体 |
| GRI | 全球报告倡议组织 |
| IAPC | 国际审计实务委员会 |
| IASC | 国际会计准则委员会 |

| | |
|---|---|
| IDW | 德国经济潜力研究所 |
| IFAC | 国际会计师联合会 |
| IFC | 国际金融公司 |
| III | 保险业环境创新组织(联合国环境规划署) |
| IPE | 国际石油交易所 |
| IPO | 首次公开发行 |
| IRR | 内部收益率 |
| IRRC | 投资者责任研究中心 |
| JI | 联合履约 |
| JSI | 吉安兹社会指数 |
| KLD | 金德、登伯格和多米尼公司 |
| LIBOR | 伦敦同业市场拆借利率 |
| MJRA | 迈克尔·吉安兹研究会 |
| MPI | 管理表现指标 |
| NGO | 非政府组织 |
| NPRI | 《全国污染物排放清单》 |
| NRTEE | 加拿大国家环境与经济圆桌会议 |
| OPI | 经营业绩指标 |
| OSFI | 金融机构监管局 |
| PCF | 世界银行原型碳基金 |
| P/E | 市盈率 |
| PRP | 潜在责任方 |
| REEF | 可再生能源效率基金(世界银行) |
| ROA | 资产收益率 |
| ROE | 净资产回报率 |
| SARA | 《超级基金修正和重新授权法》 |
| SFE | 悉尼期货交易所 |
| SIO | 社会责任投资组织 |
| SME | 中小型企业 |
| S&P | 标准普尔指数 |
| SRI | 社会责任投资 |
| TRI | 《有毒物质排放清单》 |
| UNEP | 联合国环境规划署 |
| VfU | 德国银行、储蓄和保险公司环境管理协会 |

| | |
|---|---|
| IDW | 德国经济潜力研究所 |
| IFAC | 国际会计师联合会 |
| IFC | 国际金融公司 |
| III | 保险业环境创新组织(联合国环境规划署) |
| IPE | 国际石油交易所 |
| IPO | 首次公开发行 |
| IRR | 内部收益率 |
| IRRC | 投资者责任研究中心 |
| JI | 联合履约 |
| JSI | 吉安兹社会指数 |
| KLD | 金德、登伯格和多米尼公司 |
| LIBOR | 伦敦同业市场拆借利率 |
| MJRA | 迈克尔·吉安兹研究会 |
| MPI | 管理表现指标 |
| NGO | 非政府组织 |
| NPRI | 《全国污染物排放清单》 |
| NRTEE | 加拿大国家环境与经济圆桌会议 |
| OPI | 经营业绩指标 |
| OSFI | 金融机构监管局 |
| PCF | 世界银行原型碳基金 |
| P/E | 市盈率 |
| PRP | 潜在责任方 |
| REEF | 可再生能源效率基金(世界银行) |
| ROA | 资产收益率 |
| ROE | 净资产回报率 |
| SARA | 《超级基金修正和重新授权法》 |
| SFE | 悉尼期货交易所 |
| SIO | 社会责任投资组织 |
| SME | 中小型企业 |
| S&P | 标准普尔指数 |
| SRI | 社会责任投资 |
| TRI | 《有毒物质排放清单》 |
| UNEP | 联合国环境规划署 |
| VfU | 德国银行、储蓄和保险公司环境管理协会 |